Gaita Para Leigos

Aprender a tocar gaita começa com tocar uma melodia simples com uma embocadura de bico ou um tongue blocking — e saber como ler tablaturas de gaita, como tocar uma gaita na posição correta e conhecer as posições para os 12 tons desse instrumento.

Como Tocar uma Nota Individual na Gaita

Para tocar uma melodia simples na gaita, utilize a boca para isolar um único orifício. Em seguida, toque a nota aspirando ou soprando o ar pela gaita com um tongue blocking ou uma embocadura de bico:

Embocadura de Bico

Posicione os lábios como se fosse assobiar ou beijar.

Tongue blocking

Cubra vários orifícios com os lábios. Utilize a língua para bloquear os orifícios da esquerda, deixando um orifício aberto à direita.

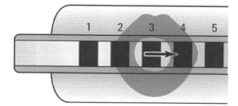
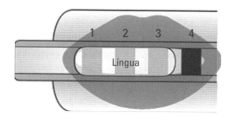

Embocadura é o que você faz com a boca quando toca um instrumento musical. A embocadura de bico e o tongue blocking são as duas embocaduras mais utilizadas.

Como Ler Tablaturas de Gaita

Não é difícil ler tablaturas de gaita. A tablatura de gaita mostra qual número de orifício tocar e indica se você precisa soprar (seta para cima) ou aspirar (seta para baixo). Quando os números dos orifícios estão juntos, você deve tocar vários orifícios. Retângulos pretos indicam os orifícios que devem ser bloqueados/tapados com a língua.

Veja esta tablatura simples:

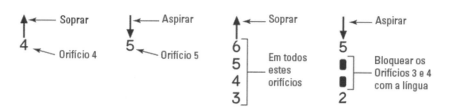

Quando você faz o bend, a seta possui um risco para cada semitom da nota. Quando você faz o overbend (quando faz overblow ou o círculo no meio. Como exemplo, veja esta tablatura simples:

Para Leigos®: A série de livros para iniciantes que mais vende no mundo.

Gaita Para Leigos

Folha de Cola

Posições da Gaita

Uma *posição* da gaita é a conexão entre o tom da gaita e o tom da canção que você toca nela. Cada posição numerada toca da mesma forma, não importa qual seja o tom da gaita. A tabela abaixo mostra os usos de algumas posições comuns de gaita:

Posição	Usos da Posição
1.ª Posição	Melodias em tonalidades maiores; músicas de violino; músicas country; canções folk; blues (registros superior e inferior)
2.ª Posição	Melodias em tonalidades maiores (porém, tome cuidado com 5 e 9 aspirados); músicas de violino com uma 7ª bemol (modo Mixolídio); músicas maiores abaixo da nota de origem; blues (todos os registros)
3.ª Posição	Melodias em tonalidades menores (porém, tome cuidado com 3 e 7 aspirados); músicas de violino no modo Dórico; blues menores
4.ª Posição	Tonalidades menores nos registros médio e agudo
5.ª Posição	Tonalidades menores (porém, tome cuidado com 5 e 9 aspirados)
12.ª Posição	Tonalidades maiores (porém, tome cuidado com 3 e 7 aspirados); os registros médio e extremo agudo

Posições para Todos os 12 Tons de Gaita

As posições de gaita são numeradas de 1 a 12. Você chega à posição numerada seguinte em sua gaita contando para frente cinco graus de escala a partir do tom da gaita. Quando você toca mais de uma tonalidade na gaita, a ideia de posições é de grande ajuda.

Tom da Gaita	1ª	2ª	3ª	4ª	5ª	6ª	7ª	8ª	9ª	10ª	11ª	12ª
C	C	G	D	A	E	B	F#/G♭	C#/D♭	A♭	E♭	B♭	F
G	G	D	A	E	B	F#/G♭	C#/D♭	A♭	E♭	B♭	F	C
D	D	A	E	B	F#/G♭	C#/D♭	A♭	E♭	B♭	F	C	G
A	A	E	B	F#/G♭	C#/D♭	A♭	E♭	B♭	F	C	G	D
E	E	B	F#/G♭	C#/D♭	A♭	E♭	B♭	F	C	G	D	A
B	B	F#/G♭	C#/D♭	A♭	E♭	B♭	F	C	G	D	A	E
F#	F#/G♭	C#/D♭	A♭	E♭	B♭	F	C	G	D	A	E	B
C#/D♭	C#/D♭	A♭	E♭	B♭	F	C	G	D	A	E	B	F#/G♭
A♭	A♭	E♭	B♭	F	C	G	D	A	E	B	F#/G♭	C#/D♭
E♭	E♭	B♭	F	C	G	D	A	E	B	F#/G♭	C#/D♭	A♭
B♭	B♭	F	C	G	D	A	E	B	F#/G♭	C#/D♭	A♭	E♭
F	F	C	G	D	A	E	B	F#/G♭	C#/D♭	A♭	E♭	B♭

Para Leigos®: A série de livros para iniciantes que mais vende no mundo.

por Winslow Yerxa

ALTA BOOKS
EDITORA

Rio de Janeiro, 2014

Gaita Para Leigos Copyright © 2014 da Starlin Alta Editora e Consultoria Eireli.
ISBN: 978-85-7608-829-5

Translated from original Harmonica For Dummies © 2008 by Wiley Publishing, Inc. ISBN 978-0-470-33729-5. This translation is published and sold by permission Wiley Publishing, Inc., the owner of all rights to publish and sell the same. PORTUGUESE language edition published by Starlin Alta Editora e Consultoria Eireli, Copyright © 2014 by Starlin Alta Editora e Consultoria Eireli.

Todos os direitos reservados e protegidos por Lei. Nenhuma parte deste livro, sem autorização prévia por escrito da editora, poderá ser reproduzida ou transmitida.

Erratas: No site da editora relatamos, com a devida correção, qualquer erro encontrado em nossos livros. Procure pelo título do livro.

Marcas Registradas: Todos os termos mencionados e reconhecidos como Marca Registrada e/ou Comercial são de responsabilidade de seus proprietários. A Editora informa não estar associada a nenhum produto e/ou fornecedor apresentado no livro.

Impresso no Brasil — 1ª Edição, 2014
Vedada, nos termos da lei, a reprodução total ou parcial deste livro.

Produção Editorial	**Supervisão Gráfica**	**Conselho de Qualidade Editorial**	**Design Editorial**	**Marketing e Promoção**
Editora Alta Books	Angel Cabeza	Anderson Vieira	Aurélio Silva	marketing@altabooks.com.br
Gerência Editorial	**Supervisão de Qualidade Editorial**	Angel Cabeza	Marco Aurélio Silva	
Anderson Vieira	Sergio Luiz de Souza	Jaciara Lima		
Editoria Para Leigos		Natália Gonçalves		
Thiê Alves	**Supervisão de Texto**	Sergio Luiz de Souza		
	Jaciara Lima			

	Beatriz Oliveira	Daniel Siqueira	Hannah Carriello	Milena Souza
Equipe Editorial	Claudia Braga	Elaine Mendonça	Livia Brazil	
	Cristiane Santos	Evellyn Pacheco	Marcelo Vieira	

Tradução	**Copidesque**	**Revisão Técnica**	**Revisão Gramatical**	**Diagramação**
Renata Argarate	Alessandra G. Santos	Jefferson Gonçalves	Priscila Gurgel Thereso	Lucia Quaresma
		Músico/Gaitista	Thiê Alves	

Dados Internacionais de Catalogação na Publicação (CIP)

```
Y47g    Yerxa, Winslow.
           Gaita para leigos / por Winslow Yerxa. – Rio de Janeiro, RJ :
        Alta Books, 2014.
           380 p. : il. ; 24 cm + 1 disco sonoro : digital estereo ; 4 ¾ pol –
        (Para leigos)

           Inclui índice e apêndice.
           Tradução de: Harmonica for Dummies.
           ISBN 978-85-7608-829-5

           1. Gaita de boca - Estudo e ensino. 2. Gaita de boca - Métodos -
        Autodidatismo. I. Título. II. Série.
                                                       CDU 788.93
                                                       CDD 788.8219
```

Índice para catálogo sistemático:
1. Gaita de boca   788.93

(Bibliotecária responsável: Sabrina Leal Araujo – CRB 10/1507)

Rua Viúva Cláudio, 291 – Bairro Industrial do Jacaré
CEP: 20970-031 – Rio de Janeiro – Tels.: (21) 3278-8069/8419
www.altabooks.com.br – e-mail: altabooks@altabooks.com.br
www.facebook.com/altabooks – www.twitter.com/alta_books

Sobre o Autor

Winslow Yerxa é gaitista, músico, autor, luthier de gaita e professor. Sua busca de uma vida inteira por entender a gaita (e ajudar outras pessoas a fazê-lo) começou muito cedo, quando ele não conseguiu encontrar um professor e nenhum dos livros disponíveis sobre gaita ensinavam nada sobre blues, country, música celta ou os estilos de jazz para gaita que ele havia ouvido em discos e desejava reproduzir. Suas experiências juvenis tocando em bares de frente para o mar em sua cidade natal, Vancouver, e na Colúmbia Britânica, e com cantores e guitarristas da tribo Cree nas Montanhas Rochosas do Canadá o ensinaram o quão versátil a gaita pode ser para tocar blues, jazz, country, música popular e canções de violino. Estudos de arranjos de jazz, composição e teoria musical no Vancouver Community College, na McGill University, e posteriormente, a elaboração de arranjos musicais para bandas afro-caribenhas em São Francisco (EUA) deram a ele a especialização técnica para integrar a gaita a uma ampla variedade de cenários musicais. Atualmente, ele passa muito tempo tocando com os San Francisco Scottish Fiddlers.

De 1992 a 1997, Winslow escreveu, editou e publicou a revista *HIP — Harmonica Information Publication*, o mais lido periódico sobre gaita de sua época. Durante esse período, ele transcreveu os solos de gaita de John Popper para a notação musical e tablaturas para o songbook do CD do Blues Traveler, *four*. Também assinou o conjunto de livro e CD *Learn Blues Harp Effect in 60 Minutes* e inventou e comercializou o Discrete Comb, um aprimoramento para gaita que destrava todas as capacidades de bend de notas de uma gaita diatônica. Recentemente, em colaboração com Dix Bruce, ele escreveu *Backup Trax: Basic Blues For Harmonica* e também trabalhou com o virtuoso da gaita de jazz Howard Levy em sua série de DVDs educativos *Out of The Box*.

Além de dar aulas particulares, Winslow leciona em seminários de gaita, como o Harmonica Jam Camp de Jon Gindick e o Harmonica Masterclass organizado por David Barrett. Ele também leciona em festivais de gaita, como o SPAH e o Buckeye Festival. Colabora regularmente para a revista online sobre gaita HarmonicaSessions.com (conteúdo em inglês), e contribuiu com artigos para as revistas *Harmonica World*, *Harmonica Happenings*, *American Harmonica Newsletter* e *Echos France Harmonica*. Ele continua colaborando para a compreensão e apreciação da gaita através de fóruns online especializados, tais como o Harp-L.

Dedicatória

À minha esposa Pat, que mantém meus pés no chão, e ao nosso pequeno guia espiritual, Alberto Duque.

Eu gostaria também de dedicar este livro à memória de meu querido amigo, o gaitista clássico Douglas Tate, e à memória do inestimável folclorista de Quebec e incomparável *joueur de la musique à bouche*, Gabriel Labbé.

Agradecimentos do Autor

Eu gostaria de agradecer a Rob Paparozzi por ter me recomendado para este projeto e também ao editor de aquisições Michael Lewis e a minha agente, Carole Jelen McLendon da Waterside Productions. Meus agradecimentos vão também ao colega autor da série *For Dummies*, Bill Evans, pela orientação e os conselhos iniciais.

Os processos de redação e edição correram tranquilamente graças ao tato, organização e sábios conselhos da editora de projeto Alissa Schwipps. O texto foi imensuravelmente aprimorado graças ao aconselhamento da copidesque Jessica Smith e do editor técnico e extraordinário gaitista Glenn Weiser.

Um grande agradecimento à fotógrafa Anne Hamersky por capturar os minúsculos detalhes ocultos dos mecanismos da gaita, e a Steve Malerbi, técnico-mestre de gaita, pelo empréstimo da gaita de acordes para a sessão de fotos. Sou grato a meus colegas Damien Masterson e Chris Michalek por terem me emprestado os microfones e mixers para a gravação das faixas de áudio, e Os Leguizamo of Suzuki por sua receptividade e dedicação.

Eu também gostaria de agradecer a Jason Ricci e Ben Breyer pelas sugestões úteis, conselhos e apoio moral.

Por fim, quero agradecer a meus alunos, com quem estou sempre aprendendo.

Sumário Resumido

Introdução 1

Parte I: Começando 9
Capítulo 1: O que É Essa Coisa Chamada Gaita? 11
Capítulo 2: Sua Primeira Gaita 17
Capítulo 3: A Linguagem Musical: Analisando um Pouco de Teoria 29

Parte II: Começando a Tocar Algumas Músicas 49
Capítulo 4: Relaxamento, Respiração e Ritmo 51
Capítulo 5: Ouço uma Melodia: Tocando Notas Individuais 65
Capítulo 6: Moldando Seu Som 83
Capítulo 7: Aprimorando Seu Som com a Língua na Gaita 97
Capítulo 8: Desvendando um Tesouro Oculto: O Bend 111

Parte III: Indo Além do Básico 145
Capítulo 9: Posições: Tocando uma Gaita em Várias Tonalidades 147
Capítulo 10: Tocando com Sofisticação: Desenvolvendo o Espírito
e a Velocidade 169
Capítulo 11: Dominando Novas Músicas 187
Capítulo 12: Por Trás do Tesouro Oculto: Os Overbends 197

Parte IV: Desenvolvendo Seu Estilo 211
Capítulo 13: Blues e Rock 213
Capítulo 14: Rumo ao Sul com Algumas Canções Country 227
Capítulo 15: Diversão a Noite Inteira com Folk, Música Celta e
Canções Dançantes 237

Parte V: Levando Sua Música para o Mundo 251
Capítulo 16: Reunindo Tudo — Suas Músicas, Sua Banda, Seus Ouvintes 253
Capítulo 17: Amplificando Seu Som 267
Capítulo 18: Melhorando Sua Gaita com Reparos e Aprimoramentos 281
Capítulo 19: Adquirindo Mais Gaitas e Outros Acessórios Úteis 301

Parte VI: A Parte dos Dez 311
Capítulo 20: Dez Formas de se Conectar no Mundo da Gaita 313
Capítulo 21: Muito Mais do que Dez CDs de Gaita Indispensáveis 321

Parte VII: Apêndices 329
Apêndice A: Disposições de Afinação para Todas as Tonalidades 331
Apêndice B: Sobre as faixas de áudio 335

Índice 351

Sumário

Introdução 1
Sobre Este Livro 1
Convenções Utilizadas Neste Livro.. 2
Só de Passagem 3
Penso que.. 4
Como Este Livro Esta Organizado.. 4
    Parte I: Começando 4
    Parte II: Começando a Tocar Algumas Músicas 5
    Parte III: Indo Além do Básico... 5
    Parte IV: Desenvolvendo Seu Estilo 5
    Parte V: Levando Sua Música para o Mundo.................. 5
    Parte VI: A Parte dos Dez 6
    Parte VII: Apêndices 6
Ícones Usados Neste Livro 6
De Lá para Cá, Daqui para Lá 7

Parte I: Começando.. 9

Capítulo 1: O que É Essa Coisa Chamada Gaita?................................. 11
Considerando o Charme da Gaita 11
Tornando-se o Próximo Ídolo da Gaita: O que É Preciso para Tocar 13
Elevando o Nível de Seu Talento... 14
Passeando pelo Mundo da Gaita 15

Capítulo 2: Sua Primeira Gaita.. 17
Comprando Sua Primeira Gaita 17
    Compreendendo a construção da diatônica de dez orifícios 18
    Escolhendo uma gaita no tom de Dó............................... 18
    Fazendo cotação de preços para sua gaita 19
    Decidindo onde comprar uma gaita 20
Fazendo Seu Primeiro Som 21
    Segurando a gaita 21
    Colocando a gaita na boca.. 22
    Respirando através da gaita... 23
Conhecendo Você: Descobrindo como uma Gaita Funciona 23
    Fazendo um sanduíche de lata de cinco camadas 24
    Observando detalhadamente as palhetas que produzem o som........ 25
    Afinando conforme o tom da gaita................................... 26
    Localizando notas diferentes.. 26
Segurança e Conservação: Cuidando de Sua Gaita 27

Capítulo 3: A Linguagem Musical: Analisando um Pouco 29

Lendo Tablaturas de Gaita 30
Encontrando o Tom de uma Canção 31
Explorando o Básico do Ritmo 31
    Contando o tempo como mínimas, semínimas e semibreves 32
    Contando o silêncio com pausas 33
    Prolongando notas com ligaduras e pontos 34
    Dividindo semínimas 35
    Agrupando batidas com compassos, barras de compasso
    e indicações de compasso 36
    Dividindo a Batida desigualmente para obter o swing 38
    Fazendo a contagem de uma melodia 39
Mapeando o Universo das Notas 40
    Nomeando as notas 40
    Alterando as notas com sustenidos e bemóis 41
    Medindo a distância entre as notas com semitons e tons inteiros 42
Escrevendo as Notas 42
    Colocando as notas em uma pauta 43
    Escrevendo bemóis e sustenidos em uma pauta 44
    Desvendando armações de clave 45
    Localizando notas de gaita na pauta 46

Parte II: Começando a Tocar Algumas Músicas 49

Capítulo 4: Relaxamento, Respiração e Ritmo 51

Preparando-se para Tocar: Relaxe, Respire Tranquilo e Segure a Gaita 51
    Aperfeiçoando sua postura para tocar 52
    Respirando suave e profundamente 52
    Concentrando fluxo de ar em sua boca 54
    Segurando a gaita com as mãos em concha 54
Tocando Alguns Acordes Amplos e Encorpados 56
    Preparando sua respiração 57
    Produzindo um som amplo com o exercício da natação tranquila 57
Descobrindo o Ritmo 59
    Respirando em padrões rítmicos 59
    Soando como um trem 62
    Utilizando a mão em concha para intensificar um ritmo 63

Capítulo 5: Ouço uma Melodia: Tocando Notas Individuais 65

Moldando Sua Boca para Destacar uma Nota 66
    Formando a embocadura de bico 66
    Produzindo uma embocadura de tongue block 68
Os Elementos do Movimento: Passando de Uma Nota à Seguinte 69

Sumário **xi**

Explorando os Três Registros da Gaita 70
Tocando Músicas Familiares no Registro Médio 71
    "Hot Cross Buns" 71
    "Good Night, Ladies" 71
    "Mary Had a Little Lamb" 72
    "Frère Jacques" 73
    "When The Saints Go Marching In" 73
Fazendo Seus Primeiros Saltos de Múltiplos Orifícios 74
    "Twinkle, Twinkle, Little Star" 75
    "Taps" 75
    "On Top of Old Smokey" 76
Deslocamento a Partir do Médio 77
    "Joy to the World" 77
    "Shenandoah" 79
Flutuando no Registro Agudo 79
    "She'll Be Comin' 'Round the Mountain" 80
    "Noite Feliz" 81

Capítulo 6: Moldando Seu Som 83

Desenvolvendo Ressonância Profunda com Sua Coluna de Ar 83
Utilizando Seu Diafragma 85
    Iniciando e encerrando notas 85
    Pulsando uma nota (Vibrato abdominal) 87
Colocando Sua Garganta para Funcionar 88
    Iniciando e encerrando notas 88
    Pulsando uma nota (Vibrato de garganta) 89
Utilizando Ação Abdominal e da Garganta ao Mesmo Tempo 89
Colorindo Seu Som com a Língua 90
    Iniciando e encerrando notas 90
    Pulsando uma nota (Vibrato de língua) 92
    Formando sons de vogais e colorindo seu tom 92
Moldando o Som com as Mãos 93
    Cor do tom e sons de vogais 93
    Pulsando notas (Vibrato de mão) 94
Acrescentando Vibrato à Sua Interpretação 94

Capítulo 7: Aprimorando Seu Som com a Língua na Gaita 97

Utilizando a Língua para Combinar Acordes e Melodias 98
    Conhecendo os acordes de sua gaita 98
    Acompanhando melodias com acordes 98
    Seguindo o ritmo com um acorde 101
Reforçando Notas da Melodia com a Língua 102
    Aplicando o tongue slap 104

Combinando notas amplamente espaçadas com
um tongue split 103
Criando Efeitos de Acordes com a Língua 105
Alternando posições da língua para produzir a
inclinação de acorde 105
Erguendo e reposicionando a língua para tocar
um chord hammer 106
Rapidamente alternando notas amplamente espaçadas
com o shimmer 107
Tocando Amplos Saltos com Corner Switching 108

Capítulo 8: Desvendando um Tesouro Oculto: O Bend 111

Tirando Seus Primeiros Bends 113
Começando com o pé direito a partir do básico 113
O K-spot: Seu elo para ativar um bend 114
Se você não acertar da primeira vez: Pratique a persistência 117
Ajustando sua boca para diferentes notas 118
Fazendo bend com a língua na gaita 124
Explorando as Notas que Fazem Bend 126
Encontrando a profundidade do bend em cada orifício 127
As três extensões de bend 129
Explorando Bends em Sua Gaita 130
Bends de extensão média 131
Bends de extensão grave — o coração da gaita 133
Bends de extensão aguda 138
O Bend em Diferentes Tipos de Gaitas 142
Gaitas cromáticas 142
Gaitas de palheta dupla 142

Parte III: Indo Além do Básico 145

Capítulo 9: Posições: Tocando uma Gaita em Várias Tonalidades 147

Compreendendo como as Posições Ajudam Você a Tocar 147
Encontrando uma Posição 149
Relacionando Posições, Modos e Notas Evitadas 151
Tocando Rock com Seis Posições Populares 152
Primeira posição (Dó em uma gaita em Dó) 153
Segunda posição (Sol em uma gaita em Dó) 155
Terceira posição (Ré em uma gaita em Dó) 158

Quarta posição (Lá em uma gaita em Dó) 161
Quinta posição (Mi em uma gaita em Dó) 163
Décima segunda posição (Fá em uma gaita em Dó) 166

Capítulo 10: Tocando com Sofisticação: Desenvolvendo o Espírito e a Velocidade 169

Dominando a Melodia a Partir do Zero 170
    Visualizando a escala 171
    Reconhecendo padrões de escala 172
    Ancorando melodias em notas de acorde 177
    Simplificando a escala para cinco notas 179
Acrescentando Ornamentos à Melodia 181
    Shakes 182
    Rips, boings e fall-offs 182
    Apogiaturas 183
Desenvolvendo Sua Velocidade 184

Capítulo 11: Dominando Novas Músicas 187

Entendendo como as Músicas Funcionam 187
    O recipiente: Estruturando o tempo 187
    O contexto de mudança: Alterações de acordes 189
    O primeiro plano: Melodia 190
Escolhendo a Gaita Certa 190
    Quais são as notas na escala? 190
    Quais são as notas nos acordes? 191
Preparar-se versus Tocar Diretamente 193
    Aprendendo melodias 193
    Improvisando sobre uma música 195
Tentativa e Erro: Tocando Junto com Música Aleatória 196

Capítulo 12: Por Trás do Tesouro Oculto: Os Overbends 197

Considerando o Charme dos Overbends 198
    Tocando mais licks, riffs e escalas 198
    Tocando em mais tonalidades 199
Explorando as Coisas a Saber Antes de Começar 200
    Como escolher uma gaita adequada 200
    Determinando em quais notas fazer overblow e overdraw 200
    Preparando sua mente, corpo e ouvidos 201
Fazendo Seus Primeiros Overblows 203
    A abordagem push-through 204
    A abordagem springboard 205
Obtendo Mais Overblows 206
Fazendo Seu Primeiro Overdraw 207

Elevando a Altura de um Overbend..208
   Tocando overbends com afinação..208
   Fazendo o bend de overbends para cima..209

Parte IV: Desenvolvendo Seu Estilo..................................211

Capítulo 13: Blues e Rock..213
Os 12 Compassos do Blues..214
   Identificando os três acordes do blues..214
   Fazendo uma sentença: Fala aí, brother!...214
   Encaixando as notas nos acordes..216
Três Posições do Blues..216
   Blues de segunda posição...216
   Explorando o blues de 12 compassos com o uso da
      segunda posição..217
   Um estoque de licks e riffs de segunda posição..220
   Blues de terceira posição..223
   Blues de primeira posição..225

Capítulo 14: Rumo ao Sul com Algumas Canções Country...............227
Escolhendo Gaitas para o Country..227
Visitando Algumas Canções Country em Primeira Posição.................................228
   "Blue Eyed Angel"..229
   "Wabash Cannonball"...229
Familiarizando-se com Algumas Canções Country de Segunda Posição..............230
   "Foggy Mountain Top"..230
   "Since I Laid My Burden Down"..231
   "One Frosty Morn"..232
   "Lonesome Whistle Waltz"...233
   "Muscle Car Boogie, Part 1"...234

Capítulo 15: Diversão a Noite Inteira com Folk,
Música Celta e Canções Dançantes..................................237
Escolhendo Gaitas para Tocar Folk e Música Celta..238
   A gaita tremolo..239
   A gaita cromática...239
Tocando Músicas Rápidas de Violino..239
Experimentando Algumas Canções de Primeira Posição...................................240
   "Careless Love"..241
   "Wildwood Flower"..241
   "April's Jig"...242
   "Mrs. MacLeod of Raasay"..243
Energizando Algumas Músicas na Segunda Posição..244
   "John Hardy"...245
   "Old Joe Clark"...246

Sumário **xv**

     Elevando-se com Canções de Terceira Posição 247
          "Scarborough Fair" 247
          "Tha mi sgith" 248
     Explorando a Quarta e a Quinta Posições com uma Única Música............ 249

Parte V: Levando Sua Música para o Mundo..................... 251

Capítulo 16: Reunindo Tudo — Suas Músicas, Sua Banda, Seus Ouvintes 253

     Reunindo Suas Músicas 253
          Selecionando músicas para a gaita 254
          Faça do seu jeito: Arranjando uma música 257
          Acrescentando vocais às suas músicas.. 258
     Fazendo Música com Outras Pessoas 259
          Estabelecendo algumas regras básicas quando você toca
             com outras pessoas.. 259
          Sabendo quando fazer uma parada 260
          Tocando em dupla 261
          Fazendo uma jam session com uma banda 261
     Exibindo Seu Talento no Palco 262
          Com boa aparência, sentindo-se bem 263
          Preparando-se para uma performance no palco 263
          Vencendo o medo do palco 264
          Recuperando-se dos erros 265
          Ocupando o centro do palco: Fazendo um solo 265

Capítulo 17: Amplificando Seu Som 267

     Familiarizando-se com o Básico da Amplificação 268
     Tocando Através de um Microfone pela Primeira Vez 268
          Tocando com um microfone em um pedestal................................... 269
          Tocando com um microfone entre as mãos...................................... 270
          Ouvindo a si mesmo em meio ao caos 271
          Evitando o horrível uivo da microfonia 272
     Elevando o Nível da Amplificação: Som Amplificado Limpo
         e Distorcido 273
          Familiarizando-se mais com os microfones...................................... 273
          Alterando o som de uma gaita com efeitos 275
          Impulsionando com amplificadores, pré-amplificadores
             e alto-falantes... 276
     Conectando Microfones, Amplificadores e Unidades de Efeitos 278

Capítulo 18: Melhorando Sua Gaita com Reparos e Aprimoramentos 281

     Reunindo as Ferramentas Necessárias... 282
     Seguindo Boas Práticas de Reparos 283

Fazendo Três Aprimoramentos Simples 284
    Desmontando e remontando uma gaita 285
    Flexionando as palhetas 285
    Nivelando cantos e extremidades pontiagudos 286
Diagnosticando e Consertando Problemas 286
    Desencaixando uma gaita e recolocando-a no lugar 288
    Limpando obstruções de sua gaita 290
    Consertando palhetas desalinhadas 291
    Estreitando os slots das palhetas (Embossing) 291
    Ajustando a ação das palhetas 293
    Afinando sua gaita 297

Capítulo 19: Adquirindo Mais Gaitas e Outros Acessórios Úteis 301

Colecionando Gaitas Diatônicas Adicionais 301
    Adquirindo tonalidades populares 302
    Ampliando sua extensão com gaitas em tonalidades
        agudas e graves 302
Acrescentando Variedade a Seu Kit de Gaitas 303
    Gaitas cromáticas 303
    Gaitas tremolo e oitavadas 305
Tornando Suas Gaitas Portáteis com Estojos para Transporte 307
Explorando Ferramentas Úteis para Prática e Desempenho 308

Parte VI: A Parte dos Dez 311

Capítulo 20: Dez Formas de se Conectar no Mundo da Gaita 313

Capítulo 21: Muito Mais do que Dez CDs de Gaita Indispensáveis 321

Parte VII: Apêndices 329

Apêndice A: Disposições de Afinação para Todas as Tonalidades 331

Apêndice B: Sobre as faixas de áudio 335

Índice 351

Introdução

Você está ansioso para tocar gaita? Está intrigado com esse pequeno e expressivo instrumento que você pode levar para qualquer lugar? Ou talvez você esteja fascinado pelo incandescente solo de gaita que escutou na música de sua banda preferida, ou simplesmente se encantou com a sonoridade do instrumento? Você finalmente decidiu que é hora de tomar a iniciativa e se tornar a pessoa que faz essa música?

Se a resposta for positiva, *Gaita Para Leigos* é o seu ponto de partida. Caso você seja um novato que ainda não possui uma gaita, este livro lhe abre as portas com sólidos conselhos e lhe serve de guia neste novo e fascinante mundo. Mesmo que você já seja um exímio músico, este livro lhe mostra todos os tipos de técnicas e abordagens que podem elevar o nível de seu desempenho.

Você pode se divertir um bocado fazendo música com a gaita e ela pode enriquecer sua vida social. Nos últimos 40 anos, tocar gaita me levou a fazer novas amizades no mundo inteiro. Tornei-me amigo de alguns dos maiores gaitistas do planeta e percebi neles algo incrível: embora eles possam dormir confortavelmente nos louros da fama e se gabar de serem chamados de "melhores do mundo", raramente o fazem. Em vez disso, eles permanecem curiosos e abertos a novas experiências. Imagino que você também seja assim. Se for, eu o convido a se juntar a mim na jornada de descobertas que é tocar gaita.

Sobre Este Livro

Gaita Para Leigos lhe oferece tudo o que você precisa para tirar o melhor do instrumento. Uma coisa maravilhosa sobre este livro é que ele é uma referência que você pode pegar e largar conforme quiser. Basta dar uma olhada no sumário ou no índice para encontrar as informações que deseja. Eis mais algumas coisas maravilhosas sobre este livro:

- **Instruções claras passo a passo.** Quando eu lhe mostro como executar determinada tarefa, como, por exemplo, tocar sua primeira nota ou fazer bend de uma nota, forneço passos numerados e fáceis de seguir. Assim, você não precisa vasculhar todos os extras para chegar aos pontos principais.

- **Diagramas úteis de ação de boca e língua.** Quase tudo o que você faz ao tocar gaita é invisível, pois ocorre no interior do seu corpo. Por isso, neste livro, ilustro o funcionamento interno de sua boca e de seu aparelho respiratório quando você toca. Compreender o que acontece internamente pode ajudá-lo enquanto você aprende a dominar as misteriosas ações internas que utiliza para tocar a gaita.

- **Notação musical e tablaturas para todas as músicas deste livro.** A tablatura mostra a você o que fazer para tocar a gaita. Ela lhe informa o número do orifício a ser utilizado e se você precisa soprar (seta apontando para cima) ou aspirar (seta apontando para baixo). Simples, não? Tudo o que você pode tocar com a gaita neste livro está registrado em tablaturas.

  Incluo também a notação musical para cada peça. Ser capaz de ler as notas em uma pauta não é algo necessário para tocar gaita, mas também não é algo difícil de aprender. Além disso, trata-se de uma habilidade útil — especialmente se você desejar tocar uma música que não está em tablatura. Por isso, incluo a notação caso você deseje dar uma olhada nela.

- **Faixas de áudio repletas de exemplos para você tocar junto.** Todos os exemplos em tablatura deste livro estão nas faixas de áudio que o acompanham. Tablaturas, ilustrações de língua e descrições não são suficientes. Ao ouvir, porém, você consegue compreender rapidamente o que deve fazer. Na verdade, ouvindo o som que busca criar, você conseguirá obtê-lo mais rapidamente.

Brinque com diferentes sons e técnicas em sua gaita e note o que acontece. Os maiores avanços no virtuosismo da gaita vieram da experimentação feita pelos músicos. Não tenha medo de fazer algo "errado". Com exceção de engolir a gaita ou tocar fogo nela, não há praticamente nada que você não deve tentar fazer.

Convenções Utilizadas Neste Livro

As seguintes convenções são utilizadas em todo o texto para tornar as coisas consistentes e de fácil entendimento:

- Novos termos aparecem em *itálico* e são logo seguidos por uma definição de fácil compreensão.
- O **negrito** é utilizado para destacar palavras-chave em listas com marcadores e as partes práticas dos passos numerados.
- Todos os endereços de internet aparecem em fonte `monoespaçada`.

Alguns fonemas possuem sons correspondentes entre parênteses, após a primeira vez que surgem no livro. Isso ocorre para facilitar o entendimento do leitor brasileiro e aparece principalmente no Capítulo 6.

Vale ressaltar que este livro é focado na gaita diatônica de dez orifícios e cada orifício da gaita é numerado. Quando me refiro a uma nota da gaita, frequentemente cito o número do orifício e a direção da respiração. Por exemplo, "Orifício 4 soprado", se refere à nota que você obtém quando sopra o Orifício 4 ou posso usar somente "4 soprado", que significa a mesma coisa.

Você notará que ao mencionar notas agudas e graves, refiro-me exatamente a elas — aquelas notas que as pessoas consideram agudas (o chiado de um rato, por exemplo) ou graves (uma buzina de nevoeiro, ou talvez Barry White). Em uma gaita, as notas graves ficam à esquerda e as agudas, à direita.

Este livro contém tanto figuras quanto tablaturas, que são numeradas em sequência dentro de cada capítulo. As figuras ilustram pontos importantes no texto. As tablaturas lhe mostram as ações necessárias para tocar cada nota (em qual orifício tocar, se é preciso soprar ou aspirar, e quaisquer outras ações necessárias). Cada tablatura do livro lhe mostra uma música, escala, acorde ou sequência de notas que você pode tocar em uma gaita. E, caso você não tenha certeza de como a tablatura deve soar ou se a está tocando corretamente, não se preocupe: cada tablatura possui uma referência à faixa correspondente nas faixas de áudio, para que você possa ouvir a tablatura sendo tocada.

Alguns fonemas possuem sons correspondentes entre parênteses, após a primeira vez que surgem no livro. Isso ocorre para facilitar o entendimento do leitor brasileiro e aparece principalmente no Capítulo 6.

Só de Passagem

Você não precisa ler a notação musical deste livro — a menos que deseje fazê-lo. A tablatura lhe mostra qual orifício da gaita tocar, se é preciso soprar ou aspirar e quando fazer o bend ou overbend.

Você também pode pular os parágrafos que possuem o ícone Papo de Especialista anexo a eles (e a maior parte do Capítulo 3) caso deseje ir direto para a música a ser tocada.

Os boxes cinza que você encontrará espalhados pelos capítulos podem ser divertidos de ler caso você se interesse pelas tradições da gaita, mas as informações contidas neles não são necessárias para tocar.

Eis a dica essencial: pule tudo o que não lhe parecer importante no momento. Se você focar no que lhe importa agora, começará a se familiarizar com o assunto. Mais tarde, coisas que inicialmente não lhe pareceram importantes poderão ganhar novo significado — e você sempre poderá voltar a elas quando estiver preparado.

Penso que...

Vou me arriscar supor que você aprecia a gaita e não se importará em tirar dela alguns licks bacanas. Mas não suporei que você não sabe por onde começar ou que tipo de gaita adquirir. Talvez você não saiba absolutamente nada sobre música exceto que você gosta de música. Não se preocupe — isso não é problema.

Ao mesmo tempo, não suporei que somente principiantes lerão este livro. Você pode ser um músico de nível intermediário que possui o conhecimento básico, mas que busca algumas dicas para alimentar seu crescente fascínio pela gaita. Também não suporei que você esteja interessado em blues, canções para acampamentos ou qualquer outro tipo de música. As técnicas básicas necessárias para qualquer estilo musical são abordadas aqui, embora eu inclua capítulos específicos sobre os estilos blues, rock, country e folk.

Suponho realmente que você esteja interessado no tipo mais popular de gaita: a diatônica de dez orifícios (o que inclui marcas e modelos populares, tais como Hohner Marine Band, Blues Harp, Special 20, Golden Melody, Lee Oskar, Suzuki, Huang, Seydel e Bushman). Embora eu mencione brevemente outros tipos, como as gaitas tremolo e cromáticas, este livro é focado na gaita diatônica de dez orifícios.

Como Este Livro Está Organizado

Gaita Para Leigos é organizado de forma que você possa rapidamente obter as informações que deseja. Os capítulos são agrupados em sete partes que focam em diferentes aspectos da gaita: compra, domínio do básico, ir além do básico, tocar com e para outras pessoas, reparos e aprimoramentos, e ouvir algumas excelentes músicas de gaita em diferentes estilos. A seguir, as diferentes partes que você pode ler ou pular.

Parte I: Começando

Esta parte orienta você sobre o mundo da gaita. Você terá um pouco de história e alguns conselhos básicos sobre a escolha da primeira gaita entre uma infinidade de tipos e modelos. Você também tentará produzir seus primeiros sons com a gaita. Apenas como preparação para o que vem por aí, você tem a opção de se familiarizar com a tablatura de gaita e um pouco de terminologia musical básica. É necessário conhecer um monte de símbolos e termos musicais para começar a tocar? Na verdade não. Porém, à medida que for ganhando habilidade como gaitista, o conhecimento musical pode ajudá-lo a avançar.

Parte II: Começando a Tocar Algumas Músicas

A Parte II começa com ritmo e melodia (e um ritual de passagem para todos os gaitistas: fazer com que uma única nota soe isoladamente). Você pode utilizar essas bases moldando seu som com a arma secreta dos gaitistas: o incrível amplificador orgânico chamado corpo humano. Em seguida, mostro a variedade de texturas sonoras que você pode criar com a língua. Por fim, arremato a parte chegando ao centro do que todo gaitista deseja dominar e todo ouvinte deseja escutar: o emocionante lamento do bend.

Parte III: Indo Além do Básico

Nesta parte, você começa a aplicar suas habilidades para fazer música. Mostro a você como tocar uma gaita em várias tonalidades e como aperfeiçoar sua habilidade de brilhar nas melodias enquanto navega pela estrutura de uma música. Mostrarei a você também como dominar melodias complexas e como improvisar e criar enquanto toca. Finalmente, você experimentará outra técnica importante: os *overbends* (overblows e overdraws).

Parte IV: Desenvolvendo Seu Estilo

Depois que tiver dominado as técnicas essenciais de gaita, desenvolvido alguns movimentos bacanas e compreendido como as músicas funcionam, você estará pronto para tocar os estilos de gaita mais populares: blues e rock, country, folk e músicas tradicionais. O que você descobrir nesta parte poderá ser aplicado também a muitos outros estilos musicais. Por exemplo, você pode experimentar com jazz, música clássica ou até mesmo klezmer, que é um estilo de música judaica alegre, influenciado pelos ciganos. (*O Violinista no Telhado*, conhece?)

Parte V: Levando Sua Música para o Mundo

Como desenvolver um repertório de canções para tocar? Como fazer música para os amigos e tocar para plateias? Como lidar com o equipamento de som para se fazer ouvir ou mesmo utilizar equipamentos elétricos para que sua gaita soe ainda mais bacana? Como consertar a gaita caso ela quebre? É possível turbinar sua gaita para obter um desempenho ainda melhor? Que outras gaitas é preciso adquirir e quais equipamentos e acessórios são úteis? Esta é a parte na qual você obterá respostas a todas estas perguntas.

Parte VI: A Parte dos Dez

Nenhum livro *Para Leigos* estaria completo sem a seção que é a marca registrada da série: a Parte dos Dez. Esta parte inclui capítulos com listas do tipo "os dez mais" de informações importantes, porém divertidas. Por exemplo, você deseja fazer network com outros músicos? Sorte sua! Nesta parte, mostro a você dez formas de se conectar com o vasto mundo da gaita — localmente e mundialmente, online e offline. E digamos que você queira alimentar sua mente e obter um pouco de inspiração. Este é o lugar certo! Nesta parte, levarei você em uma viagem por dez estilos musicais diferentes e seus maiores intérpretes na gaita, e também recomendo alguns dos melhores CDs de cada estilo para você conferir.

Parte VII: Apêndices

Você só precisará de uma gaita no tom de Dó para aprender e tocar junto com as músicas deste livro. Porém, caso o bichinho da gaita morda você (e eu acho que morderá), você desejará ter (e acabará precisando ter) gaitas em todos os 12 tons. Nesta parte, você pode ver como as notas são dispostas e onde estão as notas com bend em todas as escalas de gaita. Também lhe forneço uma descrição das faixas de áudio para ajudá-lo a tirar o máximo proveito dos exemplos em áudio.

Ícones Usados Neste Livro

Nas margens deste livro, você encontrará ícones que lhe ajudarão a localizar informações importantes — ou até mesmo informações que você pode querer pular. Eis os ícones que utilizo e o significado deles:

Este ícone destaca pontos importantes que são chaves para a compreensão e as habilidades que você deseja adquirir.

Vez ou outra ofereço uma dica que pode levá-lo mais rapidamente aonde você quer chegar, ou que pode colocar as coisas na perspectiva correta. Este ícone ajuda você a apontar essas dicas de ouro.

Este ícone destaca explicações técnicas longas e complexas. Caso você deseje pular o Papo de Especialista e apenas experimentar uma nova técnica, tudo bem. Mais tarde você poderá sentir curiosidade sobre como as coisas funcionam. Quando isso ocorrer, você saberá para onde olhar.

Introdução

Ao ver este ícone, tome cuidado para não danificar sua gaita ou, mais importante, seus olhos, ouvidos e outras partes sensíveis do corpo (incluindo seu ego).

Este ícone ajuda você a relacionar o que ouve nas faixas de áudio aos exemplos e técnicas do livro. As faixas demonstram o que o livro descreve — que bela combinação!

Você pode encontrar os arquivos de áudio online de forma gratuita. Basta entrar em www.altabooks.com.br e buscar pelo nome do livro ou ISBN

De Lá para Cá, Daqui para Lá

Se você é um iniciante e não entende muito de gaita, vá para o Capítulo 1 ou 2. Eles lhe fornecem o básico para começar. Se você já toca, mas não sabe como tocar o que ouve em músicas ou shows ao vivo, dê uma olhada na Parte III, onde você descobrirá como os músicos utilizam as posições para tocar em diversas escalas.

Se você é fascinado pelos segredos do bend, confira o Capítulo 8. (***Dica:*** trabalhar primeiro com o Capítulo 6 lhe dará uma grande vantagem.) E se você desejar aprender algumas técnicas de língua, pule para o Capítulo 7.

Se você já toca relativamente bem, mas ainda não desenvolveu um repertório musical, não se uniu a uma banda nem tocou em uma jam session ou no palco, leia a Parte V. Por último, mas não menos importante, se você é um gaitista experiente que deseja adquirir técnicas mais avançadas, corra para as Partes III e IV.

Ainda sem saber por onde começar? Simplesmente procure no Índice ou no Sumário o tópico que mais lhe interessa.

Parte I
Começando

A 5ª Onda — Por Rich Tennant

"Eu não sei quem eles são nem de onde vêm, mas eles começam a aparecer toda vez que Davi toca sua gaita."

Nesta parte...

À s vezes, a melhor coisa a fazer é começar do começo, especialmente se você é inexperiente em tocar gaita. Nesta parte, você obtém algumas explicações básicas sobre o que a gaita tem de interessante e como ela surgiu, e depois descobre como agir e que tipo de gaita comprar. Após ter comprado sua nova gaita, você pode fazer um teste guiado. Arremato esta parte com uma introdução à tablatura de gaita e um pouco de teoria musical e terminologia básica.

Capítulo 1

O que É Essa Coisa Chamada Gaita?

Neste Capítulo

- Descubra o que torna a gaita um instrumento tão charmoso
- Considere o que é preciso para tocar
- Compreenda como aprimorar sua interpretação além do básico
- Compartilhe sua música com outras pessoas e visite o mundo virtual da gaita

Talvez você esteja atraído pelo som melancólico de uma gaita. Ou talvez você esteja fascinado pelo incandescente solo de gaita que escutou na música de sua banda preferida. Seja lá qual for o caso, você sabe que adora gaita e está louco para aprender mais. Para saber um pouco sobre a gaita e por que ela é um instrumento tão incrível para se tocar, continue lendo.

Considerando o Charme da Gaita

O que faz da gaita um dos mais vendidos instrumentos musicais do mundo? Deixe-me contar as razões! Eis apenas alguns motivos pelos quais a gaita é tão charmosa:

- **Seu som possui um apelo imediato.** Seu lamento impactante e melancólico, que se alterna com doces e reconfortantes melodias, torna a gaita atraente e fácil de se identificar. Até mesmo um iniciante na gaita pode cativar uma sala repleta de ouvintes por alguns minutos. Músicos experientes podem brincar com a imediata conexão emocional da gaita para criar maior intimidade e profundidade de expressão. Esse apelo emocional é uma razão pela qual a gaita é tão frequentemente utilizada em trilhas sonoras instrumentais de filmes e em gravações de música popular.

- **Soa automaticamente bem.** A gaita de boca, também chamada de harmônica, foi projetada para soar, digamos, harmoniosamente. Ela foi feita para tocar várias notas de uma vez em combinações que são agradáveis e fazem sentido intuitivo porque dão suporte imediato às notas da melodia.

- **Você pode levá-la para onde quiser — até mesmo para o espaço sideral.** A gaita é um dos instrumentos mais portáteis que existem. Na verdade, há um boato que a maioria das pessoas não sabe: a gaita foi o primeiro instrumento musical a ser levado para o espaço. Em um voo espacial da Gemini em dezembro de 1965, o astronauta Wally Schirra relatou a presença de um objeto voador não identificado em uma órbita polar (o trenó do Papai Noel, talvez?) e então tocou "Jingle Bells" em uma gaita que ele havia trazido às escondidas para a viagem.
- **É mais barato do que um bom par de calçados.** É sério! Você pode comprar uma gaita ótima por menos do valor de um belo par de sapatos. Não se pode dizer o mesmo de uma guitarra ou um sintetizador.
- **Cria intimidade com o músico.** Você pode envolver completamente uma gaita entre suas mãos, e seu som sai mais próximo a seus ouvidos do que o som de qualquer outro instrumento musical.
- **Possui um encanto estranho.** A gaita parece trazer à tona o rebelde e o lobo solitário que existe dentro de alguns instrumentistas. De fato, a técnica da gaita se baseia em fazer coisas que os projetistas jamais imaginariam e que talvez eles sequer aprovassem! A gaita representa o triunfo da criatividade sobre os procedimentos metódicos.
- **Tem o apelo da tradição.** Apesar de possuir o encanto do lobo solitário, a gaita expressa lindamente as tradições musicais, além de ser muito bem aceita dentro dos confortáveis limites dos valores comunitários.

Ancestrais da Gaita na Idade da Pedra

Possivelmente já na Idade da Pedra (e provavelmente no sudoeste da Ásia), alguém descobriu que, tangendo uma corda de arco e segurando-a na altura dos lábios entreabertos, a boca amplificaria as vibrações. Até que um músico inteligente desenvolveu uma fonte mais compacta de som. Essa pessoa fez uma gaita simples de maxilar usando um pedaço liso de bambu e cortando uma aba estreita (ou palheta) em sua superfície. Quando tangida ou soprada, a palheta oscilava livremente e sua vibração fazia soar uma nota. Finalmente, as pessoas passaram a produzir essas *palhetas livres* com metal e a instalá-las em tubos de bambu para criar instrumentos de sopro, tais como o *khaen* (espécie de gaita comum no Laos e Tailândia e composta de vários tubos presos um ao outro em fileiras semelhantes à flauta de pan) e o *sheng* (instrumento chinês formado por um feixe de tubos inseridos em uma cabaça, que lembram uma floresta de bambu crescendo em uma xícara de chá). Até hoje, o khaen é utilizado nos rituais de corte e música da Tailândia e do Laos, e o sheng continua sendo um instrumento respeitado na ópera chinesa. As palhetas livres de metal utilizadas em khaens e shengs são consideradas ancestrais das palhetas utilizadas nas gaitas atualmente.

Tornando-se o Próximo Ídolo da Gaita: O que É Preciso para Tocar

Tocar um instrumento musical não requer habilidades sobrenaturais. Requer apenas vontade e dedicação (e, está certo, talvez um pouco de talento). Por isso, se você quer tocar gaita, confie em sua vontade: você é totalmente capaz de fazê-lo. Estando totalmente disposto a tentar, você só precisará de algumas coisas:

- **Uma gaita.** Se você for comprar uma gaita, poderá encontrar uma confusa montanha de tipos e modelos por preços que variam do equivalente a uma refeição ao custo de um pequeno automóvel! Por isso, quando estiver pronto para comprar sua própria gaita, dê uma olhada no Capítulo 2. Nele você encontrará um guia de compras que o ajudará a selecionar uma gaita de boa qualidade e do tipo certo, por um preço justo.

- **Um pouco de know-how musical.** O Capítulo 3 mostrará a você como ler tablaturas básicas de gaita, que é a principal coisa que você precisa entender para ler os exemplos e canções deste livro. Se você ler atentamente todo o Capítulo 3, poderá também aprender um pouco de teoria musical (o que não faz mal a ninguém).

- **Seu corpo.** Você pode ficar surpreso em saber que a maioria dos sons que você ouve quando toca gaita vem dos seus pulmões, garganta, boca e mãos, e não da gaita. Depois que você pegar o jeito de respirar através do instrumento, poderá começar a desenvolver um pouco de ritmo (Capítulo 4), e, então, você poderá se concentrar em notas individuais para tocar melodias (Capítulo 5). A partir daí, você pode começar a usar seu corpo para moldar e amplificar seu som. A esta altura, você estará pronto para lidar com qualquer coisa na gaita.

- **Prática regular — e diversão sem regras!** A coisa mais importante que você pode fazer para se tornar melhor em tocar gaita é praticar regularmente. Tenha uma gaita em seu bolso, carro, bolsa, pasta, mochila ou pochete — ela pode ser levada com você para todo lugar. Encontre momentos livres para tocar um pouco. Em vez de assistir a reprises na TV ou bater os dedos no painel do carro no sinal vermelho, toque sua gaita. Depois, quando tiver tempo, tente passar meia hora apenas tocando. Contanto que você o faça regularmente e com frequência, começará a desenvolver alguma habilidade para tocar.

Não esqueça de se divertir e experimentar. A prática regular estabelecendo metas é excelente, e incentivo isso. Porém, reserve algum tempo para tocar da maneira que preferir. Enquanto explora o instrumento, você pode se divertir descobrindo novos sons, e aprenderá coisas sobre a gaita que não aprenderá caso se limite ao previsível.

A Gaita no Mundo Ocidental

Ninguém sabe realmente quando a palheta livre chegou da Ásia à Europa (veja o texto no box "Ancestrais da Gaita na Idade da Pedra" para saber mais sobre o início da palheta livre na Ásia). Porém, ela certamente chegou em 1636, quando um instrumento parecido com o khaen foi claramente descrito pelo filósofo francês Marin Mersenne.

Então, em meados de 1700, um russo construtor de órgãos chamado Franz Kirschnik modelou um novo tipo de palheta livre. Ao invés de ser cortada da superfície que a rodeava, a palheta era feita separadamente e presa acima da superfície. Esse novo tipo de palheta podia responder ao fluxo de ar sem ser montada sobre um tubo, o que criava todos os tipos de novas possibilidades. A palheta de Kirschnik foi incorporada a órgãos, afinadores e, a partir da década de 1820, gaitas e acordeões.

O crédito pela invenção da gaita é geralmente dado a um adolescente alemão chamado Friedrich Buschmann, que em 1821 utilizou uma série de afinadores juntos para tocar uma escala. Na década de 1870, quando a produção em massa começou e a empresa Hohner deu início a um agressivo marketing internacional, a gaita já havia assumido a forma pela qual é conhecida hoje. Na década de 1920, a Hohner produzia 20 milhões de gaitas por ano, e pessoas do mundo inteiro as utilizavam para tocar música folclórica, popular e até clássica. Desde então, esse instrumento tem sido presença obrigatória no cenário musical mundial.

Elevando o Nível de Seu Talento

Depois que você souber tocar alguns acordes e melodias, estará preparado para cair na estrada com suas habilidades na gaita. Você pode não estar pronto para aquela viagem do tipo "30 cidades em 15 dias", mas estará definitivamente preparado para percorrer a estrada rumo à maestria e à satisfação.

Quando você estiver pronto para elevar seu talento ao próximo nível, considere dominar técnicas de tonguing[1], que permitem que você tire vantagem total do chording[2] rítmico para acompanhar, variar e acentuar melodias. (Consulte os Capítulos 4 e 7 para mais informações sobre essas técnicas.) Seus pulmões, garganta, língua e mãos, tudo isso tem seu papel em fazer da gaita um dos instrumentos mais expressivos e mais semelhantes à voz que você pode tocar. Por isso, não se esqueça que seu corpo é importante, procure descobrir como sua postura pode influenciar o som conforme você progride. (O Capítulo 6 pode ajudar.)

Outras técnicas importantes incluem o bend[3] (aspirado e soprado) e os overbends (overblow e overdraw), tanto para produzir um expressivo som

---

[1] N.E.: Tonguing é uma técnica que consiste na articulação das notas utilizando a língua.

[2] N.E.: Chording é a disposição dos acordes ao longo da gaita.

[3] N.E.: O bend é uma técnica que permite alterar a frequência natural de uma nota por meio da aplicação de uma pressão de ar maior sobre a palheta do instrumento e simultaneamente contraindo a musculatura da garganta.

de lamento quanto para conceber notas que não foram criadas para a gaita. Instrumentistas experientes também tocam gaita regularmente em escalas para as quais ela nunca foi projetada, o que funciona surpreendentemente bem. (O Capítulo 9 contém mais informações sobre a arte de tocar em *posições*, ou múltiplas escalas.)

Conforme você domina as técnicas de gaita, provavelmente desejará começar a utilizá-las para tocar canções. Para exercitar seus recursos melódicos (sua habilidade para tocar) nos registros grave, médio e agudo da gaita, dedique algum tempo ao Capítulo 10.

Para ver como as estruturas funcionam, vá para o Capítulo 11. Você então estará pronto para escolher canções e melodias para incluir em seu repertório (Capítulo 16).

Passeando pelo Mundo da Gaita

Não seria ótimo sair de sua sala de prática e caminhar rumo à avenida principal do vilarejo de gaita mais próximo? Lá, você poderia relaxar em uma cafeteria de gaita onde você faz música com os amigos, visitar uma butique de acessórios para gaita com todos os mais recentes cintos e estojos para esse instrumento, passar na loja de CDs para encontrar grandes álbuns de gaita ou comprar novas gaitas, e talvez dar uma volta na garagem de gaita local para conferir os modelos clássicos levados para serem lavados e encerados ou os turbinados que estão sendo transformados para ganhar maior velocidade e potência. Algumas partes deste vilarejo ideal provavelmente existem na sua cidade, mas outras partes podem exigir uma viagem a cidades distantes. Ainda há aquelas partes que só existem online. Portanto, o vilarejo é um lugar virtual, que você mesmo precisará montar. A lista abaixo joga luz sobre algumas dicas para encontrar (ou criar) partes do vilarejo, e mostra como lidar com o que você encontrará quando chegar lá.

- **Compartilhando sua música com outros localmente:** Reunir-se com outras pessoas para tocar pode ser extremamente satisfatório. Quando você estiver pronto para dar o passo decisivo, precisará montar um repertório de canções e compreender a etiqueta musical de tocar com seus amigos. Além disso, quando você ficar de pé diante de uma plateia, precisará estar preparado, captar o estado de espírito do público, causar boa impressão e saber como manter a calma quando cometer erros. Caso você tenha medo do palco, também precisará superá-lo. O Capítulo 16 explica tudo isso e muito mais.

Um detalhe importante quando você for tocar para plateias é o uso de sistemas de som e amplificadores (embora tocar com amplificador também seja pura diversão). O Capítulo 17 orientará você quanto ao funcionamento dos microfones, alto-falantes, amplificadores e sistemas sonoros, para que você possa lidar com técnicos de som, ouvir e ser ouvido, e soar maravilhosamente enquanto demonstra seu talento.

✔ **Fazendo a conexão mundial:** Gaitistas são iguais a outros grupos de pessoas que compartilham de um interesse em comum — eles simplesmente desejam se conectar a outras pessoas para trocar informações técnicas, contar e ouvir histórias exageradas, improvisar, ensinar e aprender uns com os outros, e apenas passar o tempo. A internet não é o único meio de fazer isso. Na verdade, encontros cara a cara podem ser muito mais recompensadores do que encontros no ciberespaço. Como você pode se conectar com outros gaitistas localmente e nacionalmente? Descubra no Capítulo 20.

✔ **Visitando a oficina de reparos e a loja de acessórios:** Gaitas podem falhar, e ocasionalmente ficam desafinadas ou até mesmo quebram uma palheta. Porém, mesmo se suas gaitas estiverem funcionando bem, você ainda pode aprimorá-las para obter um desempenho melhor, incluindo resposta mais rápida, tons mais altos e claros, bends mais fáceis e acordes que soem mais doces.

Técnicos de gaita normalmente moram em locais afastados, onde podem se concentrar em seu trabalho. Ao invés de despachar suas gaitas e esperar durante semanas, por que você mesmo não as conserta? Você pode economizar tempo e dinheiro (além de ganhar autoconfiança). Dê uma olhada no Capítulo 18 para obter algumas dicas de como consertar e aprimorar suas gaitas. Quando estiver pronto para adquirir alguns acessórios para que tocar gaita se torne ainda mais divertido, faça uma visita à sua loja de música local. No entanto, você pode encontrar uma seleção online ainda maior de varejistas e fabricantes especializados. (Confira no Capítulo 19 algumas informações sobre equipamentos disponíveis para gaita.)

✔ **Alimente sua cabeça (e seus ouvidos) na loja de música:** Ao longo dos anos, gaitistas gravaram algumas músicas realmente boas em diferentes estilos, desde quintetos de gaita clássica ao heavy metal e jug bands. Para descobrir alguns dos maiores gaitistas e ouvir a música inspiradora que eles fizeram, confira os CDs recomendados no Capítulo 21.

Capítulo 2

Sua Primeira Gaita

Neste Capítulo

▶ Como comprar uma gaita diatônica
▶ Experimente sua nova gaita
▶ Explore as porcas e parafusos de uma gaita
▶ Mantenha seus instrumentos em bom estado

Se você deseja tentar tocar gaita, deverá provavelmente comprar uma. Quer dizer, você pode cantarolar sons em falsete contra as mãos como eu fazia quando comecei, mas depois de um tempo, as pessoas começarão a olhar para você de um jeito estranho. Confie em mim, falo por experiência própria.

Uma vez que você decidiu dar o passo decisivo, seu primeiro desafio é definir qual tipo de gaita adquirir. Você pode comprar centenas de diferentes modelos e dúzias de diferentes tipos, em todos os tamanhos, formatos e tonalidades. Uma gaita pode custar menos do que um hambúrguer ou mais do que um automóvel pequeno. Neste capítulo, eu lhe direi o que procurar e o que evitar.

Depois que você adquirir uma gaita de boca, ou apenas gaita, como ela é mais comumente chamada, este capítulo pode também ajudá-lo a tirar seu primeiro som dela. E se você estiver curioso sobre como uma gaita realmente produz esse som, mostrarei como esse instrumento é montado. Sua gaita não precisa de vacinas nem de uma licença, mas você realmente precisa saber cuidar dela, por isso darei algumas orientações simples para mantê-la sempre em boas condições.

Comprando Sua Primeira Gaita

Uma boa gaita para iniciantes (e a única para a qual este livro inclui instruções) é uma gaita diatônica de dez orifícios no tom de Dó. E é essa que você deve comprar. Recomendo comprar um modelo com o pente de plástico. Espere pagar por ela entre R$70 e R$110.

Parte I: Começando

Compreendendo a construção da diatônica de dez orifícios

Escrevi este livro para o tipo mais popular de gaita: *a gaita diatônica de dez orifícios*. Esta gaita tem comprimento aproximado de 10 cm, o que a torna fácil de segurar entre as mãos. Uma gaita diatônica foi feita para ser tocada em apenas uma tonalidade (mas no Capítulo 9, mostrarei como tocar uma dessas gaitas em pelo menos três tons). Uma gaita diatônica se assemelha a essa que aparece na Figura 2-1.

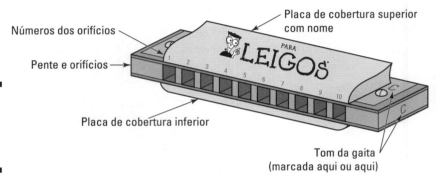

Figura 2-1: Uma típica gaita diatônica de dez orifícios.

Gaitas diatônicas vêm em muitas configurações. A sua deve possuir:

- **Dez orifícios em uma única fileira**: Se a sua gaita possui mais de uma fileira de orifícios, ela não funcionará com as instruções deste livro. Se ela tiver mais ou menos do que dez orifícios, como, por exemplo, 4, 6, 12 ou 14 orifícios, pode ou não funcionar com este livro. Portanto, só para garantir, adquira uma gaita com dez orifícios.

- **Um pente feito de plástico, e não de madeira ou metal:** O *pente* é a camada intermediária da gaita. (Veja a Figura 2-1 para entender melhor.) Recomendo um pente de plástico porque ele não inchará, e o plástico é o material mais utilizado para gaitas de qualidade com preços médios.

  Pentes de madeira são bonitos, mas quando se molham, podem inchar e cortar seus lábios. Na verdade, gaitistas iniciantes frequentemente produzem muita saliva, por isso a madeira não é uma boa opção até você superar a fase da cachoeira. Gaitas com pentes de metal são caras. Se mesmo assim você deseja pagar mais, não o impedirei. O dinheiro é seu, e a gaita provavelmente será boa. (Veja mais adiante a seção "Conhecendo Você: Descobrindo Como uma Gaita Funciona" para mais informações sobre pentes.)

Escolhendo uma gaita no tom de Dó

Gaitas vêm em todas as 12 tonalidades, mas tudo o que você precisa para começar é uma gaita diatônica no tom de Dó. Você perceberá que este tipo é chamado de *gaita em Dó*. O tom está marcado no canto superior direito ou do lado direito da gaita, conforme mostrado na Figura 2-1. O tom também poderá ser representado por uma única letra, como C (Dó) ou A (Lá), ou por uma letra seguida de um sustenido (♯) ou um bemol (♭), como em B♭ (Si bemol) ou F♯ (Fá sustenido). (Ficou curioso para saber o que é tom? Consulte então o Capítulo 3 para mais detalhes.)

Todos os exemplos nas faixas que acompanham este livro são tocados em uma gaita em Dó. Você pode utilizar uma gaita que esteja em outro tom, mas nesse caso, o que você tocar não soará igual ao que está na faixa, pois as notas serão diferentes. Quase todos os livros de música para gaita são escritos para uma gaita em Dó, e o Dó está na extensão média das claves da gaita; portanto, ela tende a lhe causar menos problemas do que uma gaita com altura aguda ou grave quando você começar a tocar.

Depois que você começar a pegar o jeito de tocar uma gaita em Dó, poderá tentar com outras gaitas em diferentes tons. Por sorte, tudo o que você aprender na gaita em Dó se aplicará diretamente a outras gaitas diatônicas. Mesmo assim, lembre-se de que qualquer coisa que você tocar em outro tom de gaita automaticamente soará em uma tonalidade diferente.

Fazendo cotação de preços para sua gaita

Sua primeira gaita não precisa ser folheada a ouro ou encrustada de rubis, mas realmente precisa ser hermética, responder à sua respiração e estar afinada. Quanto mais baixo o preço da gaita, maior a probabilidade de ela ter orifícios demais, não responder à sua respiração e estar desafinada. Porém, isso não significa que você precisará fazer um empréstimo para comprar uma gaita que toque bem.

Os preços de boas gaitas variam desde o preço deste livro até cerca de duas vezes essa quantia. Utilize esse preço como um guia de quanto pagar. Você pode desembolsar um pouco mais ou um pouco menos, mas esteja ciente das seguintes orientações:

- ✔ Se comprar uma gaita que custe menos da metade do preço deste livro, você poderá ter sorte e encontrar uma boa gaita. Porém, a maré não está a favor e fica muito pior quanto mais baixo for o preço.
- ✔ Se você pagar mais do que o dobro do preço deste livro, obterá uma boa gaita, mas que pode ser mais do que você precisa agora. Músicos

novatos frequentemente danificam gaitas por respirar com força demais, por isso você pode muito bem começar com algo mais econômico (desde que seja hermético, afinado e responda à sua respiração).

Entre os mais conhecidos fabricantes que produzem instrumentos de qualidade em larga escala estão Hering, Hohner, Lee Oskar, Seydel, Suzuki e Tombo.

Decidindo onde comprar uma gaita

Se você estiver inseguro sobre onde comprar sua primeira gaita, lembre-se de que a loja de música mais próxima provavelmente possui boas gaitas à venda. Os preços delas podem ser mais altos do que aqueles que você encontra online, mas você logo perceberá que ir até a loja para comprar uma gaita possui as três seguintes vantagens:

- **Você não precisará esperar**. É possível entrar e sair da loja com uma nova gaita em questão de minutos. E quanto mais você e seus companheiros gaitistas comprarem na loja mais próxima, maior será a probabilidade de que a loja tenha gaitas no estoque e as disponibilize quando vocês precisarem delas. E pense nisso: caso sua gaita quebre bem antes de um show (você pretende largar seu emprego e se tornar músico profissional no futuro, não?) ou você precise urgentemente de uma gaita em um tom que você não possui, a loja mais próxima pode ser a salvação.

- **Você não pagará taxa de envio**. Os varejistas online podem cobrar pelo frete ou despesas de correio, o que pode ser embutido no preço da gaita.

- **Você não precisará ficar inseguro quanto à qualidade**. Ao comprar pessoalmente, você tem a chance de ver uma gaita antes de adquiri-la, e poderá examiná-la para ver se há defeitos ou danos óbvios. Você pode tocar algumas notas utilizando a gaita de testes da loja, que é um fole que permite que você sopre em orifícios individuais ou em vários orifícios simultaneamente sem realmente tocar a gaita. (Você pode ficar aliviado ao saber que seus lábios serão os primeiros a realmente tocar sua gaita recém-comprada.) Você pressiona o fole para tocar as notas e o deixa retornar à posição das notas aspiradas. Esse teste permite que você determine se todas as notas funcionam. E, se você soprar vários orifícios de uma só vez, pode conferir se a gaita está afinada. Se soar mal, ela provavelmente está desafinada.

Embora você se beneficie ao comprar na loja de música mais próxima, lembre-se de que ela pode não ter em estoque todos os modelos e tonalidades que você quer. Você pode encontrar uma seleção mais variada e preços menores de vendedores online que enviam os produtos pelo correio, principalmente aqueles comerciantes especializados em gaitas, acessórios e equipamentos relacionados. Porém, não se esqueça de que você terá de pagar despesas de envio, aguardar o produto chegar à sua casa e ainda esperar que ele não tenha nenhum defeito.

Sempre verifique a reputação de um vendedor online que envia mercadorias pelo correio. Você deseja assegurar-se de que o vendedor entrega rapidamente, envia exatamente o que foi solicitado, oferece boa comunicação com os compradores e tem disposição de resolver problemas quando estes ocorrem. Para verificar a reputação de um vendedor, visite alguns fóruns de discussão sobre gaita e faça perguntas, ou leia o arquivo de postagens recentes do grupo. (Para saber mais sobre recursos online, consulte o Capítulo 20.)

Fazendo Seu Primeiro Som

Possui uma gaita novinha em folha e ainda guardada na caixa? Aposto que você está ansioso para romper o lacre, retirar a gaita da caixa e começar a tocar. Ensinarei você a começar a tocar oficialmente no Capítulo 4, mas caso você mal possa esperar para testar a nova gaita, as seções a seguir fornecerão algumas indicações básicas.

Não precisa destruir sua gaita. Basta aquecê-la primeiro segurando-a com as mãos em concha. Caso você tenha comido ou bebido algo recentemente — especialmente uma bebida açucarada ou espessa, ou qualquer coisa oleosa ou com vários fragmentos (nozes, por exemplo) — precisará enxaguar a boca ou até mesmo escovar os dentes antes de testar sua nova gaita. Resíduos de comida podem entupir o instrumento, além de tornar o cheiro e o gosto dele ruins. Você e sua nova gaita estão aquecidos, limpos e frescos? Então continue lendo!

Segurando a gaita

Antes de qualquer coisa, olhe para a gaita e a impressão nas placas de cobertura. Ela possui uma placa superior e uma inferior. Na placa superior, está gravado o nome da gaita. Por exemplo, você pode ver o nome Special 20, Lee Oskar ou Golden Melody. Logo acima dos orifícios na parte da frente da gaita, ficam os números 1 a 10, da esquerda para a direita. (A Figura 2-1 mostrada anteriormente neste capítulo retrata um exemplo de gaita.) Localizar esses itens ajuda você a aprender como segurar o instrumento.

Para segurar sua gaita, não se esqueça de seguir estes passos:

1. **Ao pegar a gaita, cuide para que o nome e os números dos orifícios estejam voltados para cima**.

2. **Segure sua gaita com a mão esquerda, com o dedo indicador ao longo da parte superior e o polegar na parte inferior, conforme mostrado na Figura 2-2.**

Mantenha o indicador e o polegar distantes o suficiente nas placas para que haja espaço para os seus lábios. (Eu lhe mostrarei mais detalhes sobre como segurar a gaita no Capítulo 4. Por enquanto, quero apenas tornar mais fácil para você colocar a gaita em sua boca.)

Colocando a gaita na boca

Quando estiver segurando a gaita entre o polegar e o dedo indicador, leve-a aos lábios. Para obter um bom som sem deixar que o ar escape, seus lábios devem formar um lacre hermético em torno da gaita. Os seguintes passos podem ajudar você a formar um bom lacre:

1. **Abra bem a boca, como se fosse bocejar.**

2. **Com a boca bem aberta, coloque a gaita entre os lábios até senti-la tocando os cantos de seus lábios, onde o lábio superior e o inferior se encontram.**

3. **Deixe que seus lábios se fechem levemente sobre as placas de cobertura.**

Seus dedos devem fazer todo o trabalho de segurar a gaita; portanto, mantenha-os relaxados e pousados levemente sobre as placas de cobertura sem qualquer pressão deles. Se seus dedos e lábios estiverem disputando espaço, coloque os dedos para trás para dar mais espaço aos lábios. Não se esqueça de manter os dedos segurando o suficiente para que a gaita não caia da sua boca.

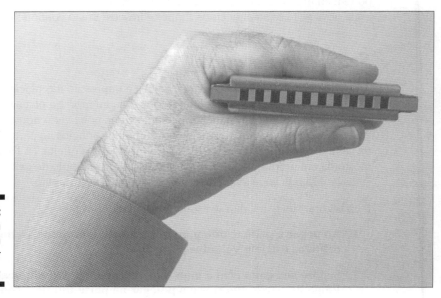

Figura 2-2:
A maneira clássica de segurar uma gaita.

Respirando através da gaita

Depois que estiver com a gaita na boca, você pode começar a fazer um som simplesmente aspirando e soprando. Nenhuma técnica especial é necessária. Basta seguir estes passos:

1. **Tente aspirar de maneira suave, como se estivesse respirando fundo normalmente.**

   Ao respirar, você deve ouvir um acorde, que são várias notas soando simultaneamente.

2. **Depois que você tiver aspirado por alguns segundos, sopre com suavidade, como se estivesse respirando normalmente.**

   Você deve ouvir um acorde diferente.

Você acabou de descobrir uma das coisas mais interessantes sobre a gaita: que as notas e acordes são tirados dela aspirando e soprando. (O Capítulo 4 discutirá em mais detalhes como respirar enquanto você toca.)

Deixe a gaita na boca por um instante e alterne levemente entre aspirando e soprando. Sinta a sensação da gaita em sua boca, concentre-se no fluxo da sua respiração, e ouça o som da gaita. Faça isso para se sentir confortável com a sensação de respirar através da gaita e para se familiarizar com os sons que está produzindo.

No Capítulo 5, eu lhe mostrarei um jeito melhor de segurar a gaita e como tocar alguns acordes no ritmo. No Capítulo 6, ensinarei como isolar um único orifício por uma nota individual. E no Capítulo 7, me aprofundarei na questão da respiração e mostrarei a você como obter um grande som. Ensinarei também como começar a moldar o som com seus pulmões, garganta, língua e mãos.

Conhecendo Você: Descobrindo como uma Gaita Funciona

Uma gaita pode parecer uma caixa pequena e misteriosa; você respira através dela e faz a música sair. Saber o que ocorre dentro dessa caixinha pode ajudar você a entender como tocá-la. Por isso, nas próximas seções, levarei você por uma viagem através dos mecanismos ocultos da gaita.

Parte I: Começando

Fazendo um sanduíche de lata de cinco camadas

Uma gaita possui cinco camadas, conforme mostra a Figura 2-3.

A camada central desse sanduíche que é a gaita é uma placa de madeira, metal ou plástico chamada de *pente*. Dez canais são cortados nessa camada. Estes canais formam os orifícios que dirigem o ar de sua boca para as notas do instrumento. O pente possui este nome porque as divisões entre os canais se parecem com os dentes de um pente de cabelos.

As camadas acima e abaixo do pente são as duas *placas de palheta*, que são placas rígidas de metal que isolam as partes superior e inferior de cada canal do pente. Dez *palhetas* são montadas sobre cada placa de palheta, e as palhetas vibram para fazer soar as notas. (Você poderá ler mais sobre palhetas e placas de palheta na próxima seção.)

As *placas de cobertura* formam as camadas superior e inferior do sanduíche da gaita. Essas placas ajudam a projetar o som da gaita para o ouvinte. Além disso, elas protegem as palhetas e permitem que você segure a gaita sem interferir nelas. As placas de cobertura são feitas de um metal fino e reluzente que se parecem com latas (daí o nome "sanduíche de lata".) Apesar disso, as placas de cobertura são feitas de aço inoxidável ou latão cromado ou níquel.

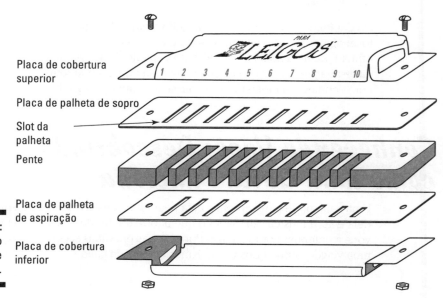

Figura 2-3: As cinco camadas de uma gaita.

Observando detalhadamente as palhetas que produzem o som

Cada nota em uma gaita soa graças a uma *palheta*, uma fina tira de metal que vibra quando você sopra ou aspira no instrumento. Uma extremidade da palheta é presa à placa de palheta com um rebite. O resto da palheta fica livre para vibrar. Um *slot* é cortado na placa de palheta diretamente sob a palheta. Esse slot permite que o ar passe e chegue à palheta e dá a esta um espaço para oscilar para cima e para baixo ao vibrar. A Figura 2-4 mostra um exemplo de uma placa de palheta e palhetas.

Cada palheta é levemente atravessada a partir da placa de palheta. Sua respiração conduz a palheta para dentro dessa ranhura, e então a palheta salta para trás. Este ciclo é considerado uma vibração completa. Cada nota que você ouve é uma palheta vibrando centenas de vezes por segundo em resposta à sua respiração.

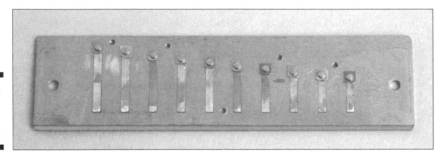

Figura 2-4: Uma placa de palheta e palhetas.

Cada orifício possui uma *palheta de nota soprada* e uma *palheta de nota aspirada* montada em seu canal de ar. As palhetas sopradas são montadas dentro do canal de ar da gaita, na placa de palheta superior. A expiração empurra as palhetas sopradas para dentro de seus slots e as faz vibrar. As palhetas aspiradas, por sua vez, são montadas no exterior dos canais de ar, sobre a placa de palheta inferior. Quando você aspira, sua respiração puxa as palhetas para dentro de seus slots para fazê-las vibrar.

A *altura* da palheta (o quão aguda ou grave é a nota) é determinada pela rapidez com que a palheta vibra. Por exemplo, uma palheta longa vibra devagar e toca uma nota grave. E, se você acrescentar peso extra à ponta da palheta, ela vibra ainda mais lentamente e toca uma nota mais grave. Uma palheta curta vibra rapidamente e toca uma nota aguda. Se você observar as palhetas em uma placa de palheta, conforme mostrado na Figura 2-4, verá que elas vão de longas (notas graves) a curtas (notas agudas) quando se olha da esquerda para a direita.

Afinando conforme o tom da gaita

Cada gaita diatônica é projetada para tocar as notas que pertencem a uma tonalidade, como C (Dó), D (Ré) ou A (Lá). Se você aprender a tocar uma canção em Dó em uma gaita em Dó, poderá facilmente tocá-la em Lá. Para fazer isso, basta adquirir uma gaita em Lá, tocá-la exatamente da mesma forma como o fez na gaita em Dó, e ela automaticamente soará no tom de Lá. (Não sabe direito o que é uma tonalidade? Descubra no Capítulo 3.)

Possuir gaitas em diferentes tons torna fácil tocar em diferentes tonalidades na gaita diatônica; porém, você realmente precisa de uma gaita para cada tom. Por isso, você poderá ver tocadores de gaita no palco constantemente pegando e largando gaitas diferentes entre canções, revezando gaitas no meio das músicas, ou usando coletes ou cintas a tiracolo cheias de bolsos contendo uma dúzia de gaitas, ou algo assim.

Localizando notas diferentes

Gaitas diatônicas de dez orifícios são como cadeias de hotéis (ou livros da série *Para Leigos*). Não importa qual você tome como referência, todos eles são organizados da mesma maneira, para que você saiba o que esperar e onde encontrar tudo. Por exemplo, em uma gaita em Dó, o Dó é a nota de referência, e é sempre a nota soprada do Orifício 4. A nota seguinte na escala é a nota aspirada no mesmo orifício (que, no caso é a Ré). Semelhantemente, em uma gaita em Fá, a Fá é a nota de referência, e você a encontrará (adivinhou!) no Sopro 4. A 4 aspirado é a nota seguinte na escala (que, na Clave de Fá, é a G ou Sol). Essa consistência na organização é o que torna tão fácil alternar gaitas.

A Figura 2-5 mostra a disposição de notas para uma gaita em Dó. Ela exibe todos os dez orifícios, com cada número sobre o orifício correspondente. Cada orifício possui um nome de nota acima de outro nome de nota. O nome da nota de cima é a nota aspirada, e o nome de nota escrito abaixo é a nota soprada. Entrarei em maiores detalhes sobre como as notas se inter-relacionam no Capítulo 3. Mostrarei onde todas as notas se encontram em todos os tons de uma gaita no Apêndice A.

Figura 2-5: Disposição de notas para uma gaita diatônica em Dó.

	1	2	3	4	5	6	7	8	9	10
Aspirada	D	G	B	D	F	A	B	D	F	A
Soprada	C	E	G	C	E	G	C	E	G	C

Segurança e Conservação: Cuidando de Sua Gaita

Quanto melhor você cuidar de suas gaitas, mais elas durarão e melhor funcionarão. Eis algumas dicas para você manter suas gaitas em bom estado:

- **Aqueça sua gaita antes de tocar.** Você pode aquecer gaitas em suas mãos, em um bolso próximo a seu corpo ou até mesmo em uma bolsa de água quente. Por que é preciso aquecer sua gaita? Uma gaita aquecida resiste ao acúmulo gerado pela umidade e o entupimento, e pode responder mais rapidamente do que uma gaita fria.

    Não aqueça demais suas gaitas. Você não deseja derreter nenhuma parte ou tocar fogo em suas gaitas (ao menos não literalmente; todos nós desejamos aquele fogo criativo). E você não quer uma gaita tão quente a ponto de queimar seus lábios e sua língua. Jamais coloque uma gaita sobre um aquecedor ou um radiador.

- **Mantenha sua gaita limpa.** A primeira providência para manter sua gaita limpa é não soprar pedaços de comida ou líquidos melados nela. Se você acabou de lanchar, não se esqueça de enxaguar sua boca ou escovar os dentes antes de tocar. A segunda providência é tocar com as mãos limpas. A maioria dos vírus são recolhidos pelas suas mãos e esfregados em seus olhos ou lábios. Portanto, lavar as mãos antes de tocar ajuda você a evitar doenças. E não ficar doente significa ter mais tempo para tocar.

    Eu não recomendo lavar gaitas, pois algumas das partes internas podem enferrujar. Alguns gaitistas separam periodicamente suas gaitas e limpam todas as partes com álcool, mas isso não é realmente necessário. (Falarei mais sobre manutenção da gaita no Capítulo 18.)

- **Remova o excesso de umidade durante e depois de tocar.** Quanto mais tempo você tocar, mais umidade de respiração você acumulará na gaita. Essa umidade pode entupir as palhetas, corroer algumas das partes de metal internas, e fazer com que as partes de madeira inchem e deformem. Por isso, entre as canções e após tocar, bata a gaita para fazer sair o excesso de umidade. Para fazê-lo, basta segurar a gaita com os furos voltados para fora (veja a Figura 2-6a) e bater com os furos delicadamente contra a palma da sua mão (veja a Figura 2-6b). Depois, deixe que a gaita seque ao ar livre antes de guardá-la.

- **Armazene sua gaita corretamente.** É melhor carregar uma gaita em uma pochete ou caixa — como aquela na qual a gaita veio. O armazenamento correto de um instrumento ajuda a protegê-lo contra o entupimento provocado por fios de cabelo, fiapos e outras partículas externas. Além disso, também protege a gaita contra danos. Conforme sua coleção de gaitas for crescendo, você pode adquirir estojos, carteiras e até mesmo cintos para carregar suas gaitas. Veja mais no Capítulo 19 sobre sistemas de transporte de gaitas.

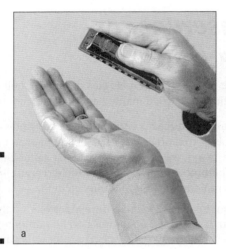 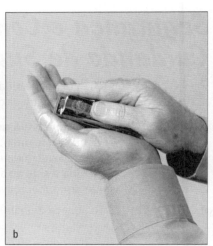

Figura 2-6: Batendo a gaita na mão para retirar a umidade.

Capítulo 3

A Linguagem Musical: Analisando um Pouco de Teoria

Neste Capítulo
- Conheça as tablaturas de gaita
- Perceba o tom de uma música
- Descubra mais sobre o básico dos ritmos
- Estude a nomenclatura das notas
- Coloque as notas no papel

Dizem que a música é uma linguagem universal porque possui um efeito forte e imediato sobre seus ouvintes. Neste capítulo, levarei você em uma viagem pela linguagem *por trás* da música. Mostrarei:

- **Como ler tablaturas de gaita.** A *tablatura* indica qual a ação física a ser executada para tocar cada nota. Eu utilizei tablaturas em todo este livro.

- **Como encontrar a tonalidade de uma canção.** A maior parte das músicas é organizada em torno de uma nota fundamental (também conhecida como nota chave ou tônica), e saber o tom de qualquer canção que você deseje tocar é essencial.

- **Como ler ritmos.** Ao longo deste livro, utilizei ritmos escritos para ajudar você a saber quando, e por quanto tempo, tocar uma nota.

- **Como o som é organizado em notas.** O vasto espectro de vibrações sonoras é organizado em nomes de notas utilizando alguns princípios simples.

- **Como ler a notação musical básica.** *Notação* são as linhas, espaços, pontos e riscos da música escrita. Você não precisa de notação para dominar as canções deste livro, mas ela está incluída para o caso de você considerá-la útil. Incentivo você a aprender a lê-la, pois milhares de músicas estão disponíveis em notação musical, considerando que somente centenas de canções estão disponíveis em tablatura de gaita.

Lendo Tablaturas de Gaita

As tablaturas de gaita indicam como tocar cada nota em uma melodia lhe mostrando qual número de orifício tocar e se você deve soprar ou aspirar neste orifício. (A tablatura pode lhe dizer mais sobre como tocar uma nota, mas o número do orifício e a direção da respiração são as coisas mais importantes a saber.) A tablatura básica é mostrada na Figura 3-1.

Ao olhar para uma tablatura básica, como a da figura, uma seta apontando para cima lhe diz para soprar na gaita. Uma seta apontando para baixo lhe diz para aspirar na gaita. Uma nota que você toca soprando se chama *nota soprada*. Uma nota que você toca aspirando se chama *nota aspirada*. O número sob a seta mostra qual orifício a ser tocado; cada número corresponde exatamente ao número acima de cada orifício da gaita.

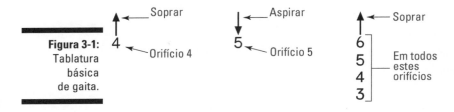

Figura 3-1: Tablatura básica de gaita.

A tablatura básica funciona para as notas existentes na gaita. Porém, como você deve saber, os gaitistas fazem os chamados *bend* e *overbend* para criar notas adicionais. A tablatura para bend e overbend é mostrada na figura 3-2.

Na tablatura feita para a técnica de bend (aspirado ou soprado), um traço cortando a seta indica que você deve fazer o bend de 1 semitom. (Explicarei semitons em maiores detalhes na seção posterior, "Medindo a distância entre as notas com semitons e tons inteiros".) Dois traços cortando a seta indicam para fazer o bend de 2 semitons e os três traços indicam 3 semitons. Um círculo no meio da seta indica para aplicar a técnica de overbend, a seta para cima indica *overblow* e a seta para baixo *overdraw*. Deixei você curioso com a técnica de bend e overbend? Dê uma olhada no capítulo 8 para saber mais sobre o bend e no capítulo 12 para saber sobre o overbend.

Figura 3-2: Tablatura mostrando bend e overbend em altura.

Neste livro, utilizei outros símbolos de tablatura, mas os introduzirei juntamente com as técnicas que eles representam.

A tablatura lhe mostra como tocar notas na gaita, mas não diz por quanto tempo tocá-las. Por isso, quase todas as tablaturas deste livro incluem também ritmos escritos que mostram por quanto tempo tocar cada nota. Para tirar vantagem dessas informações rítmicas, verifique a seção "Explorando o Básico do Ritmo", mais adiante neste capítulo.

Encontrando o Tom de uma Canção

As pessoas dizem casualmente coisas como "Vamos tocar no tom de Mi maior" ou "Isso foi realmente tocado no tom de Si♭ menor?". Ouvir esses tipos de comentários provavelmente faz você perceber que um tom deve estar associado a uma nota, como Mi ou Si♭. Mas o que isso significa? Não se preocupe, eu posso explicar.

Em uma peça musical, o tom é o *centro tonal*, a única nota entre todas as outras que parece se encaixar. Esta nota de referência — a *tônica* — parece um ponto de descanso. Mas a tônica é também um ponto de poder. Quando você está na nota tônica, consegue sentir todas as outras notas orbitando sob a força gravitacional desta. Essa sensação é mais importante do que a identidade específica do tom, pois as distâncias, ou *intervalos*, entre as outras notas e a tônica são mais importantes do que as próprias notas. Cada intervalo cria uma impressão única ao interagir com a tônica.

Quando estiver ouvindo música, tente sentir onde está a nota tônica. Ela geralmente é a nota que você ouve com mais frequência no baixo, e é muitas vezes a nota que começa e encerra a canção. Ouça atentamente para identificar essa nota, e, quando a encontrar, cantarole-a e sinta como ela define todo o restante da canção. Depois que você identificar a nota tônica, tente cantarolar ou tocar outras notas, e perceba então como elas interagem com a tônica. Se quiser identificar o tom pelo nome, encontre um instrumento (um teclado, por exemplo) que permita a você fazer a correspondência com a nota e identificar facilmente qual nota está ouvindo.

Para informações sobre como escolher um tom de gaita para combinar com o tom de uma canção, consulte os Capítulos 9 e 11.

Explorando o Básico do Ritmo

Ritmo é exatamente as durações relativas das notas. Sempre que você toca uma nota e depois outra nota em seguida, você cria ritmo. Nesta seção, eu lhe ensino os mais importantes conceitos de ritmo, além de mostrar as formas como você os verá escritos em todo este livro.

Contando o tempo como mínimas, semínimas e semibreves

A música utiliza *batidas* para contar o tempo. Essas batidas vêm em um ritmo constante — exatamente como o andar, as batidas do coração ou o tiquetaque de um relógio. Quando você mede a rapidez com que a batida evolui, isso se chama *andamento*. O exercício da natação tranquila do Capítulo 4 possui um andamento razoavelmente lento de 60 batidas por minuto. Um tempo de 120 batidas por minuto é um andamento bem rápido (pense em um jazz quente ou em um bluegrass de fazer o baile pegar fogo).

A forma mais comum de representar uma batida é a *mínima*. Uma mínima possui uma cabeça de nota e um eixo fino que pode se sobressair para cima ou para baixo a partir da cabeça da nota. Quando você vê uma série de mínimas, ela se parece um pouco com um exército de pernas e pés marchando, conforme mostrado na Tablatura 3-1.

Na Tablatura 3-1, incluí a tablatura abaixo das mínimas que lhe informam quando inspirar e expirar através da gaita. Tente batucar com seu pé uma batida marcante que não seja tão rápida. Então, leve a gaita à boca e tente inspirar e expirar através dela de acordo com a Tablatura 3-1. Não se preocupe em tentar isolar um único orifício. Deixe que sua boca cubra vários orifícios. Você ouvirá uma combinação de várias notas soando simultaneamente, o que é um acorde.

Você pode ouvir a Tablatura 3-1 sendo tocada na Faixa 1.

Quando você tiver dois acordes em uma fileira que estiverem na mesma respiração (tanto sopro quanto aspiração), não pare de respirar entre eles. Toque uma respiração contínua, e use sua língua para falar "Ti" no início do segundo acorde.

Tablatura 3-1:
Inspirando e expirando na batida da semínima (Faixa 1).

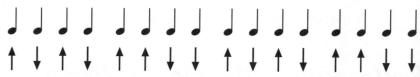

Capítulo 3: A Linguagem Musical: Analisando um Pouco... 33

Quando uma nota dura a mesma quantidade de tempo que duas semínimas, trata-se de uma *mínima*. Uma mínima possui uma cabeça que é vazada em vez de sólida. A cabeça da semínima parece pesada, como se pudesse andar com apenas a metade da velocidade da mínima.

A Tablatura 3-2 mostra um exercício para tocar mínimas e semínimas. Enquanto olha para a tablatura, toque duas semínimas. Em seguida, segure uma mínima pela mesma quantidade de tempo de duas semínimas sem interromper sua corrente de ar. Os números de contagem acima das notas na tablatura podem ajudar.

Você pode ouvir o exercício da Tablatura 3-2 na Faixa 1 (0:13).

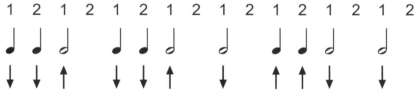

Tablatura 3-2: Tocando mínimas e semínimas (Faixa 1, 0:13)

Quando você tem uma nota longa que dura quatro semínimas (ou duas mínimas), você tem uma *semibreve*. Este tipo de nota possui uma cabeça vazada e nenhuma haste. Ela lembra um grande ovo que não sai do lugar.

Tente tocar a Tablatura 3-3 para ter uma ideia de como é tocar semínimas com semibreves. Você pode ouvir esta tablatura na Faixa 1 (0:26).

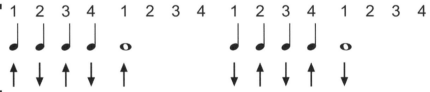

Tablatura 3-3: Tocando semínimas e semibreves (Faixa 1, 0:26).

Contando o silêncio com pausas

Às vezes, você não toca, apenas *descansa*, como os músicos dizem. Em certos tipos de música, você pode tocar por três batidas, e então descansar por uma batida. Seja qual for o caso, o tempo silencioso é mostrado em *pausas*, e cada valor de nota possui um símbolo de pausa correspondente. A Figura 3-3 mostra pausas de semínimas e mínimas, com apenas uma nota tocada em cada compasso. O último compasso é silencioso — trata-se de uma pausa de semibreve.

Figura 3-3: Pausas de mínimas, semínimas e semibreves.

Prolongando notas com ligaduras e pontos

Todas as notas em um compasso precisam caber dentro dele. Afinal de contas, é impossível colocar cinco batidas em um compasso de quatro batidas. Mas e se você tiver uma nota que começa em um compasso e termina no compasso seguinte? Você escreve o início da nota em um compasso e utiliza uma *ligadura* para conectá-la a outra no compasso seguinte, como demonstrado na Figura 3-4.

Quando duas notas são ligadas uma à outra, você deve tocá-las como se fossem uma única nota longa. Várias notas em sucessão podem ser ligadas umas às outras também, e as notas podem apresentar durações diferentes. Ligaduras permitem a você bastante flexibilidade para especificar que duração uma nota deve ter, quando ela começa e quando termina.

Figura 3-4: Utilizando ligaduras para estender notas.

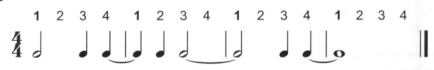

Outra forma de estender uma nota é acrescentar um *ponto* após a nota. Ao fazer isso, você aumenta o valor da nota em 50%, conforme mostrado na Figura 3-5. Se uma mínima possui o valor de duas semínimas, uma mínima pontuada possui o valor de três semínimas. Qualquer valor de nota pode ser pontuado. (Veja mais adiante a seção "Agrupando batidas com compassos, barras de compasso e indicações de compasso" para mais informações sobre como utilizar pontos com notas.)

Figura 3-5: Notas pontuadas.

Capítulo 3: A Linguagem Musical: Analisando um Pouco... 35

Dividindo semínimas

Nesta seção, mostro como as divisões da semínima são organizadas. A batida de uma canção é frequentemente uma semínima, e dividir a batida em unidades menores é algo que torna a música empolgante. Imagine que você está caminhando em uma batida e começa a batucar com os dedos no peito ou perna mais rapidamente do que o ritmo de seu andar. Você pode obter todos os tipos de ritmos divertidos.

Obtendo colcheias e semicolcheias

Ao dividir uma semínima ao meio, você obtém duas colcheias. Uma *colcheia* se assemelha a uma semínima, mas possui uma bandeirola esvoaçando em sua haste. É quase como se uma colcheia se movesse rápido o suficiente para deixar um borrão de movimento em seu rastro. Duas colcheias na mesma batida são unidas por um feixe ao invés de terem bandeirolas individuais. Uma *pausa de colcheia* se parece com um pequeno bastão com um ramo para corresponder à bandeirola ou feixe de uma colcheia. A Figura 3-6 mostra uma colcheia, um conjunto de colcheias unidas por um feixe e uma pausa de colcheia.

Figura 3-6: Pausas e colcheias.

Colcheias se dividem em... (está preparado?)... semicolcheias! Uma *semicolcheia* possui duas bandeirolas ou eixos em vez de apenas um, e uma *pausa de semicolcheia* possui dois ramos em vez de apenas um, conforme mostrado na Figura 3-7. Acrescentando mais bandeirolas, ramos ou eixos, você pode criar fusas, semifusas e até quartifusas e pausas.

Figura 3-7: Pausas e semicolcheias.

Utilizando tercinas

Às vezes, ao invés de dividir uma semínima ao meio, você precisa dividi-la em três partes iguais. Dividir uma semínima em três dá a você uma décima segunda nota. Mas espere um minuto. Não existe esse negócio de décima segunda nota!

Por sorte, os músicos possuem uma solução prática para este problema. Eles simplesmente colocam três colcheias na batida e chamam isso de *tercina* (três notas no espaço onde normalmente se encaixariam duas notas). Qualquer valor de nota pode ser dividido em tercinas da mesma maneira, mas tercinas de colcheias são provavelmente aquelas que você mais vai encontrar. Uma tercina possui um número 3 escrito acima ou abaixo dela, conforme mostrado na Tablatura 3-4.

A Tablatura 3-4 possui uma melodia que começa dividindo a batida na metade e depois utiliza tercinas. Você pode ouvir essa melodia na Faixa 2. Se souber tocar notas individuais, tente contar o tempo e tocar junto.

Tablatura 3-4: Tocando uma melodia com tercinas (Faixa 2).

Agrupando batidas com compassos, barras de compasso e indicações de compasso

Uma sucessão estável de batidas é algo meio chato. Batidas são mais interessantes quando estão agrupadas em compassos binários, ternários ou quaternários (embora, em algumas culturas, grupos de 7 e até de 11 sejam muito populares). Para tornar óbvio o começo de cada grupo quando estiver tocando, você dá à primeira batida do grupo (o *tempo forte*) mais ênfase do que ao resto. Geralmente, essa ênfase é dada tocando a nota levemente mais alto.

Cada grupo de batidas se chama *compasso*. A música escrita utiliza uma linha vertical, a *barra de compasso*, para marcar o fim de cada compasso. Essa linha permite que você facilmente veja onde um compasso termina e o seguinte começa (veja Figura 3-8). O compasso seguinte de uma peça musical sempre termina com uma grossa linha de compasso duplo, também mostrada na Figura 3-8.

Como saber quantas batidas existem em um compasso e que tipo de nota representa a batida? Você obtém essa informação na *indicação de compasso*, que é escrita no início do primeiro compasso de uma peça musical. A indicação de compasso se parece com uma fração, com um número acima do outro. O número de cima mostra quantas batidas há em cada compasso, e o número debaixo mostra qual valor de nota representa a batida. A Figura 3-8 mostra um exemplo de 4/4, com indicação de compasso, barras de compasso, batidas de semínimas e uma divisão da batida em colcheias.

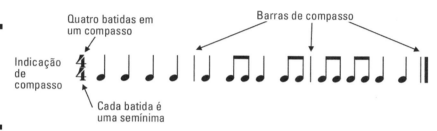

Figura 3-8: Compassos com indicação de compasso 4/4 e barras de compasso.

Às vezes, 4/4 é indicado por um símbolo parecido com um "C" maiúsculo, que significa *compasso comum* ou *compasso quaternário*. Sempre que você vir o C em vez de uma indicação de compasso, ou encontrar o termo "compasso comum", você sabe que ele se refere ao 4/4.

Outras indicações comuns de compasso que utilizam a semínima como batida são a 2/4, que é utilizada para marchas, e a 3/4, que é frequentemente chamada de *tempo de valsa*, pois valsas são tocadas em 3/4. Você pode ver indicações de compasso 2/4 e 3/4 na Figura 3-9.

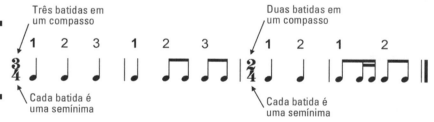

Figura 3-9: Indicações de compasso 3/4 e 2/4.

Alla breve é o nome comum para a indicação de compasso 2/2. Um compasso de 2/2 possui duas batidas de mínima. Quando você escreve o alla breve, utiliza um símbolo especial para a indicação de compasso. Ele parece um "C" maiúsculo cortado por um traço vertical. A Figura 3-10 mostra alguns compassos de alla breve.

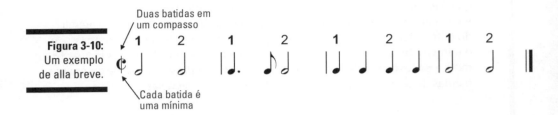

Figura 3-10:
Um exemplo de alla breve.

Indicações de compasso que dividem a batida em três partes iguais utilizam uma linha pontuada como batida. (Por exemplo, quando você ouve uma jiga[1], como o clássico irlandês "Irish Washerwoman", está ouvindo uma canção na qual a batida se divide em três.) Quando você coloca um ponto após uma nota, sua extensão é ampliada no equivalente a metade dela, por isso é que uma semínima pontuada é três colcheias mais longa em vez de duas. Indicações de compasso que utilizam uma nota pontuada para a batida são chamadas de *indicações de compasso compostas*.

Ao escrever uma indicação de compasso composta, você não pode representar a batida como um 4 seguido de um ponto. (Por quê? Ninguém sabe — isso simplesmente não se faz.) Em vez disso, escreve-se o número total de divisões da batida. Por exemplo, uma jiga possui duas batidas, e cada batida é uma semínima pontuada, para um total de seis semínimas; portanto, a indicação de compasso é 6/8. A Figura 3-11 mostra alguns compassos 6/8.

Figura 3-11:
Um exemplo de compasso 6/8.

Dividindo a batida desigualmente para obter o swing

Às vezes, quando a batida normalmente se divide em duas, divisões da batida são tocadas de forma que a primeira "metade" dure um pouco mais, enquanto a segunda "metade" vem um pouco depois e é um pouco mais curta. Essa divisão desigual da batida é chamada de *swing*. A diferença entre o swing e uma divisão igual da batida pode ser quase imperceptível. O swing é a norma no blues e no jazz, mas pode ser ouvido também em muitos outros tipos de música.

---

[1] N.E.: Jiga é uma dança de origem britânica alegre e rústica, de caráter vivo, muito popular na Inglaterra, Escócia e Irlanda, escrita em tempo composto (geralmente compasso 6/8 e 12/8).

Capítulo 3: A Linguagem Musical: Analisando um Pouco...

Devido ao fato do swing ser sentido, é difícil escrevê-lo com precisão. Você pode ver uma peça com "swing" ou "swing 8ª" escrito no início. Ou uma peça musical escrita pode não ter indicação de que deve ser tocada com swing. Apesar disso, quando você ouvir músicos experientes tocando-a, perceberá que eles dão swing às notas.

A Tablatura 3-5 mostra uma canção tocada com um tipo de swing chamado *shuffle* pois o ritmo soa como se você estivesse dizendo "Shuffle, shuffle". O shuffle é especialmente comum no blues. Muitos dos exemplos deste livro são tocados com um swing ou com um shuffle. Se você já souber tocar notas individuais, pegue uma gaita e tente tocar no ritmo. Caso precise de uma ideia de como o ritmo soa, poderá ouvi-la na Faixa 3.

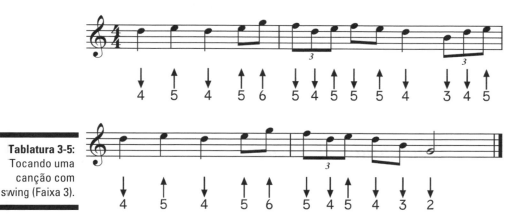

Tablatura 3-5: Tocando uma canção com swing (Faixa 3).

Fazendo a contagem de uma melodia

Sempre que você começar uma canção, precisará contar em voz alta pelo menos um compasso antes de começar a tocar. A forma de contar mostra a você e a quem quer que esteja tocando com você quais devem ser o andamento e o compasso para aquela canção. Por exemplo:

- Para fazer a contagem de uma melodia em compasso binário (ou em 6/8), conte assim: um, dois, um, dois.
- Para fazer a contagem de uma melodia em compasso ternário, você pode contar assim: um-dois-três, um-dois-três.
- Para fazer a contagem de uma melodia em compasso quaternário, você pode contar assim: a-um, a-dois, a-um, dois, três, quatro.

Algumas canções possuem uma *anacruse* — algumas notas de melodia que iniciam quando você ainda está fazendo a contagem da música. A Tablatura 3-6 mostra uma anacruse enquanto a contagem de uma canção está sendo feita. Tente fazer a contagem e tocá-la, e ouça-a na Faixa 4.

Parte I: Começando

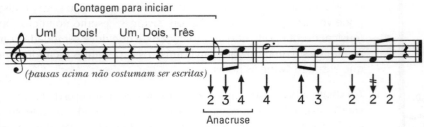

Tablatura 3-6: Fazendo a contagem de uma canção com uma anacruse (Faixa 4).

Mapeando o Universo das Notas

Você provavelmente já sabe que a música é tocada com notas, e que as notas têm os nomes de letras do alfabeto. Apenas as sete primeiras letras são utilizadas: A (Lá), B (Si), C (Dó), D (Ré), E (Mi), F (Fá) e G (Sol). E ainda assim, essas sete letras são utilizadas para dar nome a mais de 100 notas diferentes. Como distinguir uma nota da outra? E como os nomes das notas são organizados? As próximas seções ajudam a responder essas perguntas.

Nomeando as notas

Quando você toca uma nota em uma gaita, produz um som que vibra a uma velocidade estável, algo entre 100 e 4.000 vezes por segundo. A velocidade da vibração é chamada de *frequência*. Em vez de se referir a tantas "vibrações por segundo", as pessoas se referem a um número específico de *Hertz*, que abreviado é Hz.

Uma nota grave, ou de baixa frequência, é aquela que vibra lentamente, e uma nota aguda, ou de alta frequência, vibra rapidamente. Nós humanos podemos ouvir sons vibrando a frequências aproximadamente entre 20 e 20.000 Hz. Podemos cantar notas em uma extensão de cerca de 80 a 1.000 Hz, e utilizamos frequências de cerca de 30 a 4.200 Hz para música instrumental.

Quando você toca duas notas e uma delas vibra duas vezes mais rápido do que a outra, você as ouve como se fossem a mesma nota apenas em versões mais graves e mais agudas. Em outras palavras, a nota que vibra duas vezes mais rápido soa como a mesma nota, mas é tocada uma colcheia mais aguda.

Por exemplo, a nota chamada "A" (Lá) pode ser aquela que vibra a 110 Hz. Uma nota que vibra duas vezes mais rápido, a 220 Hz, também é chamada de "A" (Lá), mas é uma colcheia mais aguda. Você pode ir duplicando a frequência do A (ou Lá) para 440 Hz, 880 Hz, 1760 Hz, e assim por diante ao longo da extensão do ouvido humano. Cada uma dessas notas é uma *altura*. Uma altura possui tanto um nome quanto uma frequência específica.

LEMBRE-SE

No meio de duas alturas chamadas "A" (Lá) localizadas uma colcheia à parte, antigos músicos encaixavam outras alturas e as chamavam de "B (Si), C (Dó), D (Ré), E (Mi), F (Fá) e G (Sol)". A sequência A (Lá) B (Si) C (Dó) D (Ré) E (Mi) F (Fá) G (Sol) A (Lá) totaliza oito notas, ou uma *oitava*. As notas contidas em uma oitava são chamadas de *escala*. Você pode iniciar uma escala ou uma oitava em qualquer nota; não é necessário iniciá-la no A (Lá).

Música envolve mais do que oito oitavas, ou cerca de 100 notas. Em vez de tentar encontrar (e memorizar) cerca de 100 nomes diferentes, nós apenas reutilizamos os mesmos sete nomes repetidamente, tirando vantagem do fato de que cada nota em cada oitava vibra metade ou duas vezes mais rápido do que a mesma nota na oitava acima ou abaixo.

Alterando as notas com sustenidos e bemóis

Embora a música utilize 7 *nomes* de notas, a oitava realmente se divide em um total de 12 *notas* nomeadas. A esta altura, você deve estar se perguntando: "Em que planeta 7 é igual a 12?". Tudo o que eu posso dizer é que as ideias humanas nem sempre evoluem de maneira linear. Vou tentar explicar aqui.

Se você olhar para uma oitava no teclado de um piano, verá oito teclas brancas, uma para cada nota da escala, conforme retratado na Figura 3-12. Estas são as notas *naturais* que os músicos identificaram em algum período durante a Idade das Trevas. Por que essas notas são brancas? Talvez a luz daqueles tempos escuros fosse difusa demais para se enxergar qualquer outra coisa. De qualquer forma, os músicos medievais baseavam todas as escalas nas notas brancas e chamavam essas escalas de *modos*. Os modos são importantes na gaita diatônica (dê uma conferida no Capítulo 9 para saber mais sobre modos).

Figura 3-12: As notas no teclado de um piano.

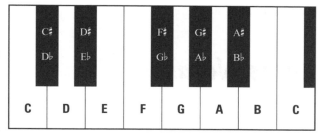

Mas e quanto àquelas teclas pretas que possuem dois nomes diferentes? De onde elas vieram? Bem, ao longo dos séculos, as pessoas começaram a notar que, escondidas entre as notas naturais, estavam notas adicionais que ainda não haviam sido identificadas. (Por que as pessoas demoraram tanto a perceber a existência dessas notas? Não se sabe. Talvez a audição das pessoas tenha melhorado conforme a luz também melhorou.)

Na época em que essas novas notas foram descobertas, os nomes das notas naturais já haviam sido padronizados, e teria sido muito confuso redistribuí-las para acomodar as novas notas (seria como ter de mudar de endereço porque alguém construiu uma nova casa ao lado da sua). Mas acrescentar novos nomes, tais como J ou K, entre A e B teria sido tão confuso quanto. Por isso, essas novas notas das teclas pretas receberam os nomes de *ambas* as teclas mais próximas a elas.

Por exemplo, a tecla preta entre C (Dó) e D (Ré) pode ser chamada de C# (Dó sustenido), o que significa que a altura do Dó aumentou, mas sem chegar ao Ré. No entanto, essa mesma nota pode também ser chamada de D♭ (Ré bemol), o que significa que o Ré diminuiu sua altura, mas sem chegar ao Dó.

O C# e o D♭ são formas diferentes de *escrever* a mesma nota. Quaisquer duas notas que sejam grafias diferentes da mesma nota são consideradas *enarmônicas*. (Imagine só todo o novo vocabulário extravagante que você pode começar a utilizar por aí!)

Medindo a distância entre as notas com semitons e tons inteiros

A distância entre as notas é medida em semitons e tons inteiros. Um *semitom* é a menor distância entre duas notas. Por exemplo, se você olhar para o teclado de piano que está na Figura 3-12, cada tecla está em um semitom de distância de sua vizinha mais próxima. O C está a um semitom de distância do C#, e o E♭ está a um semitom de distância do E. E e F estão também separados por um semitom. Um *tom inteiro* equivale a dois semitons. Por exemplo, C e D estão a um tom inteiro de distância um do outro. E e F# estão também a um tom inteiro de distância um do outro, o que também é o caso do B♭ e do C.

Os semitons são às vezes chamados de *meios-tons*, e os tons inteiros às vezes são chamados simplesmente de *tons*.

Escrevendo as Notas

A notação musical mostra a você quais notas tocar e quando tocá-las. Porém, a notação não lhe mostra como obter as notas na gaita ou qualquer outro instrumento; essas especificidades são deixadas por sua conta. Como a notação não precisa ser escrita para nenhum instrumento específico, você pode aprender música escrita para flauta, piano ou voz na gaita. Nesta seção, mostrarei a você o básico da leitura de notas escritas e de fazer a correspondência delas com uma *gaita em Dó* (ou seja, uma gaita construída para tocar no tom de Dó). Mostrarei também onde encontrar as notas na notação. Você pode saber mais sobre ritmo e compasso na seção anterior "Explorando o Básico do Ritmo".

Colocando as notas em uma pauta

Notas são escritas em uma pilha de cinco linhas horizontais, chamada de *pauta*. As notas são representadas por formas ovais colocadas nas linhas ou nos espaços entre estas; notas graves são colocadas na parte inferior da pauta, e notas agudas na parte superior (a pauta se parece um pouco com uma escada).

Uma pauta pode representar qualquer extensão de notas, por isso uma *clave* é colocada no início da pauta para indicar a localização de uma nota específica, como Sol, Dó ou Fá. A partir daquela nota, você pode contar para frente ou para trás para descobrir que notas estão acima e abaixo. Por exemplo, a *Clave de Sol* é uma letra G estilizada, que envolve a linha onde o Sol acima do Dó central está escrito. A partir desse Fá você pode contar para frente e para trás para ver onde está o resto das notas. Uma pauta com uma Clave de Sol é frequentemente chamada de *pauta da Clave de Sol*. Você pode ver uma pauta com uma Clave de Sol e notas na Figura 3-13.

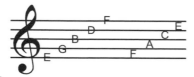

Figura 3-13: Uma pauta de Clave de Sol com os nomes das notas.

Eis algumas maneiras simples de lembrar quais notas na pauta da Clave de Sol estão em quais linhas e espaços:

- As linhas são utilizadas para escrever essas notas: MI, SOL, SI, RÉ, FÁ ou com as cifras[2]: E, G, B, D, F. Os americanos utilizam um truque de memória para lembrar das notas que estão na linha, eles memorizam a frase: Every Good Boy Deserves Fudge.

- Os espaços são utilizados para escrever as notas: FÁ, LÁ, DÓ, MI ou com as cifras: F, A, C, E. Os americanos utilizam um truque de memória para lembrar das notas que estão na linha, eles memorizam a palavra: FACE.

Algumas notas agudas ficam acima da pauta, ao passo que algumas notas graves ficam abaixo dela. Escrevem-se essas notas adicionando mais linhas acima ou abaixo da pauta e depois escrevendo as notas sobre as linhas adicionadas ou entre elas. Essas linhas adicionadas são chamadas de *linhas suplementares*. Você as utiliza sempre que houver notas que se expandam para cima ou para baixo da pauta. A Figura 3-14 mostra a você linhas suplementares tanto acima quanto abaixo da pauta.

---
[2] N.E.: Cifra é o sistema no qual usamos letras do alfabeto para representar as notas musicais, muito usadas em determinados países. Naturais: A = Lá, B = Si, C = Dó, D = Ré, E = Mi, F = Fá, G = Sol. Acidentes: Db = Ré bemol, Eb = Mi bemol, F# = Fá Sustenido, Ab = Lá bemol, Bb = Si bemol. As cifras também são usadas para representar acordes (conjunto de notas tocadas simultaneamente).

Figura 3-14: Uma pauta de Clave de Sol com linhas suplementares.

Ler notas dispostas em várias linhas suplementares é como escalar a altura estonteante de algum pico de montanha. Para tornar as coisas mais fáceis de ler, você pode escrever as notas acima da pauta uma oitava mais graves. Para mostrar que essas notas devem ser tocadas uma oitava mais agudas do que está escrito, a expressão 8va é colocada acima delas, juntamente a uma linha pontuada para mostrar quais notas devem ser tocadas uma oitava mais agudas. Na Figura 3-15, você pode ver uma pauta mostrando notas escritas na altura propriamente dita e outra cujas notas foram transpostas uma oitava.

Figura 3-15: Notas na altura propriamente dita e transpostas uma oitava.

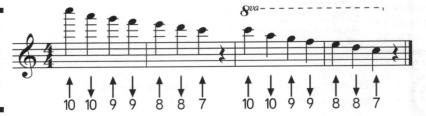

Escrevendo bemóis e sustenidos em uma pauta

Na pauta, sustenidos (♯), bemóis (♭) e bequadros (♮) são símbolos colocados à frente de uma nota para elevar ou diminuir sua altura em um semitom. (Veja a seção anterior "Alterando as notas com sustenidos e bemóis" para mais detalhes.) Eis algumas diretrizes a serem seguidas para a leitura destes símbolos:

- Suponha que uma nota é natural a menos que você descubra o contrário.
- Um bemol é utilizado para descer a altura de uma nota natural em um semitom.
- Um sustenido é usado para subir a altura de uma nota natural em um semitom.
- Se uma nota foi transformada em bemol ou sustenido e agora volta a ser uma nota natural, o símbolo de natural é utilizado.

A Figura 3-16 mostra um Sol♭, um Sol♯ e um Sol♮ na pauta da Clave de Sol.

Figura 3-16:
Sustenido, bemol e natural na pauta da Clave de Sol.

Quando sustenidos, bemóis e naturais são escritos à frente de uma nota, eles são chamados de *acidentes*. Um acidente se aplica apenas durante o compasso no qual ele ocorre. Se você fosse uma nota caminhando pela rua, poderia tropeçar em um acidente, dizer "Olá, como vai, colega?" e depois esquecer isso tudo e prosseguir com seu dia.

Desvendando armações de clave

Uma *armação de clave* é o grupo de sustenidos ou bemóis necessários para criar uma escala maior em determinada clave. Na pauta, uma armação de clave aparece no início da linha como um ou mais sustenidos ou bemóis. Ela mostra quais notas são automaticamente alteradas para sustenidos ou bemóis para se adequar à clave. (Veja exemplo na Figura 3-17.) O Capítulo 11 entra em mais detalhes sobre armações de clave.

Quando você contraria a armação de clave para temporariamente elevar (tornar sustenido) ou baixar (tornar bemol) uma nota na escala, utiliza um acidente. (Consulte a seção anterior, "Escrevendo bemóis e sustenidos em uma pauta" para saber mais sobre acidentes.) Se uma nota é tornada bemol ou sustenido na armação de clave e você a está alterando novamente para o natural, precisa utilizar o sinal ♮, conforme mostrado na Figura 3-17. Você verá acidentes com frequência na música de gaita, pois boa parte dela (especialmente no blues) utiliza uma escala um pouco diferente da escala maior. Fora isso, quando você aplicar a técnica de bend (veja os Capítulos 8 e 12), as notas com bend frequentemente ficam fora da escala.

Figura 3-17:
Uma armação de clave e um acidente.

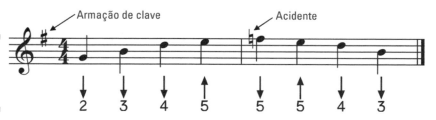

Localizando notas de gaita na pauta

A Figura 3-18 mostra todas as notas de uma gaita em Dó na pauta da Clave de Sol. As notas aspiradas são mostradas em uma pauta acima da gaita, e as notas sopradas são mostradas em outra pauta abaixo. As setas apontam de cada nota para o orifício da gaita onde a nota se encontra. Se você deseja ler notação musical na gaita, esta figura pode ajudar você a relacionar as notas escritas às notas em uma gaita em Dó.

A gaita foi elaborada para tocar *acordes* — grupos harmoniosos de notas — sempre que você tocar três ou mais orifícios de uma vez. O tipo mais básico de acorde é chamado de *tríade*. Os acordes de uma gaita são úteis em música. Porém, quando você toca acordes, precisa estar ciente de quais acordes são esses. Assim, você pode ter certeza de que eles não se chocarão com os acordes tocados pela guitarra ou piano quando você for tocar com outras pessoas.

As notas aspiradas contêm as seguintes tríades:

- Os Orifícios 2, 3 e 4 formam uma tríade de Sol maior (Sol-Si-Ré), escrita nas linhas da pauta.
- Os Orifícios 3, 4 e 5 formam uma tríade diminuta de Si (Si-Ré-Fá), escrita nas linhas.
- Os Orifícios 4, 5 e 6 (e também 8, 9 e 10) formam uma tríade de Ré menor (Ré-Fá-Lá).

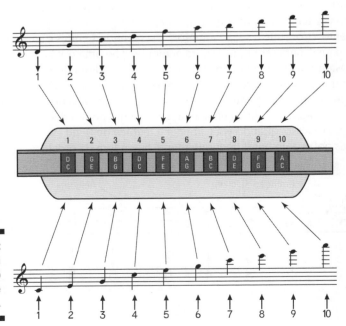

Figura 3-18: Notas em uma gaita em Dó na pauta de Clave de Sol.

Capítulo 3: A Linguagem Musical: Analisando um Pouco...

- Os Orifícios 7, 8 e 9 formam outra tríade diminuta de Si (Si-Ré-Fá), escrita nos espaços entre as linhas suplementares acima da pauta.
- Os Orifícios 8, 9 e 10 formam outra tríade de Ré menor (Ré-Fá-Lá), escrita nos espaços entre as linhas suplementares acima da pauta.

As notas sopradas formam a seguinte série de tríades de Dó:

- C (Dó), E (Mi) e G (Sol) nos Orifícios 1, 2 e 3 são escritos em linhas, começando pelo Dó Central em uma linha suplementar abaixo da pauta.
- C (Dó), E (Mi) e G (Sol) nos Orifícios 4, 5 e 6 são escritos nos espaços.
- C (Dó), E (Mi) e G (Sol) nos Orifícios 7, 8 e 9 são escritos em linhas suplementares. O Orifício 10 é o C (Dó), que é escrito em um espaço acima de uma linha suplementar.

Parte II
Começando a Tocar Algumas Músicas

"Ok, você sentiu esse ritmo descendente? É essa a síncope que eu procuro."

Nesta parte...

Esta é a parte na qual você e a gaita começam a se conhecer melhor tocando juntos. Você junta a sua respiração e ritmo básicos, e descobre como tocar melodias simples. Depois disso, você começa a focar e a moldar seu som e a usar a língua para criar efeitos. Por fim, você se aprofunda na nem tão misteriosa arte do bend, que é um dos sons característicos da expressão da gaita diatônica.

Capítulo 4

Relaxamento, Respiração e Ritmo

Neste Capítulo
- Prepare seu corpo para tocar gaita
- Crie um som cheio com a respiração correta
- Divirta-se com padrões rítmicos

No Capítulo 2, eu lhe ensinei uma breve lição de como tirar seu primeiro som de uma gaita. Neste Capítulo, levarei você a pegar novamente a gaita e o orientarei em tudo aquilo de que você precisa para desenvolver uma boa postura, para segurar a gaita com as mãos em concha de forma que lhe permita moldar o som, e para respirar profundamente enquanto concentra sua respiração de forma mais eficiente para tirar um som poderoso do instrumento — e tudo isso com pouquíssimo esforço. Você passará a testar suas novas habilidades divertindo-se um pouco com padrões rítmicos, incluindo aquele pelo qual a gaita é famosa, o ruído semelhante ao de um trem. Fecharei tudo com chave de ouro, mostrando a você como usar as mãos para dar intensidade a seus ritmos.

Preparando-se para Tocar: Relaxe, Respire Tranquilo e Segure a Gaita

É possível obter mais fazendo menos? Respondendo em apenas uma palavra: sim. Se você reunir o mínimo de esforço necessário para realizar uma ação, terá energia de sobra. De fato, se conseguir gentilmente convencer a gaita a fazer o que você manda, tirará dela um som maior e melhor do que se a tratar com força bruta até torná-la submissa. Enquanto estiver se preparando para tocar, relaxe e você terá mais concentração e energia. Ao relaxar, você ficará mais consciente do que está fazendo, e se divertirá ainda mais.

Quando você tenta fazer algo que não lhe é familiar, como, por exemplo, tocar gaita, pode ficar apreensivo. Você pode estar com medo de errar, ou pode simplesmente se sentir desconfortável em fazer com que seu corpo faça algo que nunca tentou antes. Não há nada de errado ou anormal em nenhuma dessas sensações. Porém, se você prestar atenção a seus próprios pensamentos e àquilo que seu corpo está sentindo, conseguirá relaxar e esvaziar a mente. Assim, ficará mais receptivo ao aprendizado.

O relaxamento começa pela postura e respiração. Por isso, nas próximas seções, prepararei você passo a passo para tocar alguns sons básicos da gaita.

Aperfeiçoando sua postura para tocar

Quando for se preparar para tocar uma gaita, não se esqueça de ficar em pé ou se sentar de forma a não sentir nenhum desconforto ou tensão física, e de forma que toda a parte superior de seu corpo possa respirar completa e profundamente. Isso significa se colocar em uma posição ereta (seja sentado ou de pé), sem nenhuma parte do corpo curvada.

Tente este exercício simples para relaxar e preparar seu corpo antes de apanhar uma gaita para tocar:

1. **Fique em pé com os braços nas laterais do corpo, e erga os calcanhares de modo a ficar apoiado nas plantas dos pés.**

2. **Respire fundo enquanto ergue os braços acima da cabeça até que suas mãos se toquem levemente.**

3. **Devagar, abaixe os braços e os calcanhares enquanto solta a respiração.**

4. **Deixe seus braços balançando nas laterais do corpo, e faça com que seus ombros relaxem.**

5. **Mantenha a cabeça ereta de forma que você não sinta nenhuma tensão no pescoço, e olhe com confiança para algo que esteja à altura de seus olhos. Imagine que este algo está distante, porém claro como cristal.**

Mantenha essa postura quando for tocar em pé. Quando for tocar sentado, mantenha a parte superior do corpo ereta, as coxas alinhadas e os pés no chão.

Respirando suave e profundamente

Na seção anterior, eu lhe mostrei como obter uma postura ereta e relaxada. Agora, desejo voltar sua atenção para sua respiração. O exercício a seguir ajudará você a respirar de forma profunda, completa e suave.

Capítulo 4: Relaxamento, Respiração e Ritmo

1. **Boceje e note como sua garganta se abre profundamente para aumentar o fluxo de ar. Mantenha a garganta aberta enquanto respira.**

2. **Inspire lenta e suavemente, e sinta sua caixa torácica e seu abdômen se expandirem (o abdômen é a área entre a caixa torácica e a cintura).**

   Enquanto inspira, note seus ombros — eles podem se erguer lentamente enquanto sua caixa torácica se expande.

3. **Expire suavemente e deixe que seu abdômen se esvazie para dentro, mas mantenha a caixa torácica e os ombros expandidos.**

   Não deixe que seus ombros fiquem rígidos. Deixe-os relaxados e expandidos ao mesmo tempo.

Continue respirando profunda e uniformemente a partir de seu abdômen, com os ombros relaxados e o peito expandido. Agora, preste muita atenção à sua respiração fazendo o seguinte:

1. **Respire pelo abdômen.**

   Deixe que seu abdômen se expanda enquanto você inspira e contraia ao expirar. Essa respiração profunda e suave lhe dá muito oxigênio e proporciona ao som da gaita um grande espaço para vibrar.

2. **Respire uniformemente.**

   Cada respiração deve ter a mesma intensidade do começo ao fim. Evite explosões bruscas ao iniciar novas respirações, e cuide para que sua respiração não se desvaneça no final.

3. **Respire longamente de forma a poder sentir o ar em movimento. Enquanto respira, observe suas sensações.**

   Tente demorar pelo menos três segundos ao inspirar e outros três segundos ao expirar. Você pode tentar respirar mais longamente, mas apenas se conseguir manter a respiração inteira relaxada e a uma intensidade uniforme. Se você estiver ofegante ou tendo dificuldade em fazer o seu último suspiro da contagem completa, tente começar a respirar com um volume de ar menor e faça a respiração um pouco mais curta.

Para encontrar a intensidade certa da respiração para tocar gaita, tente o exercício da mão quente. Coloque a palma da sua mão 5cm diante de sua boca aberta. Expire suavemente. Você deve sentir o calor de sua respiração em sua mão, mas não deve sentir nenhum ar.

A respiração profunda e suave dá suporte a seu som quando você toca a gaita. Você pode obter a respiração adequada sentando-se, desde que se sente em posição reta e não curve as costelas para baixo sobre o abdômen ou o queixo para baixo sobre o peito.

Concentrando fluxo de ar em sua boca

Quando você toca a gaita, dirige todo o ar para ela através de sua boca — não através do nariz. Qualquer ar que não esteja passando pela gaita enfraquece o som e reduz seu controle sobre o instrumento. Porém, você provavelmente respira pelo nariz a maior parte do tempo; por isso, poderá se perguntar como é possível desviar o ar de suas passagens nasais. As partes do corpo que fazem isso são invisíveis, e você pode nunca pensar nelas, mas pode aprender a controlá-las com os seguintes exercícios simples.

Encha um balão. Você não consegue fazer isso sem tampar suas passagens nasais. Se tiver um balão à mão, tente. Suas passagens nasais se fecharão automaticamente para que você possa direcionar toda a sua respiração pela boca. Ao tocar a gaita, você concentra todo o fluxo de ar através da boca da mesma forma, embora você não deva soprar com tanta força como o faz quando enche um balão.

Se você não tiver um balão, ou se estiver lendo este livro em público e não desejar atrair atenção para si, tente o exercício da explosão "P". Sussurre o som "Puh." Seus lábios fechados impedem que o ar escape pela sua boca, e quando eles soltam, o resultante estouro de ar faz o som de "P". Você pode fazer isso sem tampar o nariz, mas obterá um som parecido com "Buh" ou "Muh." Se você tampar mesmo o nariz, o "P" é mais concentrado. Agora, mantendo os lábios fechados, tente soltar o ar. Se seu nariz estiver fechado, o ar não poderá sair e a pressão acumulará até você abrir os lábios.

Segurando a gaita com as mãos em concha

No Capítulo 2, mostrei brevemente a você como segurar a gaita com uma mão e tocar acordes. Aqui, porém, eu lhe ensinarei a forma padrão de *segurar a gaita com as mãos em concha*. Esta "concha" ajuda você a segurar a gaita com firmeza, e também melhora o som do instrumento. No Capítulo 6, mostrarei a você como utilizar a mão em concha para moldar e amplificar seu som. Semelhantemente, no Capítulo 17, eu o ensinarei a segurar a gaita e o microfone com a mão em concha e ao mesmo tempo.

Quando for tentar fazer uma mão em concha básica de gaita, siga os passos abaixo:

1. **Fique em pé com os braços relaxados nas laterais.**

2. **Junte as mãos na altura do peito e as coloque em formato de concha, conforme mostrado na Figura 4-1a.**

Você deve ser capaz de segurar água com as mãos na concha formada por elas.

3. **Junte os polegares, conforme mostrado na Figura 4-1b.**

   Você deve conseguir ver onde a gaita fica: entre seu polegar e seu indicador. Mas não pegue a gaita ainda; você tem mais uma coisa a fazer.

4. **Faça uma leve abertura nas costas das mãos, pouco abaixo dos dedos mindinhos, conforme mostrado na Figura 4-1c.**

   Você pode ver a abertura através do espaço entre o polegar e o indicador de sua mão esquerda. Essa abertura é a *abertura de extremidade*, que permite que você se concentre no som que sai.

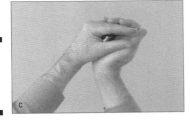

Figura 4-1: Formando uma mão em concha básica.

Parabéns! Você fez uma mão em concha. Essa concha lhe dá muito poder sobre o som da gaita. Porém, não se empolgue demais! Você ainda precisa pegar a gaita. Veja como:

1. **Pegue uma gaita e segure-a entre o polegar e o indicador de sua mão esquerda. (Lembre-se, o nome e os números dos orifícios devem ficar voltados para cima.)**

   Não pressione a extremidade esquerda da gaita contra a barreira entre o polegar e o indicador. Deixe-a ficar um pouco de fora, como mostrado na Figura 4-2. Fazer isso previne dores nas articulações e deformidades causadas pela pressão, além de ajudar você a segurar a gaita com as mãos em concha caso você possua mãos pequenas (ou quando você toca uma gaita grande).

2. **Posicione os dedos o mais próximo possível da extremidade traseira da gaita.**

   Não agarre a gaita com toda a força. Relaxe a mão e segure a gaita delicadamente, porém com firmeza, apenas o suficiente para que ela não pule de sua mão quando você tocar.

3. **Envolva a mão esquerda e a direita uma na outra de forma que sua mão cubra a gaita, e depois faça uma abertura de extremidade abaixo dos dedos mindinhos.**

   Quando você nivelar a gaita para deixá-la na posição de tocar, suas mãos ficarão como as mostradas na Figura 4-2.

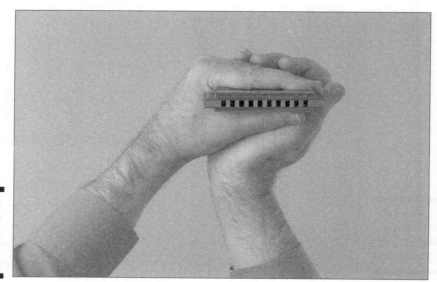

Figura 4-2: Envolvendo a gaita com as mãos em concha.

Tocando Alguns Acordes Amplos e Encorpados

Um *acorde* é composto de diversas notas que soam todas ao mesmo tempo. Tanto o acorde soprado quanto o acorde aspirado nos Orifícios 1, 2, 3 e 4 soam amplos e poderosos. Nesta seção, eu lhe mostrarei como tocar esses acordes e obter um som grande e descontraído com eles.

Preparando sua respiração

Antes de começar, volte ao Capítulo 2 para indicações gerais de como colocar a gaita em sua mão e formar um lacre hermético. Quando estiver pronto, abra bem a boca como você fez no Capítulo 2, e siga estes passos:

1. **Leve as mãos à altura da boca, e coloque a gaita entre os lábios até que a extremidade frontal da gaita faça contato total com os cantos de seus lábios.**

2. **Deixe que seus lábios se soltem sobre a gaita de forma que a parte interna úmida deles toque a gaita para formar um lacre em torno das placas de cobertura e a parte da frente do instrumento.**

   Seus lábios estão tocando as extremidades de seus dedos? Provavelmente, estão. Isso é bom, contanto que seus dedos não disputem espaço com seus lábios — e desde que seus lábios não se arrastem em direção a seus dedos quando você desliza a gaita de um lado para outro na boca.

3. **Expire suavemente na gaita, depois inspire pela gaita.**

   Ao respirar, a única parte de seu corpo que deve se mover é seu abdômen, que moverá a respiração para dentro e para fora. Ao mudar a direção da respiração, do sopro à aspiração, ou da aspiração ao sopro, lembre-se de que você não precisa mover as mãos, os lábios, o queixo, a língua ou a garganta. Tudo permanece relaxado e imóvel enquanto você simplesmente inspira e expira com a gaita na boca.

Produzindo um som amplo com o exercício da natação tranquila

Você pode utilizar algumas das respirações fáceis e relaxadas da seção anterior para tocar alguns amplos e indolentes acordes em um ritmo longo e simples. O exercício que eu apresento aqui, chamado de exercício da natação tranquila, ajuda você a respirar uniformemente e permite que você sinta sua respiração e ouça a gaita. Ele também ajuda você a desenvolver um som rico e amplo simplesmente ouvindo-o com atenção. Eis o que fazer:

Olhe para a gaita e localize os Orifícios 1, 2, 3 e 4 no lado esquerdo do instrumento. Estes são os orifícios que você deseja colocar na boca. Quando você levar a gaita à boca, os Orifícios 2 e 3 devem passar sob seu nariz.

Se você não tiver certeza se está com os orifícios corretos na boca, não se preocupe. Apenas tente colocar vários orifícios na boca e você se sairá bem.

Agora, você respirará enquanto conta o tempo. Siga estes passos:

1. **Faça uma contagem para se preparar para começar a tocar.**

   Essa contagem é sempre feita para definir o *andamento* (a velocidade da batida) e como uma preparação para tocar. Conte (mentalmente ou em voz alta) "um, dois, três, quatro" em um ritmo relaxado. Para este exercício, comece de onde o próximo "um" vier. Se você ainda não estiver pronto, continue contando até quatro até estar preparado para tocar.

   Evite bater o pé no chão enquanto você pratica esse exercício. Você quer respirar normalmente, em um ritmo constante, mas respirar deve ser a sua única atividade física.

2. **Quando você estiver pronto, comece a respirar no um. Inspire de forma suave e estável pela gaita ao longo de uma contagem até quatro.**

3. **Quando chegar à próxima, alterne a direção da respiração e expire por uma contagem completa até quatro.**

   Não faça pausa entre o final de uma respiração e o início da respiração seguinte. Sua respiração está sempre em movimento e a gaita está sempre fazendo um som.

Fique alternando entre inspirações e expirações, sempre respirando durante toda a contagem até quatro e alternando respirações no "um" sem pausa. Depois que sua respiração ficar estável, preste atenção ao fluxo de ar. Nenhum ar deve escapar por seu nariz ou pelos cantos de seus lábios. **Dica**: se você ouvir um revelador assobio ou som de respiração, continue tocando, mas tente determinar de onde o som está vindo, então tampe o nariz ou forme com os lábios e a gaita um lacre apertado, porém suave.

Conforme você alterna entre inspirações e expirações, concentre-se em uma respiração estável e uniforme. Ou seja, não comece com uma grande explosão de ar e não deixe sua respiração se desvanecer no final. Cada respiração deve começar e terminar no mesmo nível de intensidade — como se você estivesse nadando suavemente pela superfície de uma piscina. Você jamais mergulha ou salta; apenas desliza de forma suave e uniforme de uma extremidade da piscina à outra, inspirando e expirando uniformemente.

Enquanto respira, ouça o som que a gaita produz, e relaxe as mãos, braços, ombros, pescoço, lábios, maxilares, língua e garganta. Faça isso por pelo menos cinco minutos. E sempre conte até quatro para cada respiração. Enquanto ouve o som da gaita respondendo à sua respiração, permita que o som se amplie. De qualquer maneira, não aumente seu volume de respiração. Apenas ouça, abra a boca e a garganta, respire profundamente, relaxe e deixe o som chegar à profundidade e se expandir. Você não está *fazendo* com que o som se amplie, e sim *deixando* que isso aconteça.

Ouça o som da natação tranquila na Faixa 5.

Descobrindo o Ritmo

Uma nota (ou acorde) sucede outra. Cada uma possui sua própria duração. Por exemplo, uma nota pode ser longa, mas a seguinte pode ter a mesma duração ou ser mais longa ou mais curta. Quando você toca uma série de notas, as durações delas formam um padrão chamado *ritmo*. Orientarei você em uma exploração de alguns ritmos simples nas seções a seguir.

Respirando em padrões rítmicos

Nesta seção, eu lhe mostrarei três padrões rítmicos simples. Você então combinará os padrões para criar uma espécie de canção rítmica. Todos os três padrões utilizam o mesmo ritmo — você toca apenas um acorde em cada batida. Porém, para cada padrão, você retém um acorde por quatro batidas.

Em todos os três padrões, você toca dois acordes consecutivos na mesma respiração, sejam dois acordes soprados consecutivos ou dois acordes aspirados consecutivos. Como fazer dois acordes na mesma respiração soarem diferentes um do outro? Não pare de respirar entre o primeiro e o segundo acorde. A forma fácil e tranquila de tocar esses dois acordes é tocá-los em uma única respiração e dizer as sílabas sob a tablatura, como "Ha-ta" em dois acordes soprados, ou "Ah-ta" em dois acordes aspirados.

A tablatura para estes padrões mostra apenas as setas para a direção da respiração (para cima significa soprar, e para baixo significa aspirar). Afinal de contas, você já sabe que está tocando os Orifícios 1, 2, 3 e 4. Cada uma das notas acima das setas é uma batida, que é representada por uma nota semínima. A grande nota oca no final da tablatura é uma nota semibreve, que dura quatro batidas. (Para saber mais sobre leitura de ritmos, dê uma olhada no Capítulo 3.)

Na primeira vez em que for tentar tocar esses padrões, comece com um andamento lento de 60 batidas por minuto. Sempre aprenda música a um andamento lento que permita a você fazer todos os movimentos em sincronia com a batida. Quando você pegar o jeito de uma peça musical a um andamento lento e estiver pronto para acelerá-lo, aumente o andamento apenas até um ponto com o qual você saiba lidar. Se você perder a posição ou a coordenação com o andamento que escolheu e não conseguir recuperar, ou se estiver se atrapalhando com o novo andamento, experimente andamentos mais lentos até encontrar um que lhe proporcione uma chance melhor de tocar a peça toda com confiança e sem nenhum ou quase nenhum erro ou tropeço.

Nota: Por enquanto, ignore os Xs e Os sobre algumas das notas na tablatura. Eles significam que você deve abrir e fechar suas mãos em torno da gaita ao tocar. Explicarei essa notação mais adiante na seção "Utilizando a mão em concha para intensificar um ritmo". Depois que você ler essa seção, pode retornar e tentar estes padrões utilizando as mãos.

Padrão Rítmico Nº 1

O primeiro padrão de acorde é mostrado na Tablatura 4-1. Ele alterna duas aspirações e dois sopros. Eis a sequência:

- Toque a sequência das quatro primeiras notas três vezes. Conte-as mentalmente conforme elas se seguem.
- Retenha o longo acorde final por quatro batidas inteiras. Isso lhe dá um ponto de pausa.
- Quando você terminar o padrão completo, recomece tudo desde o início e repita sem pausar. Isso o ajudará a desenvolver uma ideia do padrão rítmico.

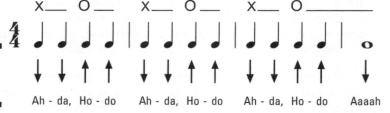

Tablatura 4-1: Padrão rítmico Nº 1 (Faixa 6).

A Faixa 6 toca primeiro a uma marca de metrônomo de 60 (60 batidas por segundo), depois a 120, até chegar a 224. Na primeira vez em que for tentar acelerar este ritmo, você poderá querer tentar algo entre 60 e 120.

Padrão Rítmico Nº 2

O segundo ritmo de respiração, mostrado na Tablatura 4-2, reverte o padrão rítmico de forma que você comece e termine com acordes de sopro. Assim como no caso do primeiro padrão, você toca a sequência inicial de quatro notas três vezes, depois termina com um acorde de sopro que dura quatro batidas inteiras.

Capítulo 4: Relaxamento, Respiração e Ritmo

Você pode ouvir este padrão na Faixa 6 (0:41). Ele é tocado a 60, 120 e 224 batidas por minuto.

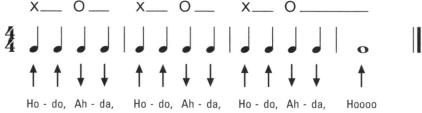

Tablatura 4-2: Padrão rítmico Nº 2 (Faixa 6, 0:41).

Padrão Rítmico Nº 3

Até agora, os ritmos de respiração ocorreram todos no mesmo local da gaita: os Orifícios 1 a 4. Neste padrão, eu peço que você toque o primeiro ritmo de respiração novamente, mas que o faça um orifício à direita. Isso é feito movendo a gaita levemente para a esquerda e tocando o ritmo mostrado na Tablatura 4-3.

Ao se mover para um orifício diferente da gaita, você move a gaita, e não a sua cabeça. Ou seja, para mover para a direita na gaita, mantenha sua cabeça no mesmo lugar e mova a gaita para a esquerda. (Explicarei mais sobre mover a gaita no Capítulo 5.)

Você pode ouvir este padrão rítmico na Faixa 6 (1:23), tocada a 60, 120 e 224 batidas por minuto.

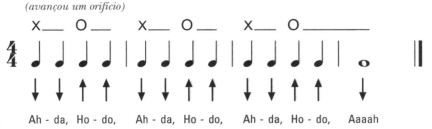

Tablatura 4-3: Padrão rítmico Nº 3 (Faixa 6, 1:23).

Conectando os três ritmos em uma canção rítmica

Nesta seção, eu lhe peço para conectar os padrões rítmicos 1, 2 e 3 em uma espécie de canção rítmica. Cada ritmo forma uma frase da canção, e conectando frases você cria uma sentença completa, ou um *verso*:

O verso possui as seguintes três partes:

- **Primeira parte**: Nesta parte, você toca o primeiro ritmo de respiração duas vezes.
- **Segunda parte**: Aqui você toca o segundo ritmo de respiração uma vez, depois toca o primeiro ritmo de respiração uma vez.
- **Terceira parte**: Nesta última parte, você se transfere para um orifício e toca o terceiro ritmo uma vez. Depois, volta ao orifício anterior e toca o primeiro ritmo uma vez.

Você pode ouvir como esse verso soa na Faixa 6 (2:04).

Soando como um trem

A Tablatura 4-4 mostra dois ritmos de acordes utilizados frequentemente para imitar o som de um trem. O ritmo da primeira linha começa e termina com aspirações. O ritmo da segunda linha começa e termina com inspirações.

Você pode ouvir esses dois ritmos na Faixa 7.

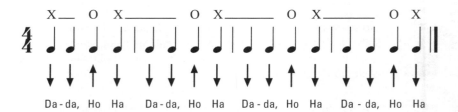

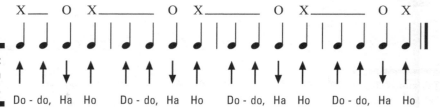

Tablatura 4-4: Ritmos de trem (Faixa 7).

Tente tocar a versão soprada ou a aspirada deste ritmo por um instante para ter uma ideia do movimento do trem. Se você começar a sentir como se tivesse muita respiração se acumulando em seus pulmões, afaste a gaita dos lábios um pouco e produza um som sibilante ao expirar. Fazendo isso, você cria o som da locomotiva soltando o excesso de vapor.

Capítulo 4: Relaxamento, Respiração e Ritmo

Depois que se acostumar com o movimento do trem, você pode querer fazer o som do apito do trem. Para isso, siga os passos a seguir:

1. **Mova-se um ou dois orifícios para a direita e toque o acorde aspirado que encontrará lá.**

2. **Estreite a abertura de sua boca para apenas um ou dois orifícios.**

    Faça isso empurrando os lábios para fora — como se estivesse fazendo beicinho. Empurrar os lábios para fora empurrará também a gaita um pouco para fora.

3. **Relaxe os lábios novamente para obter um acorde mais amplo.**

Lembre-se de que passar de um acorde amplo a um acorde estreito e novamente para um amplo é algo que ocorre muito rapidamente, e soa como "Aah-Ooh-Aah."

Para ouvir o som da locomotiva e o apito do trem tocados com os ritmos de trem, ouça a Faixa 7 (0:18).

Utilizando a mão em concha para intensificar um ritmo

Anteriormente neste capítulo, eu enfatizei o poder de uma mão em concha (veja a seção "Segurando a gaita com as mãos em concha"). Depois que você tiver dominado alguns dos ritmos já apresentados neste capítulo, poderá tentar utilizar a mão em concha para eles.

Sua concha pode ser *fechada* (com as mãos cerradas em torno da gaita), ou *aberta*. Uma concha fechada soa sombria e abafada, e uma concha aberta soa alegre. Você pode ver como é uma concha fechada na Figura 4-3a. Ao abrir a concha, mantenha os polegares juntos (eles são como uma dobradiça) e gire seu pulso direito levemente para afastar a ponta da mão direita da esquerda, criando uma abertura, conforme mostrado na Figura 4-3b.

Lembra dos misteriosos Xs e Os que você viu sobre algumas das notas dos ritmos que você tocou anteriormente neste capítulo? Eu lhe disse que voltaria a eles logo, logo! Veja o que eles significam:

   X = feche sua mão em concha e a mantenha assim por enquanto

   O = abra sua mão em concha e a mantenha assim por enquanto

Tente voltar e tocar cada um dos ritmos da seção anterior, "Respirando em padrões rítmicos", utilizando as mãos conforme mostrado na tablatura.

Figura 4-3:
A mão em concha fechada e a mão em concha aberta.

Na Faixa 8, você pode ouvir os padrões rítmicos 1, 2 e 3, e também os ritmos do trem com mãos em concha (0:41).

Capítulo 5

Ouço uma Melodia: Tocando Notas Individuais

Neste Capítulo

- Descubra como separar uma nota utilizando embocaduras
- Salte de uma nota à outra
- Compreenda as três extensões da gaita
- Pratique canções que se encaixam em diferentes registros

Quando começa a tirar sons de uma gaita pela primeira vez, você tira várias notas de uma só vez. Porém, se você deseja tocar melodias, ou uma sequência de notas individuais, precisa se concentrar em isolar um daqueles minúsculos orifícios e começar a pensar em onde estão todas as notas. Uma coisa positiva sobre a gaita é que você pode fazer as duas coisas ao mesmo tempo.

Quem quer que tenha definido a disposição das notas da gaita, foi um sujeito muito esperto. Ele (ou ela, ou eles, não sabemos realmente quem foi, embora haja muitas lendas) sabia que não era fácil obter notas individuais imediatamente, e por isso organizou as notas em orifícios vizinhos, de forma que quase quaisquer dois, ou até mesmo três, orifícios produzissem notas de harmonia quando tocados simultaneamente. Em piano e guitarra, são necessários estudos especiais para tocar notas de harmonia junto com a melodia. Porém, com a gaita o problema é o inverso: é possível tocar harmonias agradáveis imediatamente, e seu trabalho é tornar essas harmonias mais enxutas, de modo a poder tocar uma nota de melodia pura de cada vez. Aí então você poderá acrescentar harmonia sempre que desejar fazê-lo.

Ao tentar tocar melodias na gaita pela primeira vez, você poderá se sentir como se estivesse tateando no escuro — sem enxergar nada e sem sentir muita coisa. Por isso, é de grande ajuda saber o que você está tentando encontrar. Neste capítulo, eu explicarei como tocar notas individuais, depois lhe darei algumas canções simples e conhecidas para tocar. Você provavelmente já sabe como essas canções soam; por isso, tudo o que terá de fazer é tentar encontrar as notas na gaita.

Moldando Sua Boca para Destacar uma Nota

Os músicos têm um nome para o que você faz com a boca quando toca um instrumento: *embocadura*. A embocadura é algo de que os guitarristas não podem se gabar — fazer caretas de dor para impressionar a plateia não conta; sua embocadura precisa de fato ajudar a fazer com que um som saia do instrumento.

Não se preocupe se você não conseguir isolar uma nota individual imediatamente. A habilidade virá com o tempo — talvez em alguns dias. Se você puder ouvir a afinação na qual está tocando, é porque está fazendo o que é certo. Comece com as canções deste capítulo, quer você consiga tirar uma nota individual ou não — não espere! Você pode desenvolver sua embocadura ao longo desse processo.

As duas embocaduras mais comumente utilizadas são a *embocadura de bico* e o *tongue block*; ambas são válidas por diferentes razões. Com uma embocadura de bico, como o nome sugere, você faz um bico como se fosse beijar sua mãe na bochecha. Ao fazer um tongue block, você coloca a língua na gaita para bloquear alguns dos orifícios. O tongue block oferece todos os tipos de efeitos bacanas, conforme detalhado no Capítulo 7. Eu lhe mostrarei o básico mais adiante neste capítulo.

Formando a embocadura de bico

Recomendo que você aprenda a embocadura de bico primeiro, pois ela é simples e fácil. Veja como fazer:

1. **Abra bem a boca, deixando os lábios relaxados.**

2. **Coloque a gaita entre os lábios de forma que a parte da frente da gaita toque os cantos direito e esquerdo de seus lábios, no ponto onde seus lábios superior e inferior se encontram.**

3. **Solte os lábios sobre a gaita de modo que eles formem uma espécie de almofada que permite que a gaita deslize quando você a move para a direita ou para a esquerda.**

   A "almofada" deve estar relaxada, mas deve também formar um lacre hermético com a gaita.

Capítulo 5: Ouço uma Melodia: Tocando Notas Individuais

4. **Com os lábios na gaita, sopre ou aspire suavemente.**

   Você deve ouvir um acorde (várias notas soando ao mesmo tempo).

5. **Ao tocar, deixe que a gaita deslize para frente como se estivesse lentamente escorregando para fora da sua boca (porém, mantenha um lacre hermético entre seus lábios e a gaita).**

   Seus lábios farão uma pequena abertura ao se aproximarem um do outro (pode parecer que você está fazendo biquinho). Ao fazer isso, cuide para que os cantos de seus lábios ainda toquem a gaita. Enquanto continua a respirar através do instrumento, você deve ouvir menos notas; elas soarão como se menos som produzido estivesse saindo da gaita.

6. **Para isolar uma nota individual, você pode precisar empurrar os lábios para frente um pouco mais — fazer um bico ainda maior.**

   Mantenha os lábios o mais relaxados possível enquanto mantém um lacre hermético.

Enquanto você trabalha na embocadura de bico, ouça para ver se há ar escapando ao redor de sua boca. Ele fará uma espécie de som sibilante. Tente manter os lábios, especialmente os cantos, levemente selados na gaita de modo que todo o ar de sua boca passe pelo instrumento.

Você pode precisar mover a gaita um pouquinho para a esquerda ou direita para alinhar um orifício dela com o orifício em sua boca. Se você não estiver tirando exatamente uma nota individual, experimente deslizar a gaita apenas um pouco enquanto empurra os lábios para frente.

Quanto mais longe você puder colocar a gaita dentro de sua boca e ainda tirar uma nota individual, melhor o instrumento soará. Depois que você tirar uma nota individual, tente empurrar a gaita um pouco mais para trás dentro de seus lábios. A gaita deverá sempre estar dentro de seus lábios e em contato com as partes úmidas interiores dos lábios. Você nunca deve ter a impressão de que a gaita está pressionada contra seus lábios do lado de fora.

Um lacre hermético e relaxado com tom que soa completamente leva tempo para ser obtido, mas não hesite em tornar isso uma meta. Observe meus lábios na Figura 5-1. Eu toquei uma nota individual e depois retirei a gaita da minha boca. A abertura em meus lábios é muito maior do que os orifícios da gaita, e é por isso que eu costumo tirar uma nota individual com a embocadura de bico.

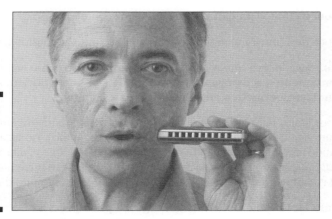

Figura 5-1: A abertura de boca para uma nota individual com embocadura de bico.

Produzindo uma embocadura de tongue block

Mesmo se você estiver apenas tocando notas individuais sem nenhum efeito especial, o tongue block possui uma vantagem: ele configura sua boca para promover um tom amplo e encorpado. Com certeza, você pode tirar um bom tom com a embocadura de bico, mas o tongue block torna isso quase automático.

Para tirar uma nota individual através do tongue block, siga os passos abaixo:

1. **Abra bem a boca, deixando os lábios relaxados.**

2. **Coloque a gaita entre os lábios de modo que a parte da frente dela toque os cantos esquerdo e direito de seus lábios, no ponto onde seus lábios superior e inferior se encontram.**

3. **Solte seus lábios sobre a gaita de forma que eles formem uma espécie de almofada que permita que a gaita escorregue quando você a move para a esquerda ou para a direita.**

   A "almofada" deve estar relaxada, mas deve também formar um lacre hermético com a gaita.

4. **Com os lábios na gaita, sopre ou aspire suavemente.**

   Você deve ouvir um acorde (várias notas soando ao mesmo tempo).

5. **Encoste a ponta da língua no lábio inferior e pressione-a levemente para frente.**

6. **Pressione levemente a parte superior de sua língua contra a gaita.**

    Ao fazer isso, a parte superior de sua língua formará uma ampla superfície que desliza contra a gaita sem encostar nos orifícios.

7. **Encoste a extremidade esquerda de sua língua no canto esquerdo de seus lábios, deixando uma abertura entre a extremidade direita da língua e o canto direito dos lábios.**

    Este é o ponto pelo qual o ar passará para a gaita.

Ouça se o ar está escapando, e mova a gaita um pouco para a esquerda ou direita para ajudar a alinhar um único orifício com a abertura da boca. Tente tornar a abertura entre a língua e o canto direito dos lábios pequena o suficiente para isolar uma nota individual, mas grande o suficiente para que o ar possa fluir livremente e produzir uma nota clara e forte. A Figura 5-2 mostra a minha embocadura de tongue block com a gaita retirada de minha boca.

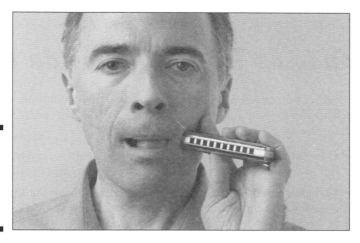

Figura 5-2: Embocadura de tongue block para uma nota individual.

Os Elementos do Movimento: Passando de Uma Nota à Seguinte

Tirar uma nota individual é ótimo, mas não existem por aí muitas melodias de uma nota só. Para tirar o melhor proveito de sua nova habilidade, você deseja começar a passar de uma nota à outra para tocar melodias. Na gaita, as formas mais importantes de passar de uma nota à outra são as seguintes:

- **Alterar a direção de sua respiração do sopro para a aspiração ou vice-versa.** Ao mudar a direção da respiração, você não move as mãos, lábios, língua ou qualquer outra coisa. Você apenas deixa de respirar em uma direção e começa a respirar na outra. (Você pode ler mais sobre isso nos Capítulos 2 e 4.)

- **Alterar orifícios deslizando a gaita para a esquerda ou para a direita em sua boca.** Eu lhe mostrei como fazer isso no Capítulo 4, mas sem medir a distância em que você se move. Agora, você precisa se concentrar em orifícios e notas específicos.

  Novamente, quando você passa para outro orifício, a única coisa que se move são suas mãos deslizando a gaita um pouquinho para a esquerda ou para a direita. Seus lábios permanecem no lugar e formam uma superfície deslizante.

- **Alterar a direção da respiração e orifícios.** É preciso coordenar a mudança de sua respiração com a movimentação da gaita. Você provavelmente pegará logo o jeito dessa ação combinada.

Explorando os Três Registros da Gaita

A gaita diatônica possui três *registros* sobrepostos, ou segmentos de sua extensão. Cada registro abrange oito notas da escala, que é uma oitava (veja o Capítulo 3 para saber mais sobre oitavas.) Eis os diferentes registros:

- **O registro médio:** A diatônica foi projetada para tocar a maior parte das melodias no registro médio, que abrange os Orifícios 4 a 7.

- **O registro agudo:** Este registro, que vai dos Orifícios 7 a 10, permite a você tocar melodias que vão além do registro médio. Algumas melodias podem ser tocadas inteiramente no registro agudo.

- **O registro grave:** Os Orifícios 1 a 4 compõem este registro, que serve para acrescentar acordes de acompanhamento às melodias que você toca no registro médio (isso é feito com o tongue block).

Na metade restante deste capítulo, começarei com melodias simples na oitava média, depois passarei às melodias na oitava aguda. Mas pararei por aí, pois tocar melodias no registro grave é algo confuso e complicado. Por quê? Bem, porque o registro grave omite duas notas da escala para fazer com que o acorde soe melhor.

Mostrarei como utilizar o registro grave para acordes no Capítulo 7. E, como você poderá fazer mais com a melodia no registro grave depois que souber fazer o bend aspirado (Capítulo 8), eu me aprofundarei mais em como tocar melodias no registro grave no Capítulo 9.

Tocando Músicas Familiares no Registro Médio

Você provavelmente já sabe como assobiar ou cantarolar dúzias de canções. Por isso, o melhor jeito de começar a tocar melodias na gaita é tentar encontrar nela algumas dessas melodias. Nesta seção, eu lhe mostrarei várias músicas familiares que são tocadas no registro médio.

A tablatura de gaita sob a música escrita informa a você quais os orifícios e respirações para tocar (veja o Capítulo 3 para saber mais sobre tablaturas). Se você quiser, pode tentar ler a notação musical também. Caso alguma das canções lhe seja desconhecida, a notação lhe mostra por quanto tempo segurar cada nota (a notação básica é abordada também no Capítulo 3). E as letras das primeiras canções estão incluídas para ajudar você a dar o primeiro passo.

"Hot Cross Buns"

Para tocar a música "Hot Cross Buns", que é mostrada na Tablatura 5-1, seu primeiro passo é ir do Orifício 5 ao Orifício 4 quando passar do sopro à aspiração. Posteriormente, quando você repetir a mesma nota várias vezes, toque as notas todas em uma única e longa respiração e encoste a língua no céu da boca para cada nova repetição. Você pode ouvir esta música na Faixa 9.

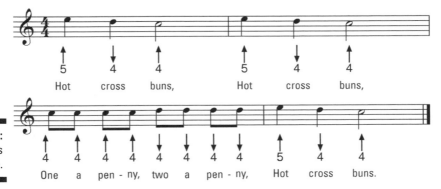

Tablatura 5-1: "Hot Cross Buns" (Faixa 9).

"Good Night, Ladies"

As primeiras notas de "Good Night, Ladies" permitem a você praticar o deslizamento para um orifício próximo. (Ver Tablatura 5-2.) **Lembre-se:** Quando for passar para um novo orifício, utilize as mãos para mover a gaita.

Não mova os lábios ou a cabeça. Esta música apresenta 5 aspirado, a nota mais aguda que você já tocou até agora. Ouça esta música na Faixa 10.

Tablatura 5-2: "Good Night, Ladies" (Faixa 10).

"Mary Had a Little Lamb"

"Mary Had a Little Lamb", mostrada na Tablatura 5-3, leva você mais longe no registro médio, até o 6 soprado. Você pode ouvir esta música na Faixa 11.

Tente juntar "Good Night, Ladies" e "Mary Had a Little Lamb" em uma única música. Essas duas músicas combinam; portanto, você terá o seu primeiro medley!

Tablatura 5-3: "Mary Had a Little Lamb" (Faixa 11).

"Frère Jacques"

"Frère Jacques", mostrada na Tablatura 5-4, é uma antiga canção francesa que em inglês é conhecida como "Are You Sleeping, Brother John". Repare nas dicas que a notação lhe dá. Você pode ver o formato da melodia, quase como se ela estivesse em papel quadriculado. Se quiser ouvir esta música sendo tocada, escute a Faixa 12.

Tablatura 5-4: "Frère Jacques" (Faixa 12).

Cada frase desta música se repete uma vez; por isso, você só precisa aprender metade da música. A segunda frase utiliza um conjunto de movimentos semelhantes aos da primeira frase, apenas movidos um orifício para a direita, e soa similar também. As notas da terceira frase se movem muito mais rápido do que as duas primeiras frases. Você pode desejar estudar apenas essa frase até conseguir navegar por ela com confiança. Depois que tiver aprendido os movimentos, tente tocar a terceira frase na velocidade certa respectiva das outras partes.

"When The Saints Go Marching In"

A música "When The Saints Go Marching In", mostrada na Tablatura 5-5, é uma alegre canção típica de Nova Orleans que é bastante fácil de tocar. Por que não tentar? A primeira frase se repete três vezes na música, com as primeiras três notas levando à grande nota de chegada no 6 soprado. Esta canção não introduz nada de novo; é apenas uma música ótima para utilizar as habilidades que você já aprendeu. Escute esta música na Faixa 13.

Tablatura 5-5: "When The Saints Go Marching In" (Faixa 13).

Fazendo Seus Primeiros Saltos de Múltiplos Orifícios

Até agora, você provavelmente nunca moveu mais de um orifício — pelo menos, não de propósito. Por isso, você deve estar andando às cegas e se perguntando algo como "Quando eu preciso saltar para um orifício distante, como consigo saber até que distância deslizar a gaita? Não há nada para ver nem para sentir!" Não se preocupe. Se você souber de onde está começando e para onde está indo, poderá deslizar em direção a seu objetivo, e ouvirá a nota alvo quando chegar lá. As músicas na seção abaixo permitem que você pratique o salto para orifícios próximos.

Depois que você deslizar de um orifício a outro algumas vezes, conseguirá sentir qual o tamanho que o salto deve ter. Assim que conseguir fazer o salto com precisão, poderá começar a notar algo mais. Quando desliza de um orifício a outro, você acaba tocando as notas nos orifícios que existirem no caminho ao passar por eles. Como impedir que essas notas soem? Você pode interromper sua respiração completamente, mas se o fizer, a canção poderá soar desagradável. Em vez disso, continue respirando enquanto passa pelos orifícios que estão no caminho, mas reduza a intensidade da sua respiração de modo que a nota não soe. Você pode não aprender essa habilidade imediatamente, mas ela virá com a prática.

"Twinkle, Twinkle, Little Star"

Enquanto estiver aprendendo algo novo, você pode muito bem começar com algo fácil, não? O salto que você faz em "Twinkle, Twinkle, Little Star", mostrada na Tablatura 5-6, é do 4 ao 6 soprado. Para fazer este movimento, basta começar no 4 soprado, continuar a soprar, e depois deslizar para cima até ouvir sua nota alvo no 6 soprado. Ouça esta música na Faixa 14.

Tablatura 5-6: "Twinkle, Twinkle, Little Star" (Faixa 14).

"Taps"

"Taps" é toda composta por notas sopradas, e isso significa que ela pode ajudar você a desenvolver o controle da respiração. Note os pequenos símbolos parecidos com apóstrofes na Tablatura 5-7. Estes são bons pontos para se respirar. Além disso, com essa música, você tem um novo salto no qual trabalhar: do 5 soprado ao 3 soprado. Outra coisa importante sobre tocar todas as notas sopradas é que você pode trabalhar em apenas se movimentar suavemente por uma série de orifícios próximos uns dos outros sem ter de pensar na direção da sua respiração. Veja se você consegue pensar em formas de dar alguma expressão a essas notas longas. O Capítulo 7 entrará em detalhes sobre algumas possibilidades expressivas, mas veja se sua imaginação pode lhe sugerir algumas coisas enquanto você retém essas notas longas. Você pode ouvir "Taps" na Faixa 15.

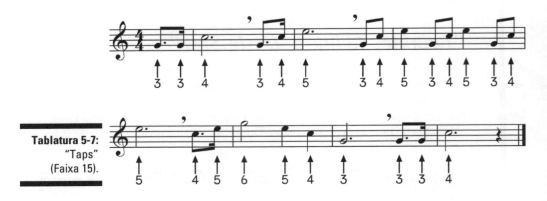

Tablatura 5-7: "Taps" (Faixa 15).

"On Top of Old Smokey"

Os saltos no meio de "On Top of Old Smokey" (veja Tablatura 5-8) não são tão óbvios quanto nas duas músicas anteriores. Um é um salto para trás do 6 soprado ao 4 soprado; o outro é um salto para trás do 6 soprado ao 4 aspirado. Essa música, que pode ser ouvida na Faixa 16, atinge uma nova nota aguda que você não havia tocado antes: o 7 soprado.

Tente contar as batidas durante as notas longas desta música. Assim, você com certeza as reterá pela extensão completa.

Tablatura 5-8: "On Top of Old Smokey" (Faixa 16).

Deslocamento a Partir do Médio

Até agora neste capítulo, eu consegui proteger você contra a mudança — o local nos Orifícios 6 e 7 onde a sequência de respiração muda conforme você passa do registro médio para o registro agudo.

Eis um importante fato a lembrar a respeito da mudança: quando você avança na escala a partir do 6 aspirado, a próxima nota é o 7 aspirado (e não o 7 soprado). É fácil se esquecer desta mudança, pois essa é primeira sequência na escala que vai de uma nota aspirada a outra. Nos Orifícios 1 a 6, você sempre vai de uma nota aspirada a uma nota soprada conforme avança na escala. Subitamente, você precisa passar para uma nota aspirada em vez disso. E, quando você toca as notas dos Orifícios 6 e 7 aspirados simultaneamente, elas criam a única combinação discordante de orifícios vizinhos na gaita — xiii!

As próximas duas músicas são tocadas em sua maior parte no registro médio (embora "Shenandoah" chegue a entrar no registro agudo); ambas, porém, utilizam a mudança. Antes de tentar estas músicas, leve um tempo para se sentir confortável com a mudança tocando a Tablatura 5-9 algumas vezes. Ela simplesmente orienta você pelas quatro notas na escala que se aproximam da mudança, viajam por ela e depois saem dela. Você pode ouvir os exercícios de mudança de nota na Faixa 17.

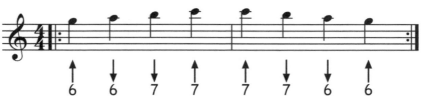

Tablatura 5-9: Exercício de mudança de nota (Faixa 17).

As canções das seções seguintes ajudam você a navegar pela mudança com confiança (talvez até com desenvoltura). **Nota:** você pode também tocar as primeiras oito canções deste capítulo no registro agudo. Eu o incentivo a experimentá-las.

"Joy to the World"

Para ficar mais familiarizado com a mudança de respiração nos Orifícios 6 e 7, tente tocar "Joy to the World" (veja Tablatura 5-10). Esta tradicional música de Natal é atribuída a Handel. A canção começa no 7 soprado e é tocada regredindo na escala até o 4 soprado — o registro médio completo,

78 Parte II: Começando a Tocar Algumas Músicas

incluindo a mudança. Depois, ela avança se movendo para diferentes partes da escala. Quem sabia que tocar uma escala poderia soar tão glorioso? Ouça esta música na Faixa 18.

Tablatura 5-10: "Joy to the World" (Faixa 18).

"Shenandoah"

"Shenandoah", que é mostrada na Tablatura 5-11 e tocada na Faixa 19, é uma balada clássica que normalmente é tocada muito lentamente. Ela é tocada em sentido descendente pela mudança logo no início da canção. As seis notas finais entram no registro agudo acima do Sopro 7.

Tablatura 5-11: "Shenandoah" (Faixa 19).

Flutuando no Registro Agudo

As notas agudas nos Orifícios 7 a 10 podem produzir belas músicas, mas também representam alguns desafios. As pessoas às vezes associam essas notas agudas com tensão alta e tamanho muito pequeno — como se os orifícios fossem menores e mais próximos entre si e exigissem mais esforço para ser tocados. Mas olhe para os orifícios de uma gaita. Eles são todos do mesmo tamanho. Fazer com que as notas agudas respondam não requer força, também. Pelo contrário, exige respiração suave e relaxada que permita que as notas flutuem para fora. Não há necessidade de arrastá-las para fora sob protestos.

A Tablatura 5-12 é um pequeno estudo para ajudar você a se acostumar com quando as notas estão no registro agudo. Cada grupo de quatro notas é todo soprado ou todo aspirado e se move para orifícios próximos. Toque cada nota por quanto tempo quiser, mas reserve fôlego suficiente para as outras três notas que compartilham uma respiração com ela. Se as notas mais agudas não soarem, tente bocejar para abrir a garganta. Mantenha a boca relaxada e respire suavemente. Deixe que as notas flutuem para fora em sua respiração. Você pode ouvir a tablatura sendo tocada na Faixa 20.

Tablatura 5-12: Flutuação de registro agudo (Faixa 20).

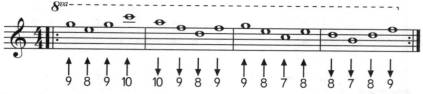

As próximas duas músicas ajudarão você a explorar o registro agudo. Ambas as canções gastam tempo tanto no registro médio quanto no agudo, mas vão mais longe no registro agudo do que as canções anteriores.

No registro agudo, você pode encontrar as notas aspiradas um orifício à direita de onde você espera que elas estejam. Quando você vai de uma nota aspirada a uma nota soprada, a soprada estará um orifício à esquerda de onde você esperaria.

"She'll Be Comin' 'Round the Mountain"

"She'll Be Comin' 'Round the Mountain", mostrada na Tablatura 5-13, é uma música centrada no Orifício 7. Embora transite igualmente tanto pela oitava aguda quanto pela oitava média, essa música evita a mudança na maior parte do tempo e não contém nenhum salto de orifício. A melodia vai direto ao 9 soprado, a um orifício de distância da parte superior. Note o "8va" e as linhas pontuadas acima da música. Eles informam aos leitores de música que as notas escritas devem ser tocadas uma oitava mais agudas (escrevê-las onde elas realmente soam seria bem

Capítulo 5: Ouço uma Melodia: Tocando Notas Individuais

abaixo da pauta e difícil de ler). A tablatura, porém, não é afetada. Você a toca exatamente como ela é escrita. Ouça essa música na Faixa 21.

Tablatura 5-13: "She'll Be Comin' 'Round the Mountain" (Faixa 21).

"Noite Feliz"

A clássica canção de Natal "Noite Feliz" (veja Tablatura 5-14) brinca com os Orifícios 6 e 7. Ela também contém dois saltos: um do 6 soprado ao 8 aspirado, e outro do 5 soprado ao 8 aspirado. Ouça a música na Faixa 22.

Comece a inspirar enquanto desliza do 8 aspirado ao 6 soprado ou 5 soprado. Desde que esteja buscando uma nota aspirada, você pode muito bem inspirar de forma a poder ouvi-la quando chegar. Depois que se sentir confortável com os saltos, tente minimizar o som das notas intermediárias. (Veja a seção anterior, "Fazendo Seus Primeiros Saltos de Múltiplos Orifícios", para mais informações sobre como minimizar o som das notas intermediárias.)

82 Parte II: Começando a Tocar Algumas Músicas

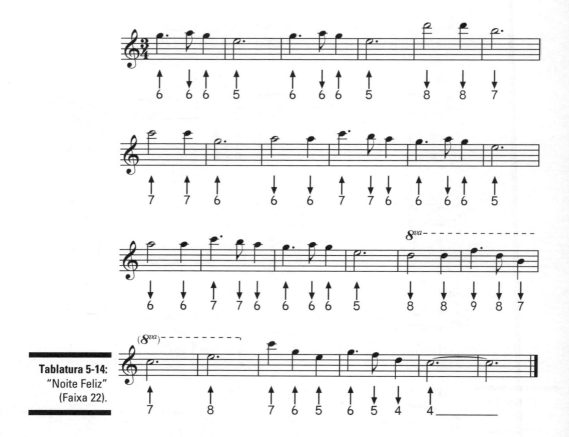

Tablatura 5-14: "Noite Feliz" (Faixa 22).

Capítulo 6

Moldando Seu Som

Neste Capítulo
- Tire um grande som com ressonância
- Utilize seu diafragma, garganta, língua e mãos para moldar o som
- Pulse notas com vibrato

Ao contrário da maioria dos instrumentos musicais, a gaita não utiliza seu corpo para projetar seu próprio som. Considere, por exemplo, a guitarra. Ela possui uma grande caixa de som para amplificar o som produzido pelas cordas. E uma palheta de saxofone envia seu som por uma longa e vibrante coluna de ar que termina em um grande sino para amplificar e direcionar o som.

O que uma gaita possui, por outro lado, mal pode ser chamado de corpo. Trata-se apenas de uma pequena caixa de minúsculas palhetas que mal conseguem produzir sons audíveis sozinhas. A gaita, porém, tem você, o gaitista, para amplificar seu som. Seus pulmões, garganta, boca, língua e mãos formam e controlam um poderoso amplificador acústico chamado *coluna de ar*, a massa de ar móvel que carrega e amplifica a fraca vibração das palhetas da gaita. De maneira bem real, o som de sua gaita é seu som. Neste capítulo, ajudarei você a explorar sua coluna de ar. Mostrarei como utilizá-la para moldar e amplificar seu som.

Experimente os exercícios deste capítulo primeiro sem uma gaita para se concentrar em sua respiração e nas sensações de seu corpo. Depois que você pegar o jeito da ação, acrescente a gaita para ouvir e refinar o resultado musical.

Desenvolvendo Ressonância Profunda com Sua Coluna de Ar

Como você deve saber, as palhetas de uma gaita diatônica se movem um pouquinho quando vibram. Até mesmo a palheta mais longa tocando sua nota mais alta se movimenta apenas dois ou três milímetros. Entretanto, sempre que uma palheta vibra, ela brevemente interrompe o fluxo de ar que passa por ela. Essa interrupção no fluxo de ar possui um efeito ondulante o qual passa novamente pelo fluxo de ar que flui por seu corpo. Quanto mais fundo ela puder penetrar em seu corpo, mais o ar vibrará, tornando o som muito mais alto e encorpado.

Os músicos frequentemente utilizam a palavra *ressonância* para descrever o reforço que o som recebe de um corpo vazado, como, por exemplo, o corpo de uma guitarra ou a coluna de ar quando acoplada às palhetas de uma gaita.

A coluna de ar de seu corpo é como um túnel oco que se estende do fundo de seus pulmões até a gaita, e quanto maior e mais aberta você puder tornar a coluna de ar, mais ressonância você criará. Se você simplesmente respirar pela boca ou pelos pulmões, não conseguirá fazer com que a coluna de ar inteira se mova, e não tirará um som encorpado da gaita. Para fazer com que toda a coluna de ar se mova e vibre, você precisa respirar a plenos pulmões.

No Capítulo 4, eu lhe ensinei a boa postura para tocar. Ensinei também como respirar profunda e uniformemente mantendo sua caixa torácica expandida e respirando pelo abdômen. Postura e respiração são o princípio da exploração da coluna de ar; por isso, caso você não tenha explorado esses itens básicos, agora terá uma boa oportunidade de fazê-lo.

Sua coluna de ar vai de seu abdômen até a gaita. Da parte inferior da coluna de ar para cima, existem vários pontos de controle onde você pode moldar o som que vibra na coluna. Esses pontos de controle podem ser utilizados individualmente ou em várias combinações para uma variedade de efeitos. São estes os principais pontos de controle:

- **Seu diafragma é o revestimento dos músculos sob seus pulmões que movimentam o ar para dentro e para fora.** Respirar profundamente por seu diafragma dá potência e volume ao som. O diafragma pode também ser utilizado para iniciar e encerrar notas e fazê-las pulsar.

- **Sua garganta, que fica no meio da coluna de ar, pode iniciar, encerrar e pulsar notas.** Ela dá definição à força do abdômen ao iniciar e encerrar notas. Sua garganta pode também fazer palpitar as notas pulsantes.

- **Sua cavidade da garganta e sua língua podem iniciar e encerrar notas, acrescentando clareza e vivacidade à força de seu diafragma e garganta.** A língua e a garganta podem modificar as qualidades tonais do som e formar sons de vogais semelhantes à fala. Elas podem também aumentar ou diminuir a altura de uma nota, conforme mostrarei nos Capítulos 7 e 12. Sua língua pode selecionar notas individuais na gaita e criar todos os tipos de texturas de percussão e de acordes.

✔ **Suas mãos não fazem parte de sua coluna de ar, mas podem ajudar você a tocar.** Elas amplificam seu som, moldam o tom e produzem sons de vogais, além de criar pulsações.

Utilizando Seu Diafragma

Assim como seu coração, seu diafragma nunca para de funcionar. Ele suavemente impulsiona seus pulmões a inspirar e expirar a cada respiração. Quando você utiliza seu diafragma para iniciar, encerrar e pulsar notas, está movimentando a coluna de ar inteira (veja a seção anterior para mais detalhes sobre a coluna de ar); por isso, você tem uma grande quantidade de força dando suporte a cada movimento do diafragma.

Iniciando e encerrando notas

Para desenvolver uma consciência de seu diafragma, tente arfar rapidamente como um cachorro, e, ao fazê-lo, note de onde vem o movimento. Ele vem da área abaixo da sua caixa torácica, porém acima de seu umbigo. Cada vez que você expira ou inspira ao arfar, seu diafragma começa a respiração com uma pequena compressão de seu abdômen. Obviamente, você não costuma arfar quando toca a gaita.

Para ajudar você a ativar a força de sua compressão abdominal, nesta seção eu levarei você a algumas explorações que lhe oferecerão um meio poderoso de iniciar e encerrar notas. Posteriormente, também lhe mostrarei como utilizar seu diafragma para *pulsar* notas, ou colocar onda nelas.

Enquanto aprende a compressão abdominal, não se esqueça de respirar profundamente e trazer a vibração das palhetas para o fundo de seus pulmões para dar à vibração o máximo de amplificação.

Para fazer uma compressão abdominal, você não precisa respirar com dificuldade e nem mover sua cabeça, ombros ou peito. A única parte do corpo que deve se mover é a área entre suas costelas e sua cintura. E mesmo assim, essa área deve se mover muito levemente.

Para pegar o jeito de iniciar uma expiração com uma compressão abdominal, tente fazer este exercício sem uma gaita:

1. **Sussurre "Hah! (Rá!)"**

    Note o pequeno empurrão para dentro que vem da área abaixo de sua caixa torácica. Mantenha sua garganta aberta, como se estivesse bocejando. Note que o som do "Hah!" será fraco, pois é produzido inteiramente pela movimentação do ar.

2. **Tente sustentar sua expiração por alguns segundos depois de ter dado a ela este pequeno empurrão inicial.**

    Ela deve soar como algo do tipo "Haaaaaaaaaaa (Raaaaaaaaaa)."

Agora, tente fazer a mesma coisa enquanto inspira. Comece arfando novamente. Enquanto o faz, note a sensação de iniciar a inspiração com uma leve compressão de seu abdômen para fora. Agora, tente fazer uma única inspiração com uma compressão abdominal — o "Hah!" inspirado com um sussurro. Pode parecer a súbita entrada de ar que você pode provocar involuntariamente quando algo o surpreende. O local bem abaixo do centro de sua caixa torácica subitamente se agitará para fora e o ar correrá por sua garganta abaixo. Por fim, tente iniciar uma longa inspiração com seu diafragma: "Haaaaaaaaaaa." Novamente, sua garganta deve estar bem aberta e o único som será a movimentação do ar.

Após tentar fazer isso enquanto respira, pegue uma gaita e tente fazê-lo enquanto toca. De início, você poderá querer tentar enquanto toca um acorde de duas ou três notas, e depois enquanto toca uma única nota.

Agora tente utilizar seu diafragma para iniciar e encerrar uma série de breves explosões de respiração, primeiro apenas respirando, depois com uma gaita. Faça isso enquanto aspira e sopra. Siga estes passos:

1. **Inicie uma respiração com uma compressão abdominal, e interrompa-a abruptamente.**

    A respiração deve soar como "Hah!"

2. **Execute uma série dessas compressões breves, tanto aspirando quanto soprando.**

    Interrompa o fluxo da respiração ao final de cada "Hah!". Depois, retome com o "Hah!" seguinte. Suas compressões devem soar como "Hah!" "Hah!" "Hah!" "Hah!" "Hah!". As séries de inícios e encerramentos devem ser como partes de uma respiração mais longa. Toda vez que você recomeçar, continue essa respiração mais longa.

3. **Agora tente com a gaita.**

    Tente tocar uma nota individual enquanto faz uma série de compressões abdominais "Hah!-Hah!", enquanto aspira e sopra, como acabou de fazer sem a gaita. Você pode fazer isso em qualquer orifício, mas eu sugiro que você tente com o Orifício 4.

Depois que você tiver tentado tocar explosões de respiração apenas respirando na gaita, tente tocar a escala da Tablatura 6-1. Toque cada nota com um único "Hah!". Você pode ouvir como ela soa na Faixa 23.

Capítulo 6: Moldando Seu Som

Tablatura 6-1:
Pulsando notas longas e tocando uma escala com articulação abdominal (Faixas 23, 25, 27 e 28).

No Capítulo 4, mostrei a você uma série de exercícios de respiração rítmica. Nesses exercícios, cada acorde repetido é *articulado* (separado daqueles que vêm antes e depois dele) com a língua. Tente fazer aqueles mesmos exercícios utilizando compressão abdominal em vez da língua. O som ficará bem mais potente.

Para ouvir os sons da Tablatura 4-1, ouça a Faixa 6, que é tocada com articulação do diafragma, e depois compare-a com o mesmo padrão tocado com articulação de língua na Faixa 24.

Pulsando uma nota (Vibrato abdominal)

Ao pulsar uma nota, você não a inicia ou encerra. Em vez disso, você utiliza uma série de leves pulsações para criar uma sutil ondulação em uma nota longa. Isso é feito utilizando os mesmos movimentos de quando você inicia e encerra notas, mas é feito de forma mais suave.

Tente utilizar seu diafragma para pulsar uma nota, seguindo estes passos:

1. **Respire fundo.**

2. **Ao começar a expirar, inicie com uma compressão abdominal.**

3. **Continue expirando, mas faça uma série de leves compressões sem interromper o fluxo da respiração.**

   Esta respiração deve soar como uma única e longa nota com pulsações de tempo uniforme ondulando através dela. O som deve ser semelhante a "HaHaHaHaHa (RaRaRaRaRa)."

   Tente executar estes passos enquanto aspira. Porém, note que você não precisa começar com uma respiração profunda, pois estará inspirando enquanto toca a nota.

4. **Tente fazer isso com uma gaita, tocando notas longas sopradas e aspiradas no Orifício 4.**

Retenha cada nota pelo tempo suficiente para permitir que o efeito ondulante ocorra. Ouça-a e veja se consegue fazer com que a ondulação ocorra mais rápido ou mais lentamente.

Colocando Sua Garganta para Funcionar

O abdômen lhe dá força, mas a garganta lhe dá a vibração. Sua garganta é posicionada na entrada entre seus pulmões na parte inferior da coluna de ar e sua boca na parte superior. Sua garganta pode ser associada a ambas as partes para influenciar o som da gaita.

A garganta faz seu trabalho com a *glote*, que é a abertura entre as *cordas vocais*. (Note que as cordas vocais não são propriamente cordas, e sim dobras de tecido.) Por exemplo, quando tenta tossir educadamente sem perturbar a pessoa que está a seu lado no ônibus ou no cinema, você está abrindo e fechando sua glote enquanto expira.

Para experimentar a sensação de utilizar a glote, tente dizer "Uh!-Uh" (como se estivesse dizendo "de jeito nenhum"). Agora sussurre "Uh!-Uh" sem usar a voz. Para aumentar a sensação, mantenha a garganta aberta como se estivesse bocejando. Note que sua glote se fecha duas vezes, no início e no final do primeiro "Uh." Quando você interromper o fluxo de ar com a glote, terá produzido um som chamado de *parada glótica*. **Nota:** Nesta seção, eu utilizo um ponto de exclamação (!) para indicar uma parada glótica.

Iniciando e encerrando notas

Na gaita, tente iniciar uma nota longa com uma parada glótica. Por exemplo, tente dizer "!Aaaaaaaaaah" enquanto aspira e sopra. Inicialmente, pode parecer que a nota começa muito alta com a parada glótica. Tente respirar completamente para tornar a nota forte mas relaxada, e torne a parada glótica o mais leve possível, de forma que ela não domine o restante da nota.

Você pode também praticar o início e o encerramento fazendo uma série de paradas glóticas ao tocar uma nota longa, aspirando e soprando. Por exemplo, você pode tentar dizer "!Aa!aa!aa!aa." Isto deve soar como uma série de notas repetidas e interligadas. Para ouvir esta série de notas inspiradas e expiradas, coloque a Faixa 25. Tente também tocar a escala da Tablatura 6-1; inicie cada nota com uma parada glótica. Esta escala também está na Faixa 25.

Agora tente iniciar e encerrar uma nota com uma parada glótica. Sem a gaita, a nota soará como !Uh! !Uh! !Uh! O início e o final da nota são muito mais nítidos do que com ação abdominal. Você pode na verdade chamar estas formas de iniciar e interromper notas de *ataques* e *vibratos*.

Toque uma longa respiração inspirada ou expirada, e tente dividi-la em uma série de notas mais curtas. Inicie cada nota com uma parada glótica, depois faça um vibrato e interrompa o fluxo da respiração. Em seguida, recomece e continue com a respiração mais longa. Para ouvir como isso soa, ouça a Faixa 25 (0:15). Tente tocar a Tablatura 6-1 novamente, fazendo ataques e vibratos de cada nota com uma parada glótica. Quando você toca uma nota pelo momento mais breve possível com um ataque e vibrato preciso, isso se chama nota *staccato*. Esta escala staccato também está na Faixa 25.

Pulsando uma nota (Vibrato de garganta)

Ao pulsar uma nota com a glote, você não interrompe o fluxo de ar; em vez disso, apenas estreita a passagem de ar. Pulsar uma nota com a garganta soa diferente de pulsar com seu abdômen. Quando você pulsa com a garganta, o som vibra.

Para entender o que eu quero dizer, tente sussurrar "AhAhAhAhAh" de um só fôlego. Perceba que a glote estreita a coluna de ar para cada "Ah." A respiração nunca para; ela apenas pulsa. Enquanto você pratica isso, certifique-se de que seu abdômen se move suavemente sem pulsar — toda a ação deve ocorrer na garganta. Sua glote produz a quase-tosse mais educada que você pode imaginar.

Para ouvir a pulsação da garganta nas notas da Tablatura 6-1 na extensão média da gaita, ouça a Faixa 25 (0:31).

Utilizando Ação Abdominal e da Garganta ao Mesmo Tempo

Ao combinar a força da compressão abdominal com a vibração da parada glótica (expliquei ambas anteriormente neste capítulo), você obtém um som que é mais forte do que ambas. Quando utiliza sua garganta para pulsar uma nota, você pode notar seu abdômen reagindo. É como se o eco estivesse fazendo seu estômago e sua caixa torácica balançarem. Essa vibração "solidária" é uma espécie de reforço passivo, e definitivamente vale a pena ser cultivada. Você pode controlá-la tentando isolar a ação na garganta ou deixando que o peito e o abdômen ajudem um pouco.

Depois que você desenvolver suas habilidades para fazer as pulsações abdominal e de garganta, poderá coordenar as duas. Por exemplo, você pode tocar um ritmo constante com a garganta e ao mesmo tempo dar ênfase a certas notas com o abdômen.

Pegue já sua gaita e experimente a combinação rítmica da Tablatura 6-2. A garganta proporciona o ritmo constante, enquanto as pulsações abdominais que dão ênfase são indicadas com parênteses em ângulo (>) sobre as notas. Você pode ouvir o ritmo na Faixa 26.

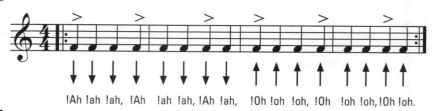

Tablatura 6-2: Comparação entre um ritmo de garganta e um ritmo abdominal (Faixa 26).

Colorindo Seu Som com a Língua

Quando você fala, sua língua forma consoantes, como "T (Ti)" e "K (Qui)", e vogais, como "Aaah (a)", "Oh (ô)" e "Eee (i)". Quando você toca gaita, pode utilizar consoantes para *articular* notas (iniciá-las e encerrá-las), ao passo que os sons de vogais alteram a *cor do tom* das notas, fazendo com que elas soem mais luminosas ou sombrias. Se sua língua não estiver na gaita, você tem mais liberdade para formar esses sons. No entanto, mesmo com a língua na gaita, você pode fazer muito para articular e colorir suas notas. (Quando sua língua está na gaita, você também pode utilizá-la para selecionar e combinar notas, conforme descreverei no Capítulo 7.)

Iniciando e encerrando notas

Quando você toca gaita utilizando uma *embocadura de bico* (usando os lábios para isolar uma nota individual; veja o Capítulo 5), sua língua fica livre para fazer todos os sons de fala. Os sons mais úteis são T, K e DI (Do) — como em "diddle (dido)". Quando você repete T ou K, está cantando tonguing. Mas ao combiná-las, você tem um tonguing duplo.

Tonguing simples

Quando você utiliza um tipo de ação de língua para iniciar ou encerrar uma nota, isso se chama *tonguing simples*. Os sons de "T" e "K" funcionam bem para a articulação de tonguing simples. Por exemplo, tente tocar uma nota longa enquanto sussurra "tatatatata." Faça isso enquanto aspira e sopra. Esta é a *articulação T*. Agora tente tocar uma nota longa enquanto sussurra "Kakakakaka (Cácácácácá)." Esta é a *articulação K*. Ambas as articulações são semelhantes, mas a "T" é um pouco mais estalada.

Para ouvir a escala da Tablatura 6-1 tocada primeiro com um ataque "T", depois com um ataque "K", ouça a Faixa 27.

Tente iniciar e encerrar uma nota repetida — primeiro soprando, depois aspirando. Tente fazê-lo com um "T" sussurrando "Tat! Tat! Tat! (Tá! Tá! Tá!)" (aspirando e soprando). Depois tente fazê-lo com um "K" sussurrando "Kak! Kak! Kak! (Cá! Cá! Cá!)"

Para ouvir uma nota repetida e a escala da Tablatura 6-1 tocada primeiro com articulação "Tat" e depois com "Kak", ouça a Faixa 27 (0:27).

Tonguing duplo

Quando você repete uma nota rapidamente, sua língua pode não conseguir repetir "T" ou "K" rápido o suficiente. O *tonguing duplo* é uma técnica para alternar entre o "T" e o "K". Tente sussurrar "Takatakatakataka (Tacatacatacataca)" enquanto toca uma nota (primeiro soprada, depois aspirada).

Para ouvir a articulação "taka" soprada e aspirada, seguida da escala da Tablatura 6-1 tocada com tonguing duplo em cada nota, ouça a Faixa 27 (0:55).

Uma forma mais fácil de fazer tonguing duplo é dizer "Di-Dl" (como na palavra "diddle (dido)"). Tente sussurrar "Di-dl-di-dl-di-dl (Dido-dido-dido)" enquanto toca notas sopradas e aspiradas. Isso produz um efeito diferente do T e K, mais suave e menos vigoroso. Cultive todos os três, e depois escolha qual deles funciona melhor em cada situação.

Articulação de língua bloqueada

Quando sua língua faz um bloqueio para tocar uma nota individual (veja o Capítulo 5), você coloca a ponta da língua na gaita, por isso, você não consegue dizer "T" (embora ainda consiga dizer "K"). Mas você ainda consegue utilizar a parte da frente da língua para articular uma nota com um P de língua (isso recebe essa denominação porque quando você o faz enquanto fala, o som se parece com um "P (Pi)").

Veja como você utiliza um P de língua para articular uma nota. Quando você toca uma nota bloqueada com a língua, a parte da frente de sua língua é pressionada contra a gaita, com uma abertura em sua boca na extremidade direita da língua para permitir que o ar passe para a gaita. Pressionando a língua levemente para frente, você pode ampliá-la o suficiente para bloquear completamente a passagem do ar. Isso permite que você encerre notas bloqueando a passagem para interromper o fluxo de ar, e as inicie abrindo a passagem para permitir que o ar entre.

Você pode combinar uma articulação K com um P de língua para um efeito de língua dupla, mas pode ser que você ache difícil fazer as articulações com precisão. Uma solução mais fácil é alternar uma parada glótica com um P de língua, assim: "!Ha-paHa-pa (Ra-paRa-pa)". Uma alternativa ainda mais nítida é passar para uma embocadura de bico e utilizar "Taka" ou "Di-dl."

Para ouvir uma nota iniciando e encerrando com uma articulação de P de língua simples, e depois com uma articulação dupla de "!Ha-pa", e para ouvir a escala da Tablatura 6-1 tocada com cada uma dessas articulações, ouça a Faixa 28.

Pulsando uma nota (Vibrato de língua)

Você pode utilizar a língua para dar pulsação a uma nota sussurrando "yoyoyoyo (ioioioio)" enquanto toca. Tente deixar a língua perto do céu da boca para intensificar o efeito. Você pode notar uma pequena variação na altura da nota ao pulsá-la. Você pode pulsar notas assim tanto quando faz embocadura de bico quanto quando faz bloqueio de língua.

Você pode ouvir a pulsação de língua na Faixa 32, juntamente às pulsações de abdômen, garganta e mão.

Formando sons de vogais e colorindo seu tom

Ao falar, você forma vogais parcialmente com os lábios e parcialmente com a língua. Porém, quando você toca gaita, seus lábios não estão disponíveis, por isso sua língua faz todo o trabalho.

Por exemplo, tente dizer "Ooh-Eee (u-i)." Quando você diz "Ooh", sua língua é puxada para trás com a ponta voltada para baixo. Quando você diz "Eee", sua língua é elevada na direção do céu da boca. Note como o "Ooh" soa sombrio e vazado, enquanto o "Eee" soa alegre. Você pode dizer "Ooh" e "Eee" como sílabas separadas, ou pode juntá-las dizendo "Wee (ui)."

Tente tocar a Tablatura 6-3 enquanto usa a língua para dizer "Ooh-Eee" e "Wee" conforme mostrado sob as notas. Você pode ouvir o lick na Faixa 29.

Tablatura 6-3: O lick de Ooh-Eee (Faixa 29).

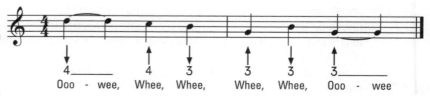

Moldando o Som com as Mãos

Alguns músicos utilizam o movimento das mãos como forma de impressionar as plateias. Eu nunca vi um encantador de serpentes utilizar uma gaita, mas o efeito hipnótico das mãos de um gaitista pode muito bem funcionar com uma cobra — ele certamente funciona com seres humanos. Mas lembre-se de que os movimentos das mãos são mais do que mero exibicionismo. Eles também têm um impacto sobre o som de uma gaita.

No Capítulo 4, eu lhe mostrei como isolar a gaita com a mão em concha. Se precisar refrescar a memória, dê uma olhada naquele capítulo. De outra forma, nas seções seguintes eu lhe ensinarei como utilizar a concha para moldar os sons que você faz com sua gaita.

Cor do tom e sons de vogais

Quando você toca com uma mão em concha completamente fechada, o tom é mais sombrio e distante, e mesmo assim é poderoso e concentrado. Quando toca com uma mão em concha aberta, ele é alegre e imediato. Para ouvir a diferença entre uma mão em concha fechada e uma aberta, ouça a Faixa 29 (0:14).

Quando você fecha a concha enquanto toca uma nota, ela faz um som parecido com "Ooo", e quando você abre a concha enquanto toca uma nota, ela pode soar como um "Whee (ui)", "Wee" ou "Wah (uá)". Estas sílabas de gaita fazem parte do repertório de sons vocais que esse instrumento pode produzir para imitar a fala.

Você pode combinar vogais de mão com vogais de língua. Por exemplo, o "Ooo" de língua combina com uma concha fechada, e o "Eee" de língua combina com uma concha aberta. Para ouvir o "Ooh-Wah" com mão em concha, seguido das vogais de língua e concha combinadas, ouça a Faixa 29 (0:26).

Você pode também combinar vogais de mão com bend para um som vocal (e em estilo de blues). A nota dobrada combina com a concha fechada, e a nota desdobrada combina com a concha aberta. (Veja os Capítulos 8 e 12 para mais informações sobre bend.)

Tente segurar um copo de café com as mãos em concha junto com a gaita; cuide para que a boca do copo esteja voltada para a gaita. Quando você tocar com as mãos fechadas em torno do copo e da gaita, o som sairá distante e vazado, e os sons de vogais que você tirar quando abrir a concha serão muito exagerados. Alguns instrumentistas utilizaram a técnica do copo de café com grande efeito. Para ouvi-la, confira a breve demonstração na Faixa 30 e também a canção "Saint James Infirmary" na Faixa 96.

Pulsando notas (Vibrato de mão)

Abrindo e fechando a abertura da extremidade das mãos na parte frontal da gaita, você pode criar uma pulsação de nota chamada *vibrato de mão* (ou *tremolo de mão*). Essa pulsação pode ser fortemente pronunciada se você mover a mão direita inteira, utilizando os polegares como uma dobradiça. Ou ela pode ser sutil se você apenas mover o dedo mindinho.

Para ouvir os vibratos de mão sutil e pronunciado da Tablatura 6-1, ouça a Faixa 31.

Você pode também espalhar o som da gaita passando a mão em concha inteira pela gaita e movendo o antebraço todo em um semicírculo, tendo o cotovelo como eixo. Você começa com o braço apontando para o chão, depois ergue o antebraço, puxando a mão em concha até ela ultrapassar a gaita, até que a mão e o antebraço estejam apontados para cima; em seguida, balance-os de volta para baixo novamente passando pela gaita e repita o movimento inteiro várias vezes. Cada vez que a mão passar pela gaita, ela produzirá uma perturbação na nota que você toca. Sonny Terry utilizava este movimento de espalhar com grande efeito.

O movimento de espalhar cria um som único que você pode ouvir aplicado a uma nota longa na Faixa 31 (0:30).

Acrescentando Vibrato à Sua Interpretação

No início deste capítulo, mostrei a você como utilizar seu diafragma, garganta, língua e mãos para pulsar seu som. Nesta seção, focarei em utilizar as mesmas técnicas para fazer uma nota longa pulsar em um ritmo estável. Essa pulsação estável se chama *vibrato*, embora o termo *tremolo* também seja utilizado.

O vibrato pode transmitir expressividade e beleza às notas longas, e acrescentar uma sutil camada rítmica à sua interpretação. Quando você ouve um cantor, guitarrista, violinista ou qualquer instrumento de sopro, procure sempre ouvir a pulsação do vibrato e suas qualidades expressivas, e tente incorporar à sua interpretação algumas daquelas que você ouvir.

Para ouvir cada tipo de pulsação em sequência em uma nota longa, ouça a Faixa 32.

O vibrato de garganta é o mais amplamente favorecido pelos gaitistas. Porém, o vibrato de mão dura um segundo fechado. O vibrato abdominal é um mistério para a maioria dos gaitistas, mas alguns deles estão começando a aprendê-lo. O vibrato de língua pode ser ouvido com alguns gaitistas de inspiração jazzística, como Howard Levy e Chris Michalek.

Combinar o tempo de seu vibrato com a batida é um conceito importante que pode fazer com que sua interpretação se destaque. Cada batida se divide em algo pequeno, normalmente duas ou três divisões de igual duração. (Para mais informações sobre divisão de batidas, vá para o Capítulo 3.)

Para ter uma ideia do estilo e da pulsação que o vibrato com tempo combinado pode dar à música, ouça a Faixa 33. Esta faixa contém dois breves grooves tocados por uma banda de apoio. No primeiro, eu divido a batida em três pulsações. No segundo, divido-a em quatro pulsações.

Capítulo 7

Aprimorando Seu Som com a Língua na Gaita

Neste Capítulo

▶ Combine acordes e melodias
▶ Utilize sua língua para reforçar melodias
▶ Acrescente efeitos com a língua
▶ Salte para notas distantes com o corner switching

*U*tilizar a língua na parte frontal da gaita oferece a você uma poderosa ferramenta para selecionar e combinar notas desse instrumento. Você pode dar corpo e som de chiado às notas individuais, pode tocar ritmos que tornam sua interpretação mais cativante, e pode até mesmo tocar seu próprio acompanhamento acrescentando acordes enquanto toca uma melodia. Quanto mais você utilizar o *tongue blocking* (colocar a língua nos orifícios da gaita), mais amará os sons que conseguirá criar. E perceberá com mais frequência que muitos dos grandes gaitistas contam com o tongue blocking para dar a seu som aquela qualidade extra.

Neste capítulo, ensinarei a você as mais utilizadas técnicas de tongue blocking. Para cada técnica, mostrarei o efeito musical que ela cria, e ilustrarei a sequência de ações de língua na gaita. Para encerrar, oferecerei a você uma canção ou lick que você pode tocar utilizando a técnica aprendida.

As técnicas de língua deste capítulo são habilidades que gaitistas tradicionalmente aprendem de ouvido, e métodos nem tão padronizados existem para escrevê-las em pauta. Consequentemente, cada autor apresenta uma forma diferente de nomear e notar esses efeitos. Neste livro, eu utilizo símbolos e nomes simples que são descritivos e estão em conformidade com os termos musicais padrão (ou que pelo menos não fazem uso incorreto destes). No entanto, você poderá descobrir que outros autores (e instrumentistas) utilizam termos diferentes para descrever os mesmos efeitos e técnicas.

Utilizando a Língua para Combinar Acordes e Melodias

A gaita diatônica foi desenvolvida para tocar tanto *melodias* (notas individuais tocadas uma após a outra) quanto *acordes* (várias notas tocadas simultaneamente). Qualquer nota de melodia que você toca soa bem em um acorde com notas nos orifícios vizinhos. (A única exceção é a *dissonância*, ou som áspero, que é produzido pela combinação entre o 6 e o 7 aspirados.) Sua língua tem papel importante na combinação de melodias e acordes para dar corpo e ritmo às suas canções.

Conhecendo os acordes de sua gaita

Quando utiliza técnicas de língua, você frequentemente toca várias notas simultaneamente, resultando em um *acorde*, ou um grupo de notas que soam bem juntas e reforçam umas às outras. Uma gaita no tom de Dó fornece as notas da escala de Dó maior e as arranja de forma que, quando você toca vários orifícios vizinhos entre si, obtém alguns dos mais importantes acordes que funcionam com o Dó maior. Os três principais acordes são os seguintes:

- **As notas sopradas formam o acorde Dó maior.** Como você pode imaginar, o acorde do Dó maior é o mais importante em uma gaita que está no tom de Dó. Afinal de contas, é o acorde de origem.

- **As notas aspiradas nos Orifícios 1 a 4 formam um acorde de Sol maior, que é o segundo acorde mais importante em Dó.** Quando você toca gaita na segunda posição, este acorde é o acorde de origem (veja o Capítulo 9 para saber mais sobre posições).

- **As notas aspiradas nos Orifícios 4, 5 e 6 e novamente na Aspiração 8, 9 e 10, formam um acorde de Ré menor.** Este acorde se combina facilmente com o acorde Sol descendente e age como uma extensão que dá corpo e cor ao acorde Sol. Porém, quando você toca uma gaita em Dó na terceira posição, o Ré menor é o acorde de origem.

Tente tocar cada um destes acordes para se acostumar com o som e a localização deles na gaita. Depois que você estiver familiarizado com cada nova técnica de língua, tente aplicá-las a cada um dos acordes.

Acompanhando melodias com acordes

Se você colocar a boca em vários orifícios da gaita e respirar, ativará as notas nestes orifícios. Entretanto, você pode também colocar a língua na gaita para bloquear alguns deles, conforme mostrado na Figura 7-1a.

Capítulo 7: Aprimorando Seu Som com a Língua na Gaita

Ao fazer isso, você está utilizando uma técnica chamada *tongue blocking*. Com a língua na gaita, apenas um orifício fica aberto; e, ao respirar, você toca apenas a nota naquele orifício. (Para saber mais sobre como formar um tongue blocking, veja o Capítulo 5.)

Você pode apenas manter a língua na gaita e tocar uma melodia que consiste em uma sequência de notas individuais. Porém, em certos pontos durante a canção, você pode levantar a língua para tirá-la da gaita — para isso, basta retrair levemente a língua e recolocá-la na boca. Ao fazê-lo, você expõe diversos orifícios, conforme mostrado na Figura 7-1b. Os orifícios expostos responderão à sua respiração e farão soar um acorde. Os gaitistas utilizam esta técnica de erguer a língua para adicionar acompanhamento a algumas melodias. As notas do acorde acrescentado fazem com que a melodia soe mais encorpada, e, se você adicionar acordes à melodia com um ritmo regular, sustentará a melodia também com o ritmo.

Quando for tentar fazer seu primeiro tongue blocking, tente abrir bem a boca para cobrir vários orifícios, mas permaneça dentro de sua gama de conforto. Inicialmente, você poderá não conseguir saber quantos orifícios estão em sua boca. Tente deixar a boca aberta o suficiente para que haja espaço para você colocar a língua na gaita e ainda deixar um orifício aberto à direita. Tocar três ou quatro orifícios é bom, mas, por enquanto, não se esforce para tentar fazê-lo. Se você conseguir tirar uma nota individual com a língua na gaita, e ouvir mais notas quando erguer a língua, já estará bom.

Figura 7-1:
Bloqueando orifícios para produzir uma nota de melodia e expondo orifícios para produzir um acorde que e acrescentado a esta.

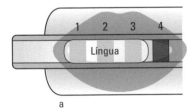
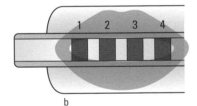

a   b

A Tablatura 7-1 mostra a canção "Mary Had a Little Lamb". Você pode fazer o groove dessa música acrescentando acordes de maneira rítmica. Para se preparar, aprenda a tocar a música em notas individuais com uma embocadura de tongue blocking (veja o básico da melodia com tongue blocking no Capítulo 5). Depois que você tiver dominado a música, tente levantar a língua sempre que encontrar um asterisco (*) na tablatura. Quando você acrescenta acordes, não altera a extensão de nenhuma das notas. Ou seja, o acorde acontece simultaneamente às notas da melodia.

Eis as instruções para seguir os asteriscos:

- **Quando o asterisco vier depois de uma nota, inicie-a como nota individual; depois, enquanto a estiver tocando, erga a língua da gaita para adicionar o acorde.** Por exemplo, você inicia a primeira nota da canção que está na Tablatura 7-1 como uma nota individual. Depois, levanta a língua para acrescentar um acorde. Quando for tocar a nota seguinte, você coloca a língua na gaita e toca essa nota como uma nota individual.

- **Quando o asterisco estiver logo abaixo de uma nota, erga a língua da gaita pouco antes de tocar a nota.** Em vez da nota individual, você toca um acorde, com a nota de melodia como nota principal. Por exemplo, a quarta nota da Tablatura 7-1 possui um asterisco bem abaixo da tablatura. Você levantaria a língua pouco antes de começar a tocar esta nota. Deixe a língua erguida pela duração da nota, depois recoloque a língua na gaita para tocar a nota seguinte.

Erguer a língua enquanto toca uma melodia é uma habilidade que os gaitistas aprendem de ouvido e que cada um deles aplica a seu próprio critério. Não existe nenhum método padrão para registrar este efeito em uma pauta. Consequentemente, cada autor apresenta uma forma diferente de escrevê-lo. Eu utilizo o asterisco porque ele é rápido e fácil, mas outros autores podem empregar símbolos diferentes.

Neste capítulo, você notará letras acima da notação, tais como C e G7. Estes são os nomes de acordes que outros instrumentos podem tocar para acompanhar você enquanto você toca as canções. Caso você tenha amigos que toquem guitarra ou piano, eles podem tocar os acordes e você, a melodia.

Você pode ouvir uma versão groove da canção infantil da Tablatura 7-1 na Faixa 34.

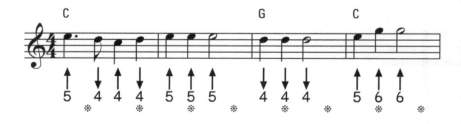
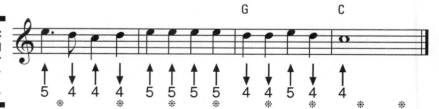

Tablatura 7-1: "Mary Had a Groovin' Little Lamb" (Faixa 34).

Seguindo o ritmo com um acorde

Em "Mary Had a Groovin' Little Lamb" (consultar Tablatura 7-1), você ergue a língua na segunda e quarta batidas de cada compasso. Entretanto, você pode também colocar acordes entre as batidas de uma música.

Se você ouvir bandas de blues e swing, frequentemente ouvirá a nota do baixo em cada batida enquanto ela "caminha" para cima e para baixo na escala. Esta abordagem do baixo é chamada de *walking bass* (que significa "baixo que anda", em inglês), pois dá a impressão de alguém caminhando em um ritmo estável em determinada direção. Você pode acompanhar uma *linha de walking bass* (qualquer melodia onde as notas correspondam a cada batida) *seguindo o ritmo*, ou erguendo a língua para tocar um acorde após cada batida. (Você frequentemente ouve pianistas e guitarristas seguindo o ritmo com acordes. No entanto, eles geralmente utilizam os dedos, e não a língua.)

A Tablatura 7-2 mostra "Chasin' the Beat", uma música que você pode utilizar para experimentar a técnica de seguir o ritmo. Na tablatura, cada asterisco mostra onde você deve erguer a língua para tocar um acorde. (Como nenhum dos acordes corresponde ao ritmo, eu movi os asteriscos para as laterais da tablatura, para tornar a leitura mais fácil.) Ouça "Chasin' the Beat" na Faixa 35.

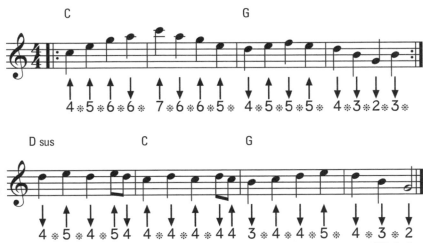

Tablatura 7-2: "Chasin' the Beat" (Faixa 35).

© Winslow Yerxa

Você pode encontrar um problema ao tocar as notas finais de "Chasin' the Beat" (Tablatura 7-2) e "Slappin' the Blues" (Tablatura 7-3). Ambas as canções terminam com o 2 aspirado, e quando você toca os Orifícios 1 ou 2 com um tongue blocking, pode constatar que a gaita não cobre mais a metade esquerda de sua boca, o que dá a impressão de que ela fica pendurada deixando que o ar vaze entre seus lábios e língua. Porém, você pode facilmente selar quaisquer vazamentos de ar deixando que seus lábios se choquem com sua língua, conforme mostrado na Figura 7-2. Quando a gaita é encaixada na sua boca, ela tende a empurrar seus lábios para longe da sua língua. Ao deslizar a gaita para a direita, tome consciência de seus lábios superior e inferior. Quando a gaita se move para fora de entre seus lábios, deixe que eles se movam para frente para tomar o espaço deixado aberto pela gaita, de forma que seus lábios contraiam sua língua e impeçam quaisquer vazamentos.

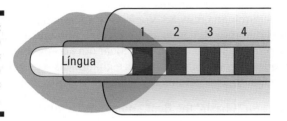

Figura 7-2: Impedindo vazamentos de ar quando você toca os Orifícios 1 e 2.

Reforçando Notas da Melodia com a Língua

Cada instrumento possui uma forma de fazer com que as notas da melodia soem mais amplas e interessantes. Na gaita, a forma mais natural e poderosa de reforçar uma nota individual é levantar a língua de forma seletiva para acrescentar notas a partir dos orifícios vizinhos. Como todas essas notas são partes de um acorde, elas reforçam umas às outras e tornam o som como um todo mais amplo do que as partes dele.

As seções seguintes apresentam a você várias técnicas para reforçar notas de melodia. Cada técnica cria seu próprio efeito. Depois que você aprender estes efeitos, poderá utilizar seu próprio gosto e critério para aplicá-los às melodias. Você também pode obter ideias de como utilizar essas técnicas ouvindo como elas são aplicadas pelos profissionais.

Aplicando o tongue slap

Um *tongue slap* é uma forma de fazer com que uma nota de melodia soe mais ampla iniciando-a como parte de um acorde e depois isolando imediatamente apenas a nota da melodia. Veja como fazer isso:

Capítulo 7: Aprimorando Seu Som com a Língua na Gaita

1. **Inicie com um acorde que tem a nota de melodia do lado direito de sua boca.**

    A Figura 7-3a mostra como você começa o slap tocando um acorde com a nota da melodia à direita.

2. **Faça o slap cobrindo os outros orifícios com a língua, deixando apenas a nota de melodia.**

    A Figura 7-3b mostra sua língua na gaita após o slap, isolando o orifício que toca a nota da melodia.

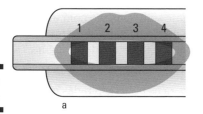
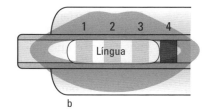

Figura 7-3: O tongue slap.

A Tablatura 7-3 mostra uma canção chamada "Slappin' the Blues." Quando for tocar esta canção, comece cada nota com um slap. O asterisco bem *à frente de* uma nota indica que você deve iniciar essa nota com um slap. Você pode ouvir "Slappin' the Blues" na Faixa 36.

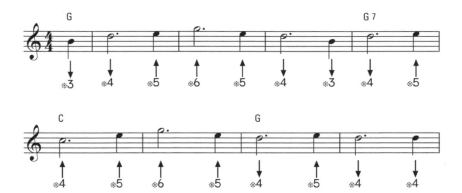

Tablatura 7-3: "Slappin' the Blues" (Faixa 36).

Combinando notas amplamente espaçadas com um tongue split

Você pode reforçar uma nota de melodia que está vários orifícios à esquerda, tocada como uma harmonia. Mas como impedir que os orifícios intermediários soem? Você os bloqueia com a língua, e deixa espaço nos cantos direito e esquerdo da boca para direcionar o ar para os orifícios que você deseja tocar (conforme mostrado na Figura 7-4). Como você está pegando um acorde e o dividindo em duas notas de harmonia, os gaitistas frequentemente chamam isso de *tongue split*.

Para pegar o jeito de tocar um tongue split, comece com um acorde que cubra quatro orifícios. Depois, coloque a língua na gaita, de forma a ouvir as notas nos cantos esquerdo e direito juntas. Dê uma olhada na Figura 7-4 para ver como sua língua deve estar posicionada.

Para ouvir como esta técnica soa para as notas aspiradas e sopradas nos Orifícios 1 e 4, ouça a Faixa 37.

Conforme você começa a dominar intervalos de split, descobrirá que pode estender a língua por intervalos mais amplamente espaçados e estreitá-la por intervalos mais próximos.

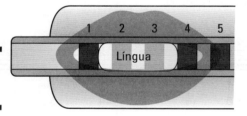

Figura 7-4:
O tongue split
(Faixa 37).

Quando você forma um tongue split, pode manter a língua "travada" na posição, e depois movê-la junto com a melodia enquanto toca. Esta técnica é chamada de *locked split*. Ao mudar a direção da respiração e passar de um orifício a outro, você toca melodia a partir do lado direito de seu locked split, e o lado direito automaticamente fornece uma nota de harmonia mais grave.

A Figura 7-5a mostra um locked split que toca o Orifício 4, acompanhado pelo Orifício 1. Na Figura 7-5b, o split é movido um furo à direita para tocar o Orifício 5 acompanhado pelo Orifício 2. Quando toca um locked split, você não movimenta os lábios ou a língua. Estes permanecem travados na posição, e você apenas desliza a gaita ao passar para um orifício diferente. Tente tocar a linha de demonstração na Tablatura 7-4 com um locked split.

Capítulo 7: Aprimorando Seu Som com a Língua na Gaita *105*

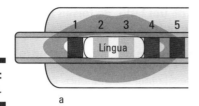
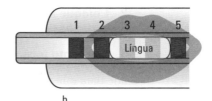

Figura 7-5:
O locked split.

a   b

Criando Efeitos de Acordes com a Língua

Ao tocar um acorde, você pode utilizar a língua para acrescentar efeitos (como faz um guitarrista ao tocar um sofisticado padrão dedilhado em vez de apenas tocar uma vez as notas de um acorde). Nas seções a seguir, explorarei vários efeitos de acordes diferentes, incluindo o chord rake, o chord hammer, o hammered split e o shimmer.

Na Faixa 38, você pode ouvir cada efeito de acordes juntamente ao locked split. Eu utilizo o riff mostrado na Tablatura 7-4 e aplico cada um dos efeitos.

Tablatura 7-4:
Uma linha de demonstração para efeitos de língua (Faixa 38).

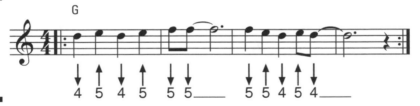

Alternando posições da língua para produzir a inclinação de acorde

Quando toca um *chord rake*, você arrasta a língua de um lado para outro pelos orifícios da gaita enquanto toca um acorde. A qualquer momento durante o rake, algumas das notas soarão e outras serão bloqueadas por sua língua. Esta combinação em constante mudança de notas cria um efeito parecido com o dedilhar para baixo e para cima de uma guitarra.

Veja como produzir um chord rake:

1. **Comece com um acorde de três ou mais orifícios.**

2. **Coloque a língua na gaita de um lado, de forma que alguns orifícios fiquem cobertos e outros, abertos.**

3. **Enquanto toca, deslize a língua de um lado para outro na gaita.**

Cuide para que as extremidades de sua língua batam nos cantos de sua boca, para assegurar que sua língua se desloque o mais longe possível para a esquerda e para a direita. Fazer isso permite a você obter o máximo de efeito com a técnica. As Figuras 7-6a e 7-6b mostram os extremos esquerdo e direito do posicionamento de língua quando você toca um rake.

Tente tocar um chord rake e depois aplicá-lo à linha de demonstração da Tablatura 7-4. Você pode ouvir o chord rake aplicado à linha de demonstração na Faixa 38 (0:15).

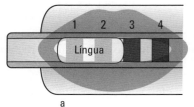
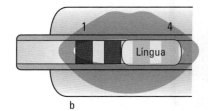

Figura 7-6:
O chord rake
(Faixa 38, 0:15).

a   b

Erguendo e reposicionando a língua para tocar um chord hammer

Enquanto toca uma nota de melodia, você pode acrescentar um efeito chamado *chord hammer*. Um chord hammer é uma série bem rápida de acordes repetidos que você toca enquanto a nota de melodia continua soando. Um chord hammer soa impressionante (é um efeito favorito dos gaitistas de blues), mas é simples de tocar. Comece com a língua cobrindo orifícios suficientes para tocar uma nota, como na Figura 7-7a. Depois, erga rapidamente a língua da gaita (veja a Figura 7-7b) e a reposicione. Ao fazer isso, você obtém um vigoroso som ondulante — sua língua age como um suave martelo executando uma rápida série de sopros.

Quando toca um chord hammer, você não precisa se movimentar com a rapidez de um raio. O efeito soa duas vezes mais rápido do que seus movimentos reais; portanto, não se esforce demais tentando mover a língua com uma velocidade maior do que você é capaz de controlar.

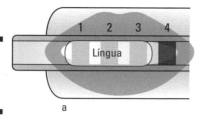
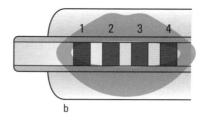

Figura 7-7:
O chord hammer (Faixa 38, 0:27).

Tente tocar um chord hammer e depois aplicá-lo à linha de demonstração da Tablatura 7-4, que pode ser ouvida na Faixa 38 (0:27).

Um *hammered split* é exatamente igual a um chord hammer, exceto por um detalhe: em vez de começar com uma nota individual, você começa com um tongue split. Toda vez que sua língua estiver na gaita, orifícios são abertos em ambos os lados da língua, conforme mostrado na Figura 7-8a. Depois, exatamente como ocorre com um chord hammer, você rapidamente ergue a língua da gaita (veja a Figura 7-8b) e a recoloca.

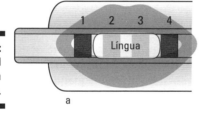
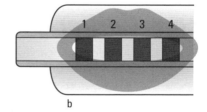

Figura 7-8:
O hammered split (Faixa 38, 0:40).

Tente tocar um hammered split e depois aplicá-lo à linha de demonstração da Tablatura 7-4, que pode ser ouvida na Faixa 38 (0:40).

Rapidamente alternando notas amplamente espaçadas com o shimmer

Um *shimmer* é um pouco semelhante a um chord rake (veja a seção anterior, "Alternando posições da língua para produzir a inclinação de acorde"). No entanto, em vez de tocar todas as notas em sua boca, o shimmer alterna entre a nota do lado esquerdo e a nota à direita. E em vez de deslizar a ponta da língua de um lado para o outro, você a mantém no lugar na gaita. Você inicia o movimento de meneio a partir de uma distância maior em sua língua, de forma que a ponta dela balance de um lado para o outro no lugar. Ao fazer isso, a língua alternadamente cobre os orifícios à esquerda e à direita. As Figuras 7-9a e 7-9b mostram os extremos esquerdo e direito do posicionamento de língua quando você toca um shimmer.

Parte II: Começando a Tocar Algumas Músicas

Tocar um shimmer permite a você eliminar notas de acorde que podem não combinar com o que um guitarrista ou pianista está fazendo. Além disso, produz um efeito mais sutil do que o de um chord rake ou chord hammer.

Figura 7-9:
O shimmer
(Faixa
38, 0:53).

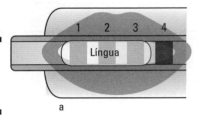
a

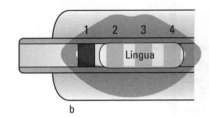
b

Depois que você dominar o shimmer, tente aplicá-lo à linha de demonstração da Tablatura 7-4. Você pode ouvi-lo na Faixa 38 (0:53).

Tocando Amplos Saltos com Corner Switching

Quando está tocando uma nota na gaita e deseja saltar para outra nota que está a alguns orifícios de distância, você pode ter problemas em chegar ao orifício certo ao saltar. Pode também descobrir que quando você passa pelos orifícios intermediários, essas notas soam quando você não deseja que elas o façam. Felizmente, é possível tocar grandes saltos de forma clara e precisa com o *corner switching*.

Quando utiliza o corner switching, você apenas alterna entre a nota que fica no canto direito da boca e a nota do canto esquerdo. Você faz isso simplesmente deslizando a língua para a esquerda ou para a direita — simples, não?

Veja como executar um corner switching:

1. **Posicione a boca de forma que os cantos esquerdo e direito fiquem sobre a primeira e a segunda nota do salto.**

2. **Coloque a língua na gaita de forma que o orifício que contém a primeira nota do salto fique aberto e todos os outros orifícios fiquem bloqueados.**

A Figura 7-10a mostra a primeira nota do salto como o Orifício 4.

3. **Alterne sua língua de modo que o primeiro orifício seja bloqueado e a nota que contém o segundo orifício fique agora aberta no outro canto de sua boca, conforme mostrado na Figura 7-10b.**

Você pode notar que a Figura 7-10 parece idêntica à 7-9. E deve parecer mesmo, pois um corner switch utiliza a mesma técnica de língua do shimmer. Porém, um corner switch é tocado de forma deliberada — e geralmente só uma vez, ao contrário do que ocorre com o rápido e repetitivo movimento de língua de um shimmer.

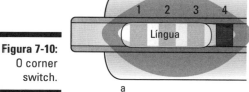 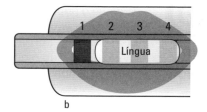

Figura 7-10: O corner switch.

A Tablatura 7-5 traz uma linha na qual você pode praticar o corner switching. O "D" e o "E" sobre as notas significam "direito" e "esquerdo". Eles indicam se você está tocando uma nota a partir do canto direito ou esquerdo da boca. Abaixo, uma divisão dos movimentos a serem feitos:

 1. **Comece tocando o 4 aspirado com o lado esquerdo da língua.**

 2. **Ao aspirar, deslize a língua para a direita para bloquear o Orifício 4 e destampar o Orifício 1.**

    Você deve ouvir o 1 aspirado do lado esquerdo.

 3. **Deslize a língua para a esquerda novamente para retornar ao 4 aspirado (lado direito).**

 4. **Toque as notas seguintes do lado direito até chegar ao 6 soprado.**

 5. **Toque o 6 soprado, depois deslize a língua para a direita para bloquear o Orifício 6 e destampar o Orifício 3.**

    Agora você está tocando o 3 soprado do lado esquerdo.

 6. **Deslize a língua novamente para a esquerda para retornar ao 6 soprado (lado direito).**

 7. **Toque as notas restantes.**

    As notas finais levam você de volta ao ponto em que você pode recomeçar o ciclo e praticar sua nova habilidade.

Parte II: Começando a Tocar Algumas Músicas

Tablatura 7-5: Linha para praticar o corner switching (Faixa 39).

Toque este exercício bem devagar da primeira vez. A parte mais difícil é assegurar que você tenha a nota correta no canto esquerdo da boca. É por isso que o primeiro salto vai para o Orifício 1 — se não houver nenhuma nota à esquerda, você pode deduzir que está no Orifício 1. Depois que você estiver com o Orifício 1 no lado esquerdo, tente travar a posição de sua boca de modo que o lado esquerdo fique na posição com o direito conforme você se move para pontos diferentes da gaita.

Você pode ouvir a Tablatura 7-5 na Faixa 39.

Capítulo 8

Desvendando um Tesouro Oculto: O Bend

Neste Capítulo
- Tente fazer seu primeiro bend
- Explore os bends em todas as três extensões
- Pratique os bends em sua gaita
- Experimente os bends em diferentes tipos de gaitas

Relaxe! Quando eu falo sobre fazer um *bend* ou *dobrar uma nota*, não quero dizer que você precisa torcer sua gaita com um alicate. Aquilo a que me refiro é pegar uma das notas embutidas na gaita e tocá-la de forma que ela se transforme em outra nota, geralmente uma nota não embutida na gaita. Você pode fazer um bend de algumas notas para torná-las mais graves e outras para torná-las mais agudas.

O bend pode ser muito expressivo e tem um papel importante nos sons de gaita que você ouve em gravações, comerciais de rádio e TV e em shows ao vivo. Quando você utiliza o bend para deslizar uma nota para baixo (ou para elevá-la), a gaita começa a soar como uma voz humana. Por exemplo, quando você faz o bend de uma nota enquanto abre e fecha as mãos em torno da gaita ou pulsa sua respiração com a garganta, obtém sons chorosos, sons de gemidos, sons de ronronar e sons furtivos — muitos dos sons expressivos que são tão característicos da gaita.

Fazer bend para obter esses sons característicos é maravilhoso, mas o bend também é importante por outra razão: ele fornece notas que faltam no tipo mais popular de gaita, a gaita *diatônica*. Diatônico significa que a gaita foi projetada para tocar em apenas um tom, como a de Dó, de Sol ou de Lá, e possui apenas as notas daquele tom. Um instrumento *cromático*, em contraste, possui todas as notas para tocar em qualquer tom, quase o dobro de notas de um instrumento diatônico. Gaitas cromáticas existem (veja uma descrição completa delas no Capítulo 2), mas a diatônica é, de longe, a mais popular.

Mesmo com notas faltando, você pode tocar muitas músicas em uma gaita diatônica. Porém, todos os estilos de música country, blues e rock utilizam essas notas ausentes, e é aí que entra o bend. Você pode obter cerca de dois terços das notas que faltam fazendo bend, e pode obter as notas restantes fazendo overbend.

Para ouvir como são os sons de um bend expressivo, e também como é a sonoridade do bend para as notas ausentes, ouça as Faixas 53 e 40.

Neste Capítulo, explicarei como fazer o bend de forma a obter quase todas as notas ausentes e acrescentar o som característico da gaita de blues à sua interpretação. O overbend é um pouco mais desafiador; ajudarei você a dominar a técnica no Capítulo 12.

Voltando no tempo: Uma breve história do bend

No início do século XIX, construtores na Alemanha e Áustria desenvolveram a gaita para tocar canções e melodias dançantes populares nas partes da Europa onde o idioma alemão é falado. Eles jamais teriam imaginado que os norte-americanos do interior do sul do país encontrariam formas de fazer com que a gaita falasse, gaguejasse e gritasse com o bend.

As gaitas se tornaram amplamente disponíveis na América do Norte na década de 1870, e logo livros de instruções desse instrumento passaram a ser publicados em Chicago e outras cidades do norte dos Estados Unidos. Nenhum deles mencionava o bend. No início da década de 1920, os gaitistas brancos e negros do sul norte-americano começaram a gravar discos utilizando bend com um talento artístico e uma sofisticação técnica que sugere que o bend já existia há algum tempo.

Ninguém sabe quem fez o primeiro bend (esqueceram de fazer uma estátua de bronze dessa pessoa), mas as alturas deslizantes e as "blue notes" deliberadamente graves da música afro-americana sugerem que o bend na gaita era uma imitação desses estilos vocais. Os estilos de gaita rural, incluindo o bend utilizado para imitar trens a vapor e caçadas à raposa, chegaram à música country através das apresentações do músico DeFord Bailey no programa de rádio "Grand Ole Opry", transmitido de Nashville, nas décadas de 1920 e 1930. O som do bend foi parar na folk music urbana de Nova York nas décadas de 1940 e 1950 graças à interpretação do gênio da gaita da Carolina do Norte, Sonny Terry, e do cantor de protesto de Oklahoma, Woody Guthrie.

Quando os estilos de gaita rural chegaram a cidades como Memphis e Chicago, começaram a ser adaptados ao ambiente urbano. O mimetismo rural perdeu espaço para temas como sexo e drogas (o rock and roll estava prestes a surgir). No início dos anos 1960, artistas da gaita urbana como Little Walter e Sonny Boy Williamson II visitaram as Ilhas Britânicas e causaram forte impacto nos roqueiros do Reino Unido, tais como os Rolling Stones e os Beatles. Quando a invasão do rock britânico chegou às praias norte-americanas em 1964, roqueiros ingleses com gaitas apresentaram a muitos jovens dos EUA um som que seus pais haviam esquecido ou jamais conhecido.

Enquanto isso, artistas norte-americanos influenciados pelo folk, como Bob Dylan, começaram a fazer discos de sucesso com gaitas chorosas inspiradas em Woody Guthrie. Em Nashville, a música country havia se tornado um grande negócio e perdido muito do seu caráter folk, até que um jovem gaitista inspirado pelo blues, chamado Charlie McCoy, reintroduziu o som do bend do ponto onde De Ford Bailey havia parado décadas antes.

Desde então, o bend no rock, country, folk e blues se tornou parte permanente do som de gaita na música popular do mundo inteiro.

Tirando Seus Primeiros Bends

Tirar seu primeiro bend é um ritual de passagem para os gaitistas. Felizmente, sua iniciação não envolve demonstrações idiotas de valentia, tais como descer um penhasco de bicicleta até cair no mar e ainda sobreviver para contar a história. É algo mais parecido com solucionar um mistério na escuridão total. E essa escuridão está dentro de sua boca; portanto, uma lanterna não ajudará. O que realmente ajuda é prestar atenção às sutis sensações que ocorrem dentro de sua boca quando você respira e movimenta a língua. Isso pode não parecer coisa de Indiana Jones, mas assim que todas as pistas se encaixam e você obtém um bend, sua impressão será a de que uma caverna oculta foi aberta para revelar um deslumbrante tesouro.

Ao executar o bend de uma nota, você faz duas coisas:

- Você ativa o bend estreitando o fluxo de ar entre sua língua e o céu de sua boca. O ponto onde você estreita o fluxo é chamado de *K-spot*, que eu discutirei mais tarde.
- Você afina sua boca para uma nota que é um pouco mais grave do que a nota cujo bend você está fazendo movimentando o K-spot para trás ou para frente na boca. Explicarei o que isso quer dizer mais adiante nesta seção.

Você não pode saber se afinou sua boca para uma nota dobrada a menos que ative o bend; portanto, aprender a ativar é prioridade. Depois, você poderá praticar a afinação da boca de forma a, com a experiência, saber afinar a boca *antes* de ativar o bend.

Começando com o pé direito a partir do básico

Para tirar o máximo proveito da sua primeira experiência de bend, certifique-se de que você é capaz de dizer "sim" às seguintes afirmações:

- **Você consegue direcionar toda sua respiração através da boca e interromper o fluxo de ar pelo nariz**. Por exemplo, quando você diz "meu nariz", deve soar como "beu dariz", como se você estivesse resfriado. (Sim, você pode tocar gaita com o nariz, mas não vamos nem falar sobre isso.) Uma forma de dominar essa técnica é inspirar enquanto imagina que está bebendo um líquido com um canudo. Se você ainda não conseguir direcionar toda a sua respiração pela boca, dedique algum tempo ao Capítulo 4.

- **Com os lábios, você consegue formar um lacre relaxado e flexível em torno da gaita, sem nenhum assobio indiscreto de ar escapando dos cantos de sua boca ao tocar.** Para obter um bom lacre, tente o exercício do sorriso forçado: abra a boca até fazer um grande sorriso forçado e coloque a gaita de forma que ela toque os cantos da sua boca. Em seguida, relaxe os lábios de forma que as partes internas e úmidas dos lábios formem um lacre hermético com a gaita. Quando você aspira ou sopra, deve ouvir várias notas sendo tocadas simultaneamente, mas não deve ouvir nenhum assobio. Se você precisar de instruções adicionais sobre como formar um bom lacre, consulte o Capítulo 4.

- **Você consegue tocar uma nota individual clara sem colocar a língua na gaita.** Para fazer isso, faça um bico como se estivesse prestes a beijar alguém no rosto (por alguma razão desconhecida, os gaitistas chamam este jeito de obter uma nota individual de *embocadura de bico*). Para obter uma nota individual clara com uma embocadura de bico, comece com o exercício do sorriso forçado utilizado para formar um lacre em torno da gaita. Para isolar um único orifício, force os lábios um pouco para fora (como se estivesse fazendo bico) ao aspirar ou soprar através da gaita. Quando você ouvir uma nota individual clara, estará pronto para continuar. Se você precisar de mais ajuda para tocar uma nota individual, dê uma olhada no Capítulo 5.

- **Você jamais pragueja ou tem pensamento impuro enquanto toca**.

Este último item é apenas uma brincadeira. Mas não se esqueça de que, ao tentar fazer seu primeiro bend, a frustração pode fazer com que você deixe escapar algumas palavras grosseiras. Porém, não se preocupe. A gaita pode ser exigente, mas também é muito indulgente.

O K-spot: Seu elo para ativar um bend

Ao fazer o bend de uma nota, você o ativa estreitando o fluxo de ar em sua boca com a língua. A forma como se faz isso é semelhante à de fazer o som da letra "K". Você não diz exatamente "K" com o K-spot; apenas faz um som parecido com "K" o suficiente para criar um túnel preenchido por sucção. Se você pudesse retirar a gaita e olhar para a boca de um gaitista, veria a língua e o céu da boca dele criando esse túnel, algo parecido com a Figura 8-1.

Capítulo 8: Desvendando um Tesouro Oculto

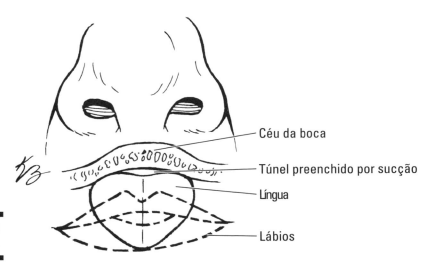

- Céu da boca
- Túnel preenchido por sucção
- Língua
- Lábios

Figura 8-1:
O K-spot.

Criando um K-spot sem a gaita

Para tornar mais fácil sua preparação para criar um K-spot, tente seguir os passos abaixo para ter uma ideia do que você deve fazer com a língua. Execute estes passos sem uma gaita, para poder se concentrar em sua língua e o fluxo de ar em sua boca:

1. **Abra levemente a boca, apenas o suficiente para conseguir colocar um dedo entre os lábios.**

   A essa altura, sua língua deve estar relaxada na parte inferior de sua boca.

2. **Tire o dedo da boca (caso ele ainda esteja lá), deixe que o maxilar se solte levemente, e inspire suavemente um pouco de ar pela boca.**

   Ao aspirar, sinta a área sob sua caixa torácica se expandindo. Quando você respira suavemente a partir deste local profundo, obtém a força por trás do bend.

3. **Sussurre "Kayoooooooo" ao aspirar.**

   Não mexa os lábios; deixe que sua língua faça todo o trabalho. Note como você puxa sua língua para trás para fazer o som de "O" no final do "Kayoooooooo."

4. **Acrescente um "K" ao final da palavra sussurrada: "Kayoooooook!"**

   Demore o tempo necessário para chegar ao "K" final. Ao erguer lentamente a língua até o céu da boca, preste atenção à sucção que se forma quando a passagem de ar se estreita. Esse corredor estreito preenchido por sucção é o K-spot.

Agora, com os passos abaixo, tente criar o K-spot sozinho:

1. **Com a língua relaxada, aspire lentamente e levante a língua até o céu da boca, como se fosse dizer "K".**

   Sinta a sucção ao aspirar.

2. **Sustente a sucção por alguns segundos e sinta-a puxando a língua para cima.**

   Você precisará exercer um pouco de controle para impedir que sua língua seja puxada contra o céu de sua boca.

Agora você sustentou o K-spot. Com estes próximos passos, você acrescenta o K-spot novamente ao som "Kayooo" para fazer um bend:

1. **Faça o primeiro som de "K", depois deixe a língua cair levemente para formar o som de "AY".**

2. **Faça o som final de "OOOO" deslizando a língua para trás enquanto forma um K-spot.**

   Com o K-spot envolvido, você deve sentir sucção enquanto desliza a língua para trás. Enquanto faz isso, respire suavemente, mas com firmeza. Fazer este som final não requer força.

Utilizando seu K-spot para fazer o bend de uma nota

Agora é o momento de pegar uma gaita. Sua primeira tarefa é tocar uma nota individual clara sem nenhum ar vazando pelos cantos de sua boca. É mais fácil começar a utilizar o bend se você consegue tocar uma nota individual sem colocar a língua na gaita. Mais tarde eu descreverei o bend com a língua na gaita.

Agora, olhe para o instrumento e encontre o Orifício 4 — o orifício que possui o número 4 acima dele. Toque o 4 aspirado de forma a ouvir uma nota sendo tocada. Ao tocar a nota, forme um K-spot e diga "Kayooooo", arrastando a língua para trás na parte do "oooo" enquanto mantém a sucção como você fez na seção anterior sem a gaita.

Não sabe direito como o bend deve soar? Ouça a Faixa 41 para escutar o som do bend do 4 aspirado.

Quando você trabalha no bend do 4 aspirado, algumas coisas diferentes podem acontecer:

- **A nota não muda.** Verifique para ter certeza de que você está sentindo a sucção no túnel estreito entre a língua e o céu da boca. Depois que você obtiver sucção no K-spot, tente deslizar o K-spot lentamente para frente e para trás na boca até encontrar o local certo para fazer o bend da nota.
- **Você não obtém som algum.** Você pode não concordar, mas não obter nenhum som é um bom sinal — isso significa que você está chegando lá. Tente aumentar sua entrada de ar levemente até obter um som. Além disso, tente deslizar seu K-spot lentamente para frente e para trás na boca.
- **Você obtém um som metálico parecido com um grito.** Esse grito soa desagradável, mas também é algo positivo, pois você está quase acertando. Tente mover o K-spot levemente para frente na boca.
- **Você faz um bend.** Parabéns! Você conseguiu fazer o bend de sua primeira nota!

Se você não acertar da primeira vez: Pratique a persistência

Tentar pegar o jeito do bend pode ser frustrante, mas se você persistir, conseguirá fazer o som choroso com facilidade e se perguntar por que ele parecia tão complicado. Eis algumas coisas que você deve lembrar ao trabalhar para obter seu primeiro bend:

- **Seu primeiro bend pode não acontecer logo de cara; por isso, seja paciente e continue tentando.** Pode demorar alguns dias até que a sensação se encaixe no lugar. Mesmo depois disso, o bend poderá ser algo complicado — você conseguirá fazê-lo algumas vezes e depois o perderá novamente. Por fim, com prática e paciência, você conseguirá obtê-lo sempre.
- **Não use força quando ficar frustrado.** Se você não obter a nota imediatamente, poderá se sentir tentado a utilizar a força. Porém, se você sugar com força, conseguirá apenas isso: sugar com força! E isso não funcionará muito bem. O som provavelmente sairá ruim, além de danificar a gaita. Se você ficar frustrado, xingue a gaita de nomes terríveis (eu prometo que o instrumento não se sentirá magoado). Depois, respire fundo e trabalhe na formação de seu K-spot, sentindo a leve sucção no túnel, e circulando o K-spot até encontrar o bend.
- **Utilize o poder da pausa.** Quando você trabalha para obter o bend, as coisas podem correr bem inicialmente. Mas depois de um tempo,

você pode sentir que está fazendo esforço e não conseguindo nada. Esse é um bom momento para sair e fazer outra coisa antes de retomar a tarefa. Essa pausa ajuda a fazer com que as coisas se encaixem na situação. O importante é você voltar à tarefa depois da pausa. Persista, e depois de um tempo o bend virá consistentemente, e você começará a desenvolver o controle.

Depois que você obtiver o seu primeiro bend no Orifício 4, tente fazer o bend nos orifícios 5 e 6 aspirados. Essas notas são mais agudas do que o 4 aspirado; portanto, para cada um desses bends, você precisará posicionar o K-spot um pouco mais para frente. Mover o K-spot ajuda a afinar sua boca para esses bends.

Ajustando sua boca para diferentes notas

Em apenas dez orifícios, uma gaita abrange uma ampla extensão — as notas vívidas e estridentes do Orifício 10 vibram oito vezes mais rápido que as notas sombrias e profundas do Orifício 1. Uma corda de guitarra precisa ter o comprimento de sua perna para abranger essa extensão, mas sua boca faz o bend de notas de toda a extensão da gaita utilizando uma área que possui mais ou menos o comprimento de sua mão. Esse pequeno trecho vai da parte de trás de seus dentes até aproximadamente onde você engole, e é o local ideal para o bend. Para ajudar a dominar o bend, esta seção levará você por uma viagem a todos os pontos de referência.

Quando você faz o bend, afina a sua *câmara de boca* — o espaço dentro da sua boca — para uma nota levemente mais grave do que aquela que normalmente soa naquele orifício da gaita. Você afina a câmara de boca alterando o tamanho dela.

Você altera o tamanho de sua câmara de boca movendo o K-spot. Para notas agudas, você precisa de uma câmara pequena, por isso, mova o K-spot para frente na boca (veja Figura 8-2). Notas graves pedem uma câmara grande, por isso, mova o K-spot mais para trás em sua boca (veja Figura 8-3).

Se o K-spot estiver muito para frente ou muito para trás, você não ouvirá um bend. Se ele estiver bem atrás do bend, o som pode cessar completamente. Quando você colocar o K-spot no lugar certo, ouvirá o bend da nota.

Capítulo 8: Desvendando um Tesouro Oculto 119

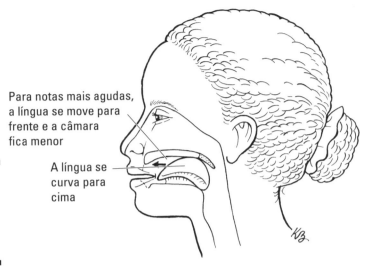

Figura 8-2: Afinando sua câmara de boca para uma nota aguda.

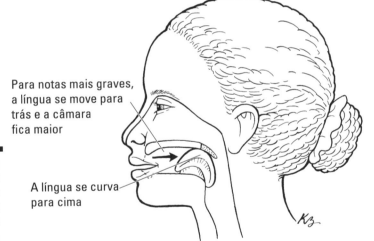

Figura 8-3: Afinando sua câmara de boca para uma nota grave.

Rolando o K-spot por sua língua

Até agora neste capítulo, descrevi o K-spot como a língua sendo curvada para cima no lugar quando você diz "K". É verdade que você pode simplesmente movimentar a língua para frente e para trás na boca para mover a curvatura. Mas é melhor ainda. Você pode também mover essa curvatura para locais diferentes de sua língua. Esta fica no lugar e a curvatura rola ao longo dela como uma onda.

Para entender melhor o que eu quero dizer, imagine um tapete que tenha uma extremidade encostada em uma parede. E imagine que, a uns trinta centímetros da parede, há uma dobra saliente no carpete, curvada para cima em uma linha paralela à parede. Você pode empurrar a dobra para mais perto da parede ou para bem longe desta. O próprio tapete não se move, mas você pode mover a dobra para qualquer ponto ao longo da extensão do carpete. Sua língua é como o tapete e a dobra é como seu K-spot.

Para ter a sensação de criar um K-spot em um ponto diferente de sua língua, siga os passos abaixo:

1. **Diga "Zzzzzzz."**

    Agora, no próximo passo, quero que você tente fazer algo um pouco diferente com esse som de "Zzzzzzzz".

2. **Abaixe a ponta da língua a partir do céu da boca e mire o som de zumbido diretamente nos seus dentes da frente.**

    Para intensificar o zumbido, traga a ponta da língua para mais perto do céu da boca sem tocá-lo. (O som pode não mais ser exatamente igual ao de "Zzzz" — tudo bem, desde que seja um som forte de zumbido.)

3. **Pare de utilizar a voz e apenas respire através dessa posição de língua, mantendo esta bem pressionada contra o céu da boca.**

    Você deve ouvir o ar correndo. Perto da ponta da língua, você sentirá pressão ao soprar. Ao aspirar, sentirá sucção. Isto é um K-spot.

Agora que você sabe formar um K-spot na parte da frente da sua língua, tente fazer com que sua língua faça a onda rolando o K-spot para trás ao longo dela (veja a Figura 8-4; ela é uma ilustração do movimento do K-spot para trás ao longo da língua):

1. **Comece formando um K-spot perto da ponta da língua, depois comece a aspirar.**

    Ao fazer isso, você começará a sentir a sucção.

2. **Continue com a sucção e abaixe a ponta da língua de forma que ela aponte para baixo.**

    Note que a sucção se movimenta para trás apesar de sua língua estar se movendo para baixo. Ao tirar a língua do céu da boca, a extremidade frontal do túnel recua para o fundo de sua boca.

3. **Continue abaixando mais a língua, desde a ponta para trás.**

    A parte frontal do ponto de sucção se moverá para trás junto com a língua.

4. **Abaixe a língua mais ainda até que o K-spot chegue à área onde você normalmente diz "K".**

Tente mover o K-spot para trás, fazendo com que ele passe por este ponto sem mover a parte da frente da língua. Se sentir desconforto, pare.

5. **Agora que você deslizou o K-spot de frente para trás, tente deslizá--lo da parte de trás até chegar na da frente.**
6. **Tente rolar o K-spot enquanto expira bem.**

   Em vez de sucção, você sentirá pressão no K-spot ao movê-lo para trás e para frente.

Enquanto você rola o K-spot para frente e para trás ao longo da língua, ouça para ver se há som de ar correndo. Ao mover o K-spot para frente, o som será alto, como o de uma nota ficando mais aguda. Ao mover o K-spot para trás, o som diminuirá para uma altura mais profunda.

Encontrando o K-spot na câmara de bend profundo

Até agora, você viajou por cerca de três quartos da extensão de sua câmara de boca. Para algumas notas, você precisará daquela pequena extensão extra, bem no fundo de sua boca. Para chegar lá, você precisa fazer amizade com seu *palato mole*, que é a parte do fundo do céu da boca. Até agora, você apenas deslizou a língua contra o *palato duro*, que é a rígida parte frontal do céu da boca (veja ilustração dos palatos duro e mole na Figura 8-5).

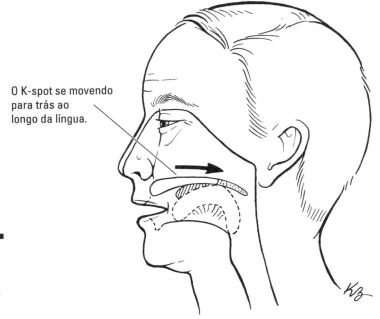

Figura 8-4:
O K-spot se movendo para trás ao longo da língua.

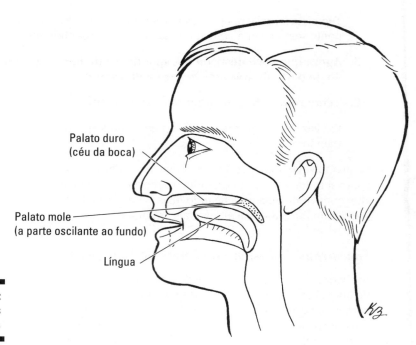

Figura 8-5:
Os palatos duro e mole.

Como o próprio nome sugere, o palato mole é, bem, muito mole. Assim como a língua, ele também é capaz de se movimentar. Normalmente, o palato mole apenas fica pendurado enquanto o ar passa pelo nariz acima e a boca abaixo. Porém, você pode realmente agitar o palato mole para cima para bloquear o ar e impedir que este passe por seu nariz (veja a Figura 8-6). Você pode também agitar o palato mole para baixo para impedir a passagem do ar pela boca (veja a Figura 8-7).

Quando sopra uma vela para apagá-la ou suga líquido por um canudo, você agita seu palato mole para cima para fechar o nariz e concentrar a força do ar na boca. É por isso que, em todo este livro, eu lhe digo para tampar o nariz de forma que todo o ar passe por sua boca.

Agora vou pedir que você ignore esse conselho por alguns minutos. Em vez de agitar seu palato mole para cima para tampar o nariz, quero que você agite o palato mole para baixo para tampar a boca. Assim, você pode explorar a *câmara de bend profundo*, a área na qual seu palato mole e sua língua conspiram na escuridão para fazer o bend das notas realmente graves.

Fazer com que seu palato mole e sua língua deslizem pode parecer um tanto estranho no começo, mas é tão fácil quanto fazer alguns sons tolos (porém, perfeitamente normais). Basta utilizar os seguintes passos:

1. **Diga o som "Unggggggg", prolongando-se na parte do "ngggg" como se estivesse cantando uma nota.**

   Quando você faz esse som, sua língua e seu palato mole se tocam, forçando o ar a sair pelas passagens nasais. Mais tarde, esse ponto de contato formará seu K-spot na câmara de bend profundo.

2. **Enquanto diz "Unggggggg", baixe o maxilar.**

   Note como sua língua desliza contra o palato mole. Quando a língua cai, ela também se move levemente para frente e o ponto de contato se desloca mais para trás em sua língua.

3. **Tente mover a língua para frente, mas dessa vez sem mexer o maxilar.**

   A ponta de sua língua apontará para baixo e a área na frente do palato mole se curvará para cima. O contato com o palato mole se moverá para trás na língua.

Agora tente ir para o K-spot realmente profundo. Sabe como sua garganta se abre bem quando você boceja? É assim que você obtém o K-spot mais profundo para os bends graves. Para se aprofundar, siga estas instruções:

1. **Faça contato entre seu palato mole e sua língua, como se fosse dizer "Ngggg".**

2. **Direcione a ponta da língua para baixo e eleve a metade de sua língua para frente.**

3. **Agora, abra a garganta como se estivesse bocejando. Sinta o K-spot se movendo ainda mais para trás em sua língua.**

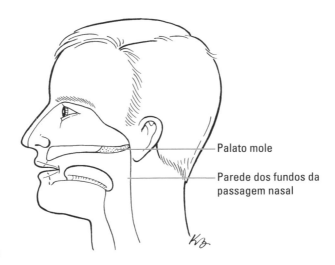

Figura 8-6:
O palato mole bloqueando as passagens nasais.

124   Parte II: Começando a Tocar Algumas Músicas

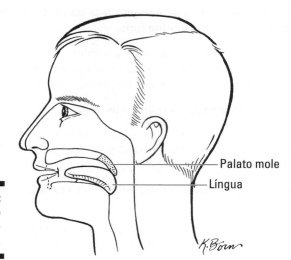

Figura 8-7:
O palato mole bloqueando a boca.

Para os bends mais profundos, você precisa sentir exatamente o quanto pode ir para trás no contato entre sua língua e o palato mole. Para sentir o limite aproximado da câmara de bend profundo, tente sussurrar "Uh-Uh" (como que para dizer "De jeito nenhum!") o mais suavemente que conseguir. Sua garganta se fecha momentaneamente no início de cada "Uh". Você não fecha realmente a garganta para fazer o bend, mas é um sinal útil. Quando for fazer aqueles bends realmente profundos com a garganta aberta, você pode deslizar seu K-spot para trás quase até o local por onde você tosse.

Agora é hora de restabelecer a "regra do nariz". Diga "Ngggggg" e sustente o som. (As pessoas estão começando a lhe lançar olhares esquisitos? Não ligue — a verdadeira arte envolve sofrimento.) Mantenha seu palato mole e sua língua juntos, e agite o palato mole para cima para fechar as passagens nasais. Agora você não está fazendo nenhum som porque o palato mole está bloqueando o nariz, e a língua no palato mole está bloqueando a boca.

Posso pedir a você que não perturbe o belo silêncio abrindo um K-spot? Abaixe a língua um pouquinho, de forma a criar uma estreita passagem entre a língua e o palato mole. Ao abrir essa passagem, você poderá ouvir o ar. Se você estiver soprando, sentirá pressão, e se estiver aspirando, sentirá sucção. Mais adiante neste capítulo, eu lhe mostrarei formas de utilizar a câmara de bend profundo quando você dobra notas.

Fazendo bend com a língua na gaita

Até agora, mostrei a você como fazer o bend sem colocar a língua na gaita, pois é a forma mais fácil de começar. Porém, no final você desejará combinar o bend com os efeitos e técnicas especiais disponíveis quando utilizar o

Capítulo 8: Desvendando um Tesouro Oculto

tongue blocking — tocar com a língua na gaita e bloquear alguns dos orifícios. (Para saber mais sobre o tongue blocking, consulte o Capítulo 7.)

Se você já tentou o tongue blocking, deve ter notado que, quando a parte da frente de sua língua está na gaita, você pode deslizar a língua para frente ou para trás na boca. Porém, conforme eu lhe mostrei anteriormente neste capítulo, você pode rolar seu K-spot ao longo da língua como uma onda. O segredo aqui é que a língua inteira não precisa se mover para frente ou para trás; ela pode muito bem ficar no mesmo lugar.

A localização do K-spot não é tudo. O K-spot ativa o bend, mas também altera o volume total da sua cavidade bucal. Para o bend, o volume de sua cavidade bucal é mais importante do que sua extensão. Se você não conseguir mudar o volume deslizando a língua inteira para frente ou para trás, pode alterá-lo movendo a língua para cima e para baixo. Elevando o nível de sua língua na área entre o K-spot e seus dentes da frente, você pode estreitar o espaço entre sua língua e o céu da boca.

Quando você faz o bend com uma embocadura de bico (sem a língua na gaita), encontrar o local certo para o K-spot e o tamanho certo da câmara são geralmente a mesma coisa. Com o tongue blocking, por outro lado, localizar o K-spot e dimensionar o tamanho da câmara são duas operações independentes. É isso que torna o bend com tongue blocking um pouco mais complicado do que o bend com embocadura de bico.

Experimente fazer seu primeiro bend com tongue blocking. Se você não estiver familiarizado com o uso do tongue blocking para tocar uma nota individual, dedique um tempo ao estudo do Capítulo 7. As instruções a seguir lhe mostram a ação básica do bend com um tongue block:

1. **Coloque a ponta da língua entre os lábios, de forma que ambos os lábios toquem sua língua.**

   Cuide para que a extremidade esquerda de sua língua toque o canto esquerdo dos seus lábios (no ponto onde os lábios superior e inferior se encontram) e para que você tenha uma abertura entre a extremidade direita de sua língua e o canto direito dos lábios.

2. **Vire a ponta da língua levemente para baixo de forma que ela toque a extremidade dos dentes inferiores e sua língua se sobressaia levemente de entre seus lábios.**

   Assim, quando você colocar a língua na gaita, ela não roçará os orifícios.

3. **Agora aspire suavemente pela abertura no lado direito da língua.**

   Sinta o ar passando por sua face direita, mas preste atenção especial para senti-la se mover sobre a superfície da língua e o céu da boca.

4. **Ao aspirar, forme um K-spot no ponto onde você diz "K".**

Você sentirá a sucção ao formar o K-spot.

5. **Agora, pegue a gaita e toque os Orifícios 1, 2, 3 e 4 simultaneamente aspirados.**

6. **Coloque a língua nos orifícios para bloquear tudo menos o Orifício 4. Agora você tem uma nota individual com tongue blocking.**

Sua língua deve ficar fora do próprio Orifício 4; o ar deve ficar livre para passar por esse orifício.

Passar das quatro notas (veja Figura 8-8a) para apenas o Orifício 4 (veja Figura 8-8b) deve soar como a Faixa 42. Você pode visualizar isso olhando para a Figura 8-8.

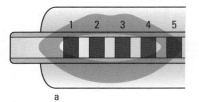
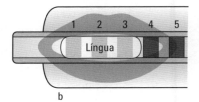

Figura 8-8: De um acorde a uma nota individual com tongue blocking no Orifício 4.

a   b

7. **Depois que você tiver uma nota individual aspirada e clara no Orifício 4, envolva seu K-spot no local onde você normalmente diz "K".**

Para obter o bend, você pode precisar rolar o K-spot um pouco para frente. Pode ser de grande ajuda erguer a superfície da língua bem na frente do K-spot.

Explorando as Notas que Fazem Bend

Existem bends em todos os orifícios da gaita, e inicialmente cada um deles parece completamente diferente do resto. Será que você vai passar o resto da vida tentando aprendê-los? Não. Vai ficando fácil. Há duas coisas que você precisa ter em mente:

- À medida em que você desenvolve sua habilidade de bend, as semelhanças entre os diferentes bends começam a se sobressair e as diferenças, a desaparecer.
- O bend é governado por três princípios simples. Se você os aplicar cuidadosamente ao fazer o bend, achará tudo muito mais fácil:

- **Princípio do Bend N° 1**: Você precisa de uma câmara de boca pequena para fazer o bend de uma nota aguda, e de uma câmara de boca grande para o bend de uma nota grave.
- **Princípio do Bend N° 2**: Cada orifício de uma gaita diatônica possui duas notas, e uma delas tem altura mais elevada do que a outra. A nota mais aguda é aquela cujo bend é feito para baixo.
- **Princípio do Bend N° 3**: Em cada orifício da diatônica, você pode fazer o bend da nota mais aguda para baixo para um pouco acima da nota mais grave. Quanto mais separadas essas notas estiverem na escala, mais longe você poderá fazer o bend da nota mais aguda. A próxima seção entrará em mais detalhes sobre esse princípio.

Encontrando a profundidade do bend em cada orifício

Se você vai fazer o bend, precisa saber de quais notas fazer e de quais não fazê-lo. Depois que você escolher uma nota para fazer o bend, precisa saber de que profundidade ele será, de modo que você saiba o que esperar quando tentar fazer o bend. A Figura 8-9 mostra a disposição das notas sopradas e aspiradas em uma gaita diatônica no tom de Dó (o tom utilizado em todo este livro).

Note o seguinte:

- As notas mais graves estão no Orifício 1 e as mais agudas, no Orifício 10.
- Em cada orifício, as *notas aspiradas* são mostradas na parte de cima e as *notas sopradas*, na parte de baixo.
- Nos Orifícios 1 a 6, a nota aspirada em cada orifício é mais aguda do que a nota soprada. A nota aspirada é aquela cujo bend é feito para baixo.
- Nos Orifícios 7 a 10, a nota soprada em cada orifício é mais aguda do que a nota aspirada. A nota soprada é aquela cujo bend é feito para baixo.

Figura 8-9: Disposição das notas de uma gaita diatônica em Dó.

	1	2	3	4	5	6	7	8	9	10
Aspiração	D	G	B	D	F	A	B	D	F	A
Sopro	C	E	G	C	E	G	C	E	G	C

Eis como saber a que distância pode ser feito o bend de uma nota em cada orifício. Pegue as notas sopradas e aspiradas naquele orifício e encontre-as nas teclas do piano da Figura 8-10 (elas devem estar a algumas notas de distância uma da outra). Agora, olhe para as notas entre elas. Estas são as notas que você pode obter com o bend.

A profundidade de um bend é contada em *tons* e *semitons*. Um semitom é a distância entre qualquer nota do teclado e sua vizinha mais próxima, seja preta ou branca. Por exemplo, o Dó e o Dó# estão próximos entre si — eles estão a um semitom de distância um do outro. O Dó# e o Ré estão também separados por um semitom. O Mi e o Fá não possuem nenhuma tecla preta entre eles, e são vizinhos diretos, portanto também estão a um semitom de distância um do outro. Quando as notas a dois semitons de distância uma da outra, como o Dó e o Ré, ou o Sol e o Lá, ou o Mi e o Fá#, elas são consideradas como estando a *um tom* de distância uma da outra.

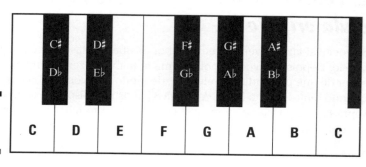

Figura 8-10: Teclas de um piano.

A Figura 8-11 mostra a disposição das notas de uma gaita novamente. Dessa vez, porém, eu incluí as notas que ficam entre as notas sopradas e aspiradas em cada orifício. Essas são as notas que você pode obter com o bend para baixo.

Em cada orifício, o bend da nota cujo bend é feito para baixo será feito por determinado número de semitons. Por exemplo, o 4 aspirado faz bend para baixo do Ré ao Dó# — este é um semitom. O 3 aspirado faz bend para baixo do Si para o Lá# para o Lá ao Sol#, o que é um total de três semitons.

Se você fizer o bend de notas em uma gaita que esteja em um tom diferente, todos os nomes de notas serão diferentes. Porém, as notas em cada orifício ainda farão bend para baixo pelo mesmo número de semitons. Também é importante lembrar que às vezes não haverá notas de teclado entre as notas sopradas e as aspiradas, tais como as dos Orifícios 5 e 7 na Figura 8-11. Há ainda bends expressivos nesses orifícios, mas esses bends abrangem uma extensão de menos de um semitom, por isso são chamados de bends *microtonais*.

Figura 8-11: As notas disponíveis através do bend para baixo.

As três extensões de bend

A gaita diatônica possui três extensões de bend — grave, médio e agudo — cada uma com seu próprio conjunto de possibilidades e desafios. Se você segurar uma gaita com o nome e os números dos orifícios voltados para você, poderá entender o que eu quero dizer:

- **A extensão grave cobre os Orifícios 1, 2 e 3**. Nesta extensão, é feito o bend apenas das notas aspiradas. Como as notas são graves, você precisará de uma câmara de boca grande para obter esses bends. Você pode fazer o bend dos Orifícios 2 e 3 mais longe do que a maioria das outras notas, mas precisará de mais prática para controlá-las. Ainda assim este é o local ideal para o bend e o esforço vale a pena.

- **A extensão média cobre os Orifícios 4, 5 e 6**. Nesta extensão, é feito bend para baixo apenas das notas aspiradas. E elas só fazem bend em pequenas quantidades. Portanto, a extensão média é o local mais fácil para você começar.

- **A extensão aguda cobre os Orifícios 7, 8, 9 e 10**. Nesta extensão aguda, é feito bend apenas das notas sopradas. Como essas notas são altas, você precisará de uma câmara de boca muito pequena para fazer o bend delas. Diferenças minúsculas no tamanho da boca são fundamentais nessa extensão — a mais leve mudança de tamanho faz a diferença entre obter ou não um bend. É preciso cuidado e delicadeza para encontrar exatamente o ponto certo para fazer o bend de uma nota soprada aguda.

Se você precisar refrescar a memória sobre como criar as câmaras de boca de diferentes tamanhos, consulte a seção "Ajustando sua boca para diferentes notas", anteriormente neste capítulo.

Explorando Bends em Sua Gaita

Depois que você tiver dominado o básico do bend, poderá explorar os bends em cada uma das três extensões da gaita, começando pela média. Nesta seção, mostrarei a você uma série de *licks* simples, ou sequências breves de notas, para cada orifício da extensão. Cada lick dá a você um desafio específico, como um dos seguintes:

- Iniciar ou encerrar a nota enquanto você toca o bend.
- Chegar à nota cujo bend foi feito (ou partir dela) desde outra respiração ou orifício.
- Tocar uma sequência de bends.

Enquanto você trabalha nesses bends e licks, não se preocupe com o ritmo ou com a duração das notas. Toque esses licks na "zona atemporal". Ou seja, enquanto toca cada nota, dê tempo a si mesmo para pensar onde está a próxima nota e como chegar a ela. Quando estiver pronto, entre em ação. Depois que você estiver mais familiarizado com os movimentos envolvidos, poderá acelerá-los e tocá-los com ritmos diferentes.

Eis algumas coisas que você deve ter em mente ao aprender esses bends e licks:

- **Relaxe os lábios, língua e maxilares o máximo possível enquanto toca a nota na qual você está fazendo o bend.** Quando você respira por seu K-spot, o fluxo de ar cria sucção quando você aspira e pressão quando você sopra. Você precisa resistir o suficiente para manter o bend estável, mas também desejará evitar tensão muscular desnecessária. Conforme for praticando, você aprenderá a encontrar esse equilíbrio com mais facilidade.

- **Toque a nota da qual você está fazendo o bend e depois a nota sem o bend em uma respiração contínua, exceto se você estiver se movendo entre uma nota soprada e uma aspirada.** Apenas não faça pausas entre as notas, a menos que você fique sem fôlego.

- **Combine o tom da nota da qual você está fazendo o bend com o tom da nota sem o bend o máximo possível.** Detenha-se na nota com o bend por tempo suficiente para trabalhar em fazê-la soar tão encorpada quanto a nota sem o bend. Às vezes, pequenos movimentos do K-spot ou outras partes da língua podem fazer com que a nota soe mais forte. (Você pode ver como fazer esses movimentos na seção anterior "Ajustando sua boca para diferentes notas".)

- **Quando você faz o bend total de uma nota, ela ficará levemente desafinada.** O fundo do bend fica levemente abaixo da altura normal, por isso a nota será bemol. Enquanto aprende a fazer o bend, não se esqueça de comparar as notas das quais você fez o bend a uma referência de altura estável, como um teclado, por exemplo, para assegurar que você está tocando suas notas com bend afinadamente.

✔ **Tente dar estilo às notas com bend utilizando as mãos.** Tente fazer um "wah" forte em cada nota. Para isso, inicie a nota com as mãos fechadas em torno da gaita, depois abra-as rapidamente para produzir um som de "wah". Além disso, tente fechar as mãos lentamente ao fazer o bend de uma nota para baixo, depois abra-as novamente ao liberar o bend. (Você pode aprender mais sobre moldar o som com as mãos no Capítulo 6.)

Consulte o Capítulo 2 para refrescar sua memória sobre a tablatura de gaita (as setas e números que lhe mostram qual orifício tocar e se você deve soprar ou aspirar). Então você estará pronto para começar o bend!

Bends de extensão média

Os bends da extensão média — Orifícios 4, 5 e 6 — são rasos e não tão difíceis de controlar; por isso, são um bom ponto de onde começar. Quando dobra uma nota, você pode isolar uma nota individual com uma embocadura de bico (com a língua fora da gaita) ou com um tongue blocking (com a língua na gaita).

Veja como fazer um bend com embocadura de bico:

1. **Forme o K-spot e comece a aspirar.**
2. **Deslize a língua para trás na boca (se você não estiver obtendo o bend, tente mover a língua para frente também).**
3. **Solte a parte da frente da língua, deixando que ela caia.**
4. **Ouça para ver se há sons de vogais ao tocar cada lick de bend.**

Se você estiver tendo problemas com esses passos, verifique a seção anterior, "Tirando Seus Primeiros Bends" para obter ajuda.

Veja como fazer um bend com um tongue blocking:

1. **Forme o K-spot e comece a aspirar.**
2. **Role o K-spot para frente ou para trás enquanto mantém a língua na gaita.**
3. **Tente erguer a língua na direção do céu da boca, na área entre o K-spot e seus dentes da frente.**
4. **Ouça para ver se há sons de vogais ao tocar cada lick de bend.**

Caso você precise de algumas orientações extras para esses passos, consulte a seção anterior, "Fazendo bend com a língua na gaita".

Cada um dos licks a seguir possui três versões — uma para cada um dos bends aspirados nos Orifícios 4, 5 e 6. Cada lick ajuda você a desenvolver a habilidade colocando o bend nas situações mais importantes com as outras notas. Toque as notas de cada lick como se fossem um único movimento fluido; evite quaisquer pausas. Sempre que você tiver duas ou mais notas aspiradas consecutivas (incluindo bends), toque-as em uma única e ininterrupta respiração.

Para cada lick, aprenda cada versão (Orifício 4, 5 ou 6) separadamente. Então, depois que você tiver dominado todas as três versões, poderá tocar todas elas consecutivamente, como se fossem uma linha contínua.

Enquanto aprende um lick da tablatura a seguir, ouça as faixas correspondentes e tente tocar o que ouvir:

- **Lick Yellow Bird** (Tablatura 8-1, Faixa 43): Este lick começa com uma nota aspirada sem bend. Faça o bend da nota, segure-a por um momento, depois solte-a de volta para uma nota sem bend. Pense "Eee-ooo-eee." ***Dica:*** Para um som choroso, tente fechar as mãos em torno da gaita ao fazer o bend, depois abra as mãos ao soltar o bend.

- **Lick Bendus Interruptus** (Tablatura 8-2, Faixa 43, 0:16): Este lick interrompe o bend para que você possa praticar a parada e o início em uma nota com bend. Primeiro, você baixa até a nota e interrompe a respiração com a nota ainda no bend. Pense "Eee-ooh!". Mantenha a boca na posição do bend e retome a respiração de modo a começar a nota com bend. Depois, deixe que ela se eleve novamente para a nota sem bend. Pense "Ooo-eee."

- **Lick Close Your Eyes** (Tablatura 8-3, Faixa 43, 0:35): Este lick é tocado em dois orifícios diferentes. Toque uma nota aspirada e faça o bend dela. Depois, avance um orifício à esquerda ao soltar o bend. Você obterá uma nota sem bend que é diferente daquela com a qual você começou. Agora, trace novamente seus passos retornando ao orifício de onde começou, enquanto inicia outro bend de nota. Depois solte o bend. Pense, "Eee-ooo-(mude para a esquerda)-eee-(mude para a direita)-ooo-eee."

- **Lick Shark Fin** (Tablatura 8-4, Faixa 43, 0:55): Este lick vai do sopro a uma aspiração com bend, depois de volta ao sopro. Não deixe que a nota sem bend fique entre a nota com bend e a nota soprada. Pense "Hee-Ooh-Hee."

Capítulo 8: Desvendando um Tesouro Oculto **133**

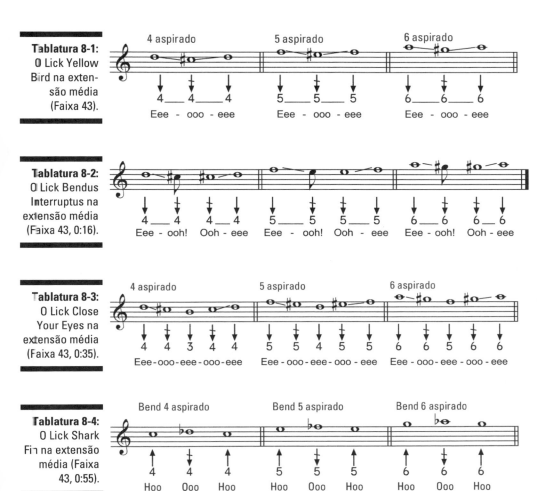

Bends de extensão grave — o coração da gaita

Os bends aspirados nos Orifícios 1, 2 e 3 são os bends de força no coração da moderna interpretação da gaita. Esses bends valem a pena, mas cada um deles tem seus próprios desafios. O Orifício 1 faz bend de apenas um semitom, por exemplo, mas ele desafia você por ser tão grave. O Orifício 3 é o mais agudo dos três, mas faz o bend mais amplo — três semitons. Encontrar todas as três notas com bend no Orifício 3 exige muito controle, por isso eu o deixei para o final. O Orifício 2 está no meio da extensão. Ele não é tão grave. E faz bend de dois semitons, o que é um desafio bacana. O Orifício 2 é também a sua base inicial para tocar muita coisa, e é por isso que eu começarei por ele.

Abaixo, um resumo das técnicas que você pode utilizar para fazer bend nessa extensão:

- **Você pode fazer bend com embocadura de bico (a língua não está na gaita)**: Para utilizar esta técnica, forme um K-spot, deslize a língua para trás na boca, depois deixe que a parte da frente da língua caia para trás. Isso pode ajudar você a soltar o maxilar, também.

- **Você pode fazer bend com tongue blocking (a língua está na gaita)**: Forme um K-spot, depois role-o para trás na boca junto com a língua. Certifique-se de que consegue sentir a sucção no K-spot. Você pode precisar mover o K-spot para trás de forma que a língua entre em contato com o palato mole. Para os bends mais graves, você pode precisar abrir a área da garganta como se fosse bocejar. (Leia mais sobre mover o K-spot na seção anterior "Ajustando sua boca para diferentes notas.")

Bends de dois e três semitons podem parecer intimidadores, mas não desista! Se os bends intermediários vierem com mais facilidade, comece por eles.

Orifício 2

A nota aspirada no Orifício 2 faz o bend de um semitom e dois semitons. Em sua primeira tentativa, você pode obter um desses bends. Tente o lick Yellow Bird, conforme mostrado na Tablatura 8-5. Depois, ouça a Faixa 44 para descobrir se está obtendo o bend de semitom ou dois semitons. Foque em reforçar aquele que você obtiver primeiro, depois trabalhe para conseguir o outro.

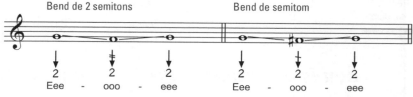

Tablatura 8-5: Bend no 2 aspirado com o lick Yellow Bird (Faixa 44).

Para encontrar o bend, mova seu K-spot lentamente para trás. É de grande ajuda você se concentrar em respirar suavemente por seu abdômen. Se você não conseguir encontrar o bend de 2 semitons, tente fazer um "ee-YOO" bem forte e solte o maxilar. Se estiver fazendo tongue blocking, tente rolar seu K-spot para trás para que ele fique "montado" no palato mole. Assim como ocorreu com o seu primeiro bend, encontrar este bend pode levar um tempo; por isso, seja paciente. Trabalhe em encontrar o bend enquanto faz algo que não exija esforço, como ver televisão, por exemplo. A distração pode ajudar, por mais estranho que pareça.

Capítulo 8: Desvendando um Tesouro Oculto

Depois que conseguir tirar com confiança um bend de 1 ou 2 semitons, amplie seu controle tocando as versões de semitom ou 2 semitons dos seguintes licks:

- **Lick Bendus Interruptus** (Tablatura 8-6, Faixa 44, 0:15): Deslize para baixo até a nota com bend, depois interrompa a respiração com a nota ainda em bend. Mantenha a boca na posição de bend e recomece a respirar de modo a recomeçar a nota cujo bend já foi feito. Finalmente, deixe que ela se eleve novamente até a nota sem bend. Pense "Eee-ooh! Ooo-eee." **Lembre-se:** Não deixe que a nota se eleve novamente quando você interromper a respiração. Pare e recomece com a nota fazendo bend.

- **Lick Shark Fin Modificado** (Tablatura 8-7, Faixa 44, 0:28): Comece com a nota sem bend, faça o bend dela e depois vá para a nota soprada. Depois, retorne ao bend, e encerre com a nota soprada. Não deixe que a nota sem bend fique entre a nota com bend e a nota soprada. Pense "Eee-ooo Hoo Ooo Hoo."

- **Lick Close Your Eyes** (Tablatura 8-8, Faixa 44, 0:44): Toque uma nota aspirada e faça o bend dela. Em seguida, solte o bend ao mover um orifício para a esquerda. Você obterá uma nota sem bend diferente daquela com a qual você começou. Pense "Eee-ooo (mova) eee (mova) ooo-eee."

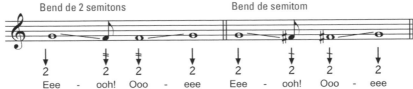

Tablatura 8-6: 2 aspirado com o lick Bendus Interruptus (Faixa 44, 0:15).

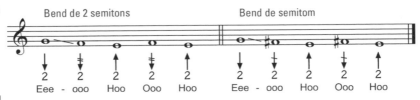

Tablatura 8-7: 2 aspirado com o lick Shark Fin Modificado (Faixa 44, 0:28).

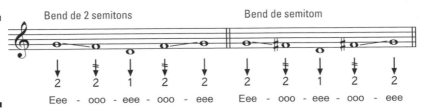

Tablatura 8-8: 2 aspirado com o lick Close Your Eyes (Faixa 44, 0:44).

Orifício 1

O Orifício 1 é exatamente igual ao Orifício 4, porém mais profundo — é uma oitava mais grave. O 1 aspirado possui apenas uma nota com bend. Foque em abrir o fundo de sua garganta e deslizar seu K-spot de volta para o palato mole. Tente tocar alguns licks no Orifício 1 de forma semelhante ao que você já fez nesta seção. Para os licks, consulte a Tablatura 8-9 e ouça a Faixa 45.

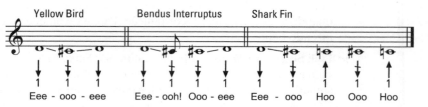

Tablatura 8-9: Licks de bend do Orifício 1 (Faixa 45).

Orifício 3

O Orifício 3 possui a maior extensão de bend e é o maior de todos os desafios. Para começar, tente o lick Yellow Bird, conforme mostrado na Tablatura 8-10 para ver qual bend você obtém primeiro. Tente tocar o 3 aspirado, fazer o bend, depois soltando-o. Tente algumas vezes, e em seguida ouça a Faixa 46 para identificar qual bend você está conseguindo (ou quase conseguindo) obter.

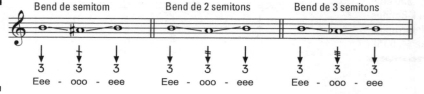

Tablatura 8-10: Bends de 1, 2 e 3 semitons no Orifício 3 (Faixa 66).

Há uma grande chance de que o bend que você obtiver seja inicialmente imprevisível. Uma vez ele será de 3 semitons, outra de semitom, e outra de 2 semitons. Dominar os bends do Orifício 3 pode levar muito tempo, mas encontrá-los vale muito a pena.

Tente estes licks de bend, que podem ser ouvidos nas faixas de áudio:

- **Lick Bendus Interruptus** (Tablatura 8-11, Faixa 46, 0:18): Deslize para baixo até a nota com bend, segure-a por um momento, depois interrompa a respiração com a nota ainda com bend. Mantenha a boca na posição de bend, e recomece a respirar de forma a iniciar a nota já com bend. Finalmente, deixe que a nota com bend se eleve novamente até a nota sem bend.

Capítulo 8: Desvendando um Tesouro Oculto

- **Lick Close Your Eyes** (Tablatura 8-12, Faixa 46, 0:35): O lick inicia a nota sem bend, depois faz o bend dela para baixo, e então se move um orifício à esquerda para uma nota aspirada sem bend. Por fim, ele refaz seu caminho. Tente fazê-lo com todos os três bends. *Dica:* A versão de bend de 2 semitons do lick Close Your Eyes é, de longe, a mais útil. Exercite tocá-la com o bend de 2 semitons em boa afinação.

- **Lick Shark Fin** (Tablatura 8-13, Faixa 46, 0:56): Este lick desenvolverá seu controle para alternar os bends do Orifício 3 com o sopro do Orifício 3. Não deixe que a nota sem bend fique entre a nota com bend e a nota soprada. Pense "Hoo Ooo Hoo."

- **Lick Cool Juke** (Tablatura 8-14, Faixa 46, 1:16): O lick Cool Juke é bem útil. Ele nunca utiliza o 3 aspirado sem bend. Começa no bend de semitom, vai até o bend de 2 semitons, e chega ao 2 aspirado. *Dica:* Não utilize o 3 soprado para este lick (embora a nota seja a mesma do 2 aspirado). O 2 aspirado soa melhor e se conectará melhor a outras linhas e licks de bend na extensão grave.

Tablatura 8-11: O lick Bendus Interruptus no 3 aspirado (Faixa 46, 0:18).

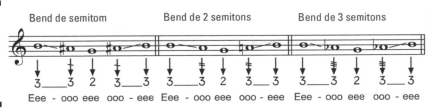

Tablatura 8-12: O lick Close Your Eyes no 3 aspirado (Faixa 46, 0:35).

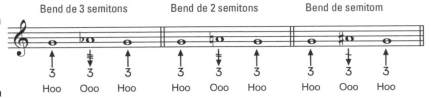

Tablatura 8-13: O lick Shark Fin no Orifício 3 (Faixa 46, 0:56).

Parte II: Começando a Tocar Algumas Músicas

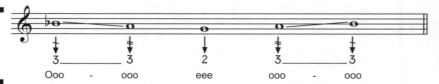

Tablatura 8-14:
O lick Cool Juke no Orifício 3 (Faixa 46, 1:16).

Bends de extensão aguda

Os Orifícios 7, 8, 9 e 10 compõem a extensão aguda da gaita. Em cada um desses orifícios, a nota mais aguda é a nota soprada; portanto, as notas sopradas são aquelas com as quais é feito o bend. A nota soprada no Orifício 7 oferece um bend microtonal, e os Sopros 8 e 9 fazem bend cada um em um semitom. (Caso você tenha esquecido o que esses termos significam, consulte a seção anterior "Encontrando a profundidade do bend em cada orifício".) O Sopro 10 faz bend de dois semitons inteiros, mas está no extremo agudo. Inicialmente, você pode conseguir encontrar os dois bends de dois semitons inteiros, mas não o bend de um semitom. Não se preocupe. A maioria dos licks desta seção foi escrita para bend inteiro.

Ao fazer o bend das notas mais agudas, a técnica básica é a mesma utilizada para as notas mais graves. Porém, esteja ciente de uma diferença importante: você precisa afinar sua boca para um tamanho bem menor quando trabalha com as notas mais agudas.

Se você ouvir um "arranhão" momentâneo na nota ao tentar fazer o bend dela, estará ouvindo o som de sua língua passando correndo pelo ponto certo. Ou seja, você passou rápido demais e perdeu o ponto onde você ativa o bend. A diferença entre estar no ponto certo e perdê-lo é realmente insignificante; portanto, tome cuidado.

Eis algumas dicas que você deve ter em mente:

- O Orifício 8 é provavelmente o mais fácil para seu primeiro bend de sopro agudo. É o orifício com menor altura que faz bend de um semitom.

- Bends agudos são mais fáceis de aprender em uma gaita grave, como a de Sol, de Fá grave, Mi grave ou Ré grave. Esta dica é especialmente verdadeira se você estiver trabalhando em bends agudos com tongue blocking — nesta situação, quanto mais grave for o tom da gaita, melhor. (Para saber mais sobre os diferentes tons e extensões de gaitas, veja o Capítulo 2.)

- Ao fazer embocadura de bico, tente posicionar o K-spot bem atrás da ponta da língua. Depois, mova a língua para frente na boca em um movimento de enrugamento.

Depois que você encontrar o bend em uma nota soprada, poderá notar uma pressão contra a parte frontal da língua. Trabalhe com essa pressão — empurre para frente contra ela ou recue. Isso pode ajudar a orientar você para controlar o bend.

✔ Para o tongue blocking, forme um K-spot aproximadamente no ponto onde você diz "K". Depois, preste atenção especial à área perto da parte frontal de sua língua. Essa área consiste em uma série de pontos importantes que ficam um atrás do outro:

- A ponta da língua fica voltada para baixo.
- Bem atrás da ponta da língua, fica a área em contato com a gaita.
- Atrás da área em contato com a gaita, fica uma área que você pode pressionar para frente contra o céu da boca e a parte de trás de seus dentes superiores. Brinque com a pressão nessa área.
- Bem atrás dessa área, você deve sentir certa pressão de ar ao respirar. Pode parecer que há uma pequena bolsa de ar presa entre seu K-spot e a área pressionada contra o céu da boca. Comprima a bolsa de ar desde a parte frontal e traseira para encontrar o bend.

Cuide para que sua língua não bloqueie a extremidade do orifício que você está tocando, de forma que você não interfira no fluxo de ar que vai de sua boca à gaita.

Aliás, se você estiver lendo a notação musical acima da tablatura, todos os exemplos para bends de extensão aguda são escritos uma oitava mais graves do que eles soam.

Os licks de bend a seguir, que podem ser ouvidos nas faixas de áudio, ajudam você a dominar o bend na extensão aguda:

✔ **Lick Yellow Bird** (Tablatura 8-15, Faixa 47): Este lick começa com uma nota soprada sem bend. Faça o bend da nota para baixo, segure-o por um momento, depois solte-o novamente para uma nota sem bend. Pense "Eee-ooo-eee."

✔ **Lick Bendus Interruptus** (Tablatura 8-16, Faixa 47, 0:21): Este lick desce até a nota com bend e para nesse ponto. Segure o bend, depois interrompa sua respiração enquanto mantém a boca na posição de bend. Finalmente, recomece a respirar de forma a começar por uma nota com bend. Pense "Eee-ooh! Ooo-eee."

✔ **Lick Close Your Eyes** (Tablatura 8-17, Faixa 47, 0:40): Este lick vai da nota sem bend à nota com bend, depois se move um orifício à esquerda para uma nota soprada sem bend. Ele termina refazendo seu caminho. Pense "Eee-ooo (mova) eee (mova) ooo-eee."

Parte II: Começando a Tocar Algumas Músicas

▶ **Lick Shark Fin** (Tablatura 8-18, Faixa 47, 1:05): Este lick vai da aspirada ao sopro com bend, depois retorna à aspirada. Não deixe que a nota sem bend fique entre a nota soprada com bend e a nota aspirada. Pense "Ooo Heee Ooo."

Tablatura 8-15: O lick Yellow Bird na extensão aguda (Faixa 47).

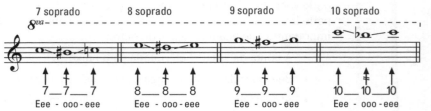

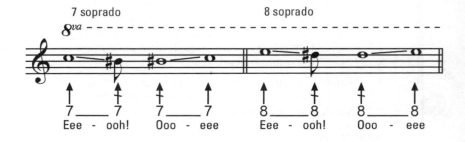

Tablatura 8-16: O lick Bendus Interruptus na extensão aguda (Faixa 47, 0:21).

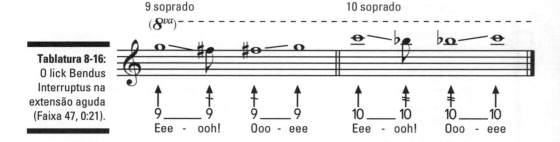

Capítulo 8: Desvendando um Tesouro Oculto **141**

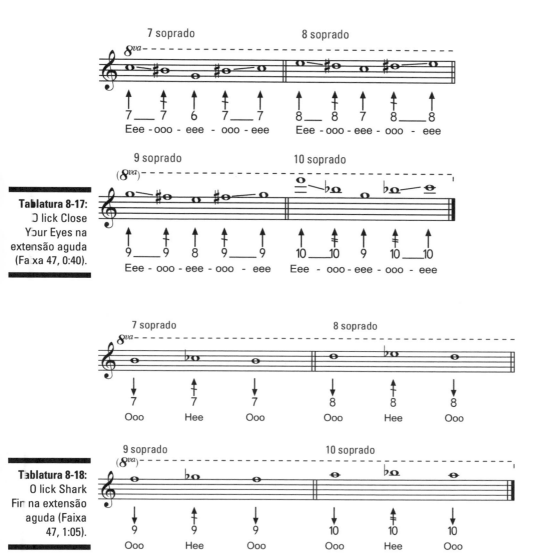

Tablatura 8-17: O lick Close Your Eyes na extensão aguda (Faixa 47, 0:40).

Tablatura 8-18: O lick Shark Fin na extensão aguda (Faixa 47, 1:05).

O Bend em Diferentes Tipos de Gaitas

A maioria das gaitas possui algum tipo de capacidade de bend. Aquelas que provavelmente você mais vai encontrar são as gaitas cromáticas e as gaitas de palheta dupla. Explicarei as técnicas de bend para cada uma delas nas próximas seções. (As características dessas duas gaitas são descritas em detalhes no Capítulo 2.)

Gaitas cromáticas

Os gaitistas cromáticos fazem bend muito mais pela expressividade, pois eles não precisam exatamente fazer o bend de notas que faltam — a gaita cromática possui todas as notas para cada tom. Ouça músicos como Stevie Wonder e Larry Adler — eles fazem bend na gaita cromática e o som é maravilhoso! Porém, fazer o bend nessa gaita é diferente de fazê-lo na gaita diatônica, por várias razões.

Eis as principais diferenças do bend na gaita cromática:

- Tanto as notas sopradas quanto as aspiradas fazem bend para baixo, exceto nos orifícios superiores. Nestes, somente as notas aspiradas fazem bend.
- Não há extensão fixa de bend para a maioria das notas da cromática (os três orifícios superiores fazem bend igual ao dos Orifícios 5, 6 e 7 em uma diatônica). Muitos deles farão o bend bem mais longe do que as mesmas notas o fazem em uma diatônica.
- O tom das notas com bend na cromática tende a ser menos encorpado e dinâmico.
- O bend em uma cromática não pode ser feito tão rapidamente quanto em uma diatônica. Ele exige uma iniciação mais cuidadosa.
- Sustentar uma nota com bend na cromática não é tão fácil quanto em uma diatônica. Porém, isso não é problema, porque na cromática você não precisa fazer o bend de notas específicas; na maioria dos casos, ele é feito por razões de expressividade.

Gaitas de palheta dupla

Gaitas de palheta dupla, como as gaitas tremolo e as oitavadas, possuem duas palhetas para cada nota e duas fileiras de orifícios. Essas palhetas duplas reforçam e colorem o som. Quando você toca uma gaita de palheta dupla, normalmente toca tanto a fileira superior quanto a inferior simultaneamente; por isso, você sempre toca duas palhetas de sopro ou duas palhetas de aspiração — uma na fileira inferior, outra na superior.

Duas palhetas de aspiração tocadas simultaneamente ou duas palhetas de sopro tocadas ao mesmo tempo não farão o bend de forma previsível, mesmo se forem da mesma nota. Para fazer o bend de uma nota com esse tipo de gaita, você precisa isolar a fileira superior ou a inferior, para ter apenas uma palheta por nota. Com alguma experimentação, você poderá descobrir que consegue fazer bend tanto de notas sopradas quanto de notas aspiradas.

Gaitas de palheta dupla realmente oferecem maior variedade de potencial de bend do que as gaitas diatônicas ou cromáticas. Porém, entrar em detalhes exigiria um capítulo à parte. Por isso, tudo o que direi a esta altura é o seguinte: se você tiver uma gaita de palheta dupla por perto, tente isolar a fileira superior de orifícios e veja se consegue tirar alguns bends dela.

Parte III
Indo Além do Básico

Nesta parte...

Depois que tiver dominado o básico, você estará pronto a ampliar um pouco suas capacidades. Nesta parte, você descobrirá como tirar o autêntico som da gaita tocando-a em diferentes tons. Então, aprenderá como as músicas funcionam e como desenvolver ainda mais suas habilidades melódicas. Poderá também conferir como fazer overbends (overdraw e overblow).

Capítulo 9

Posições: Tocando uma Gaita em Várias Tonalidades

Neste Capítulo
- Descubra por que utilizar posições
- Veja qual gaita utilizar para uma posição
- Ganhe experiência tocando em seis posições populares

Se você observar uma gaitista em ação, ela provavelmente não se apoia na cabeça enquanto toca ou estica o braço em torno da parte de trás do pescoço para levar a gaita à boca. Porém, depois de se apresentar, ela pode fazer uma observação do tipo: "Toquei tal canção na terceira posição, mas durante o solo, passei para a segunda posição." Será que ela está fazendo algum tipo de ioga invisível?

Na verdade, as posições de gaita não têm nada de misterioso ou exótico. Uma *posição* é exatamente a relação entre a escala da gaita e a escala da canção que você toca na gaita.

Neste capítulo, explicarei como as posições funcionam, depois ajudarei você a se familiarizar com as seis posições mais populares e a explorá-las.

Compreendendo como as Posições Ajudam Você a Tocar

Se você sempre tivesse utilizado uma gaita em Dó para tocar em todas as 12 tonalidades, não seria necessário falar sobre posições. Você apenas tocaria aquela gaita em Dó, Sol, Si♭ ou qualquer outra. Da mesma forma, se você sempre tivesse utilizado um tom de gaita que correspondesse ao tom da música, como, por exemplo, uma gaita em Sol para tocar em Sol ou uma gaita em Si♭ para tocar em Si♭, também não seria preciso falar sobre posições. A ideia de posições é útil quando você toca mais de um tom de gaita, e toca cada gaita em mais de uma tonalidade.

Posso ouvir você perguntar: "Se existem 12 tons de gaita, por que tocar em posições? Basta pegar 12 gaitas e tocar cada uma delas no tom para a qual ela foi feita." Essa abordagem parece razoável, mas considere os seguintes fatos:

- Gaitas são afinadas para escalas maiores e as posições permitem a você tocar músicas que utilizem outras escalas, incluindo as escalas menores. (Falarei mais sobre escalas neste capítulo e no Capítulo 10.)
- Cada posição tem seu próprio conjunto de possibilidades bacanas. (Eu lhe mostrarei algumas delas neste capítulo.) Em cada posição, as harmonias, acordes e notas que fazem bend da gaita soam diferentes porque possuem pontos de referência diferentes.
- Para muitas músicas, a segunda posição soa bem melhor do que a primeira, e por isso é utilizada com muito mais frequência.
- Muitos gaitistas tendem a ganhar pouco, por isso desejam tirar o maior proveito possível de um único instrumento. (Gostaria de dizer que estou brincando, porém, não estou.)

Então, como você pode observar, tocar uma gaita diatônica em tonalidades diferentes é uma boa ideia. Mas você ainda pode estar se perguntando por que os gaitistas se incomodam em falar sobre posições. Afinal de contas, por que não dizer simplesmente: "Estou tocando em Sol em uma gaita em Dó", ou "Estou tocando em Lá em uma gaita em Ré?" Você poderia fazer isso, mas então teria 144 combinações diferentes (12 tons de gaita vezes 12 tons de música), cada uma com um conjunto diferente de nomes de notas. A ideia de posições reduz essas combinações a apenas 12 focando nas semelhanças em vez de nas diferenças.

A chave para o conceito de posição é a seguinte: em diferentes tons de gaitas, as mesmas ações produzem os mesmos resultados. O sistema de posições oferece a você um método simples e consistente para transferir o que você sabe em um tom da gaita para uma gaita em qualquer outro tom.

Por exemplo, você poderia pegar uma gaita em Dó e tocar "Mary Had a Little Lamb" começando pelo 4 soprado. A canção soaria no tom de Dó. Se você fosse pegar uma gaita em Fá♯ e tocar a mesma sequência de notas sopradas e aspiradas nos mesmos orifícios, você ainda tiraria "Mary Had a Little Lamb", porém no tom de Fá♯. Todos os nomes de notas seriam diferentes, mas você reconheceria a canção porque o padrão de notas permaneceria o mesmo. Em ambas as gaitas, as mesmas ações produziriam os mesmos resultados. Neste exemplo, como o tom da canção é a mesma da gaita, você a tocaria na primeira posição.

Tudo o que você consegue fazer em um tom da gaita possui uma correspondência exata em todos os tons de gaitas. Você não precisa saber quais os nomes das notas; basta estar familiarizado com a sequência de movimentos que produz um padrão de notas. Pensar em posições deixa você livre para se concentrar no que as diferentes tonalidades têm em comum (em vez de nos detalhes), e então você pode começar realmente a fazer música.

Ilustrarei minha observação com uma história. Imagine que você é um gaitista que já ganhou alguma experiência tocando em diferentes posições. Você sabe fazer os movimentos, e, por já tê-los tocado, sabe como eles soam (pense nisso: este será você dentro de alguns meses, com um pouco de prática). Então, você está na plateia ouvindo outro gaitista tocar um incrível solo no palco. Agora, você não sabe em que tom a música está, e nem que tom de gaita o solista está tocando (gente, 144 possibilidades diferentes!). Mas isso não importa. Como você conhece suas posições, só de ouvido já consegue saber exatamente como o gaitista do palco está tocando todos aqueles licks bacanas. Você pode ir embora e tocar você mesmo vários desses licks (contanto que você consiga se lembrar de todos eles e tenha adquirido as habilidades).

Encontrando uma Posição

As posições em uma gaita são numeradas de 1 a 12. Cada vez que conta cinco passos de escala a partir do tom da gaita, você chega à posição seguinte. O *acorde soprado* (Dó em uma gaita em Dó) foi criado para ser o acorde de origem da gaita. Quando os gaitistas utilizam o acorde soprado como base de origem, eles o chamam de *straight harp*, ou primeira posição.

O *acorde aspirado* nos Orifícios 1, 2, 3 e 4 (Sol em uma gaita em Dó) também serve como uma ótima base de origem para tocar. Os gaitistas não demoraram a descobrir essa posição e a batizaram de *cross harp*, ou segunda posição. O acorde de Sol aspirado está cinco graus da escala acima do acorde de Dó soprado. E cinco passos acima do acorde de Sol está um acorde de Ré menor (o acorde aspirado nos Orifícios 4, 5 e 6), que é um bom ponto de partida. Essa é a terceira posição (ela nunca ganhou um apelido que realmente pegou).

Finalmente, os gaitistas concordaram que simplesmente adicionar um número a uma posição cada vez que você avança cinco graus é uma forma consistente de dar nome às posições. Porém, alguns dos primeiros livros escritos sobre o assunto utilizam sistemas diferentes.

Com 12 tons de música, 12 tons de gaita e 12 possíveis posições, você deve estar se perguntando como é possível impedir que todas as relações fiquem confusas. Os gaitistas utilizam um diagrama simples emprestado da teoria musical, chamado *círculo de quintas*. Esse círculo, mostrado na

Figura 9-1, permite que você visualize a relação entre tom da gaita, tom de canção e posição.

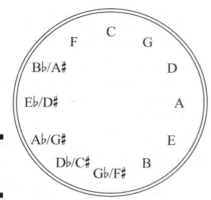

Figura 9-1: O círculo de quintas.

Com o círculo de quintas, desde que você saiba dois elementos, poderá determinar o terceiro. Veja como:

- **Se você sabe o tom da canção e a posição, e você deseja encontrar o tom da gaita para utilizar, siga estes passos:**

    1. Comece com o tom da canção e chame-a de "1".
    2. Mova em sentido anti-horário até chegar ao número da posição, depois utilize o tom correspondente da gaita.

    Por exemplo, vamos supor que você queira tocar uma canção que funciona na terceira posição, e saiba que a canção é em Lá. Qual gaita você deve utilizar? Comece com o Lá (a escala da canção), que você chamará de "1". Conte até 3 no sentido anti-horário (Lá-Ré-Sol). Portanto, para tocar no tom de Lá na terceira posição, você precisa utilizar uma gaita em Sol.

- **Se você sabe o tom da gaita e o da canção, e deseja saber qual é a posição, siga os passos abaixo:**

    1. Comece com o tom da gaita ou o tom no qual você está tocando (não importa qual seja).
    2. Conte a menor distância entre uma e outra. (Não importa se em sentido horário ou anti-horário, desde que seja o caminho mais curto.)

    Por exemplo, vamos supor que você esteja tocando uma gaita em Dó e imagine estar tocando em Mi. Que posição é essa? Você pode começar no Dó (a clave da gaita) e contar até o Mi (a clave da canção). Ou pode começar pelo Mi e contar até o Dó. Contanto que você percorra a distância mais curta (seja Mi-Lá-Ré-Sol-Dó ou Dó-Sol-Ré-Lá-Mi), descobrirá que está tocando na quinta posição.

✔ **Se você sabe o tom da gaita e a posição, e deseja saber qual é o tom da canção, siga os passos abaixo:**

1. Comece com o tom da gaita e chame-a de "1".
2. Conte em sentido horário até chegar ao número da posição; ao chegar a este, você terá encontrado o tom.

Por exemplo, imagine que você esteja fazendo um groove em segunda posição em uma gaita em Láb. Você deseja saber em que tom está fazendo o groove. Comece no Láb (o tom da gaita) e a chame de "1". A próxima parada em sentido horário é a segunda posição. Portanto, conforme você pode ver, você está mostrando estilo em Mib — muito louco!

Relacionando Posições, Modos e Notas Evitadas

Quando você utiliza uma escala em Dó maior para tocar uma canção em Ré, o resultado não soa como Dó maior (afinal, você está em Ré). Mas ele também não soa como Ré maior ou Ré menor. Nessa situação, você está utilizando algo chamado *modo* ou uma *escala modal*. Você obtém um modo quando centra uma escala em uma das notas dela. Mesmo o uso da escala em Dó maior para tocar em Dó, é um dos modos dessa escala.

Tocando uma gaita em uma posição que é centrada em uma das notas da escala, você automaticamente obtém uma escala modal (embora você possa alterá-la fazendo bend ou overbends). Em cada escala modal, algumas das notas podem ser mais graves ou mais agudas do que são na escala maior, dando à nova escala um caráter único. Muitas músicas de jazz, folk, ou mesmo populares e de rock, utilizam as características especiais das escalas modais.

Os gaitistas frequentemente tocam em uma posição que não corresponde totalmente à escala da canção. Eles o fazem porque algo na posição soa realmente bacana e é divertido de tocar — sejam os acordes, os bends ou os licks e riffs.

Uma nota na posição em que você está tocando pode não corresponder à escala da canção, e soará irritante a menos que você a trate com cuidado. Esse tipo de nota é chamado de *nota evitada*. Você evita tocar essa nota e toca outra coisa em vez dela. Você pode ser capaz de fazer bend ou overbends de uma nota que combinaria melhor com a canção, ou pode substituir outra nota na escala modal.

Das doze posições, sete são baseadas em notas embutidas na gaita e possuem escalas modais. Porém, cinco das posições são *posições de bend* — elas são baseadas em notas com bend que não são embutidas na gaita e não correspondem a um modo da escala maior. Eu não tenho espaço suficiente para falar sobre posições de bend neste livro, mas vale a pena conferi-las depois que você pegar o jeito das posições mais populares.

Tocando Rock com Seis Posições Populares

Nesta seção, levarei você em uma viagem pelas seis posições mais comumente utilizadas: primeira, segunda, terceira, quarta, quinta e décima segunda. Destacarei importantes coisas sobre cada uma delas. Em cada posição, você experimentará licks que o ajudarão a se familiarizar com aquela posição e com as qualidades musicais únicas dela.

Para cada posição, incluí a tablatura de uma dúzia de licks que abrangem todos os três registros da gaita — agudo, grave e médio. Os últimos licks estão no registro onde os gaitistas passam a maior parte do tempo naquela posição. Depois disso, os licks avançam, para que você possa explorar outros registros.

Repita cada lick o máximo de vezes que desejar e toque junto com a faixa correspondente. Fazer isso manterá você baseado na nota de origem da posição. Se você constatar que um lick é muito difícil para você ou que ele utiliza habilidades de bend que você ainda não domina, pule esse lick por enquanto e toque os outros nos quais você tiver mais facilidade. Você pode também utilizar a faixa de áudio para cada posição simplesmente para explorar e experimentar tocar naquela posição. A faixa de acompanhamento fornece o acorde de origem, o que ajuda a manter você ancorado na posição.

Acima de algumas músicas, você verá a "8va" seguida de uma linha pontilhada. Isso não tem efeito sobre a tablatura que você toca. É apenas uma forma de informar a quem quer que esteja lendo a notação que a música sob a linha pontilhada (mas não a tablatura) é tocada uma oitava mais aguda do que está escrito. (Se as notas forem escritas onde elas soam, poderiam se elevar cinco ou seis linhas adicionais acima da pauta, tornando esta difícil de ler.)

Você não precisa tocar esses licks corretamente! Eles não são leis esculpidas em uma rocha, e sim meros caminhos a serem explorados. Se você acidentalmente tocar notas diferentes e chegar a algo interessante, será ótimo. Se desejar dar um toque de jazz ao ritmo ou fazer bend de uma nota para obter um efeito, vá em frente!

Para cada posição nas seções a seguir, eu incluí uma tabela de disposição de notas mostrando como cada nota sem bend na gaita corresponde à escala naquela posição. Eis como decifrar as tabelas:

Capítulo 9: Posições: Tocando uma Gaita em Várias... **153**

- As notas da escala são numeradas, começando pela nota de origem, que é 1. Quando as notas da escala são numeradas, elas são chamadas de *graus da escala*.
- A nota de origem mais utilizada pelos gaitistas como base de origem para tocar está em uma caixa preta.
- As notas do acorde de origem são 1, 3 e 5. Elas estão em caixas cinza.
- Sempre que uma nota da escala for mais grave do que seria em escala maior, ela terá um símbolo de bemol (♭) à frente do número.
- Sempre que uma nota da escala for mais aguda do que seria em escala maior, ela terá um símbolo de sustenido (♯) à frente do número.

Primeira posição (Dó em uma gaita em Dó)

A gaita foi projetada para tocar melodias na primeira posição. A escala em primeira posição está em escala maior, que também é chamada de *modo Jônio*. Você pode ouvir a primeira posição sendo tocada em todos os tipos de música, inclusive nas canções para violino, músicas para acampamentos e hits de cantores e compositores populares, tais como Bob Dylan, Neil Young, Alanis Morrissette e Billy Joel, frequentemente tocadas com um suporte ao redor do pescoço do músico. Embora a maior parte das canções de blues seja tocada na segunda posição, gaitistas de blues frequentemente utilizam também a primeira posição (confira o maravilhoso trabalho de Jimmy Reed em registro agudo).

Para explorar a primeira posição, tente os licks mostrados na Tablatura 9-1. Você pode ouvi-los na Faixa 48.

Notas evitadas são raras quando você toca uma canção de escala maior na primeira posição, pois as escalas combinam. No entanto, você às vezes encontra notas evitadas quando toca blues na primeira posição (falarei mais sobre isso no Capítulo 13).

Nota de origem e acorde de origem

A nota soprada no Orifício 4 de uma gaita é a nota de origem mais utilizada como base de origem. O acorde de origem consiste em todas as notas sopradas, conforme demonstrado na Figura 9-2.

154 Parte III: Indo Além do Básico

Tablatura 9-1: Licks de primeira posição (Faixa 48).

Nos registros mais graves (Orifícios 1 a 4), a quarta e quinta notas da escala estão ocultas. Você pode criar a quarta casa com bend no 2 aspirado para baixo e a sexta casa com bend no 3 aspirado.

Figura 9-2:
A nota de origem e o acorde de origem na primeira posição.

Orifício	1	2	3	4	5	6	7	8	9	10
Aspiração	2	5	7	2	4	6	7	2	4	6
Sopro	1	3	5	1	3	5	1	3	5	1

Bends aspirados (orifícios 1–6)
Bends soprados (orifícios 7–10)

Notas que fazem bend

As mais importantes notas que fazem bend em cada posição são as notas do acorde de origem. Na primeira posição, o acorde de origem consiste nas notas sopradas, e os Sopros 7, 8, 9 e 10 são os únicos que fazem bend.

Entretanto, uma nota soprada, o 3 soprado, é duplicada como nota aspirada, o 2 aspirado, que também faz o bend (ver Tablatura 9-1, Lick 11). Fazer o bend no 3 aspirado produz alguns belos sons de blues, conforme mostrado nos Licks 9, 10 e 12 da Tablatura 9-1. O blues na primeira posição frequentemente salta dos bends soprados no registro extremo agudo (Orifícios 7 a 10) para os bends aspirados no registro grave enquanto pulam o registro médio (Orifícios 4 a 7).

Posições relacionadas

Os acordes IV e V — que são os acordes embutidos no 4° e 5° graus da escala — são os mais importantes entre os acordes tocados de fundo como acompanhamento para uma canção (veja nos Capítulos 3 e 11 mais informações sobre os acordes e como eles funcionam em canções). A décima segunda posição corresponde ao IV acorde e a segunda posição, ao V acorde. Ser capaz de tocar bem essas posições pode ajudar você a tocar melhor na primeira posição.

Segunda posição (Sol em uma gaita em Dó)

A segunda posição tem sua origem no blues, mas se expandiu para muitos outros estilos de música. Até para músicas em escala maior, a segunda posição é mais popular do que a primeira — provavelmente porque as notas do acorde de origem fazem bend nos registros grave e médio (Orifícios 1 a 6).

Tente alguns dos licks em segunda posição na Tablatura 9-2 para ficar familiarizado com tocar na segunda posição. Você pode ouvir os licks na Faixa 49.

156   Parte III: Indo Além do Básico

Nota de origem e acorde de origem

Para a maioria das interpretações, a principal nota de origem é o 2 aspirado. Porém, a nota de origem também é encontrada no 3, 6 e 9 soprado.

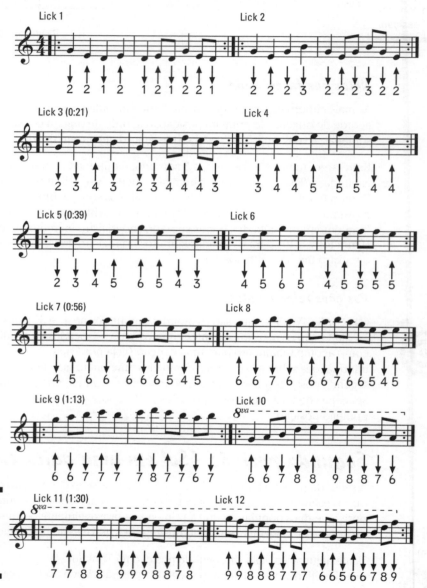

Tablatura 9-2: Licks de segunda posição (Faixa 49).

As notas do acorde de origem (marcadas 1, 3 e 5) rodeiam o 2 aspirado, como mostrado na figura 9-3. Isto faz um acorde de origem bem grande nas notas aspiradas do registro baixo (que é onde a maioria da segunda posição de toque tem lugar).

Notas do acorde de origem também estão espalhadas pelos registros médio e superior. Você pode estender o acorde de origem e fazer soar blues, adicionando as casas 2 e 7 da escala.

Figura 9-3: A nota de origem e o acorde de origem na segunda posição.

Bends aspirados

Orifício	1	2	3	4	5	6	7	8	9	10
Aspiração	5	1	3	5	♭7	2	3	5	♭7	2
Sopro	4	6	1	4	6	1	4	6	1	4

Bends soprados

Escala modal e notas evitadas

A segunda posição utiliza uma escala chamada *modo Mixolídio*. Ele difere de uma escala maior em uma nota: o 7° grau é considerado menor por ser um semitom mais grave do que o 7° grau da escala maior. Essa nota é característica do blues e frequentemente funciona com o rock baseado no blues.

Quando você utiliza a segunda posição para tocar melodias maiores que contenham o 7° grau maior, o 7° grau menor destoará — ele se tornará uma nota evitada. Essa situação aparece na música country, onde os gaitistas preferem a segunda posição, mas precisam tocar várias canções que possuem escalas maiores.

Você pode evitar notas destoantes facilmente nos Orifícios 2 e 9 fazendo o bend da nota de origem para baixo em um semitom para obter o 7° maior. Mas no registro médio, a única opção de bend é o overblow, e nem todos os gaitistas possuem um bom controle de overblow, por isso encontram outras formas de evitar uma nota destoante:

- Você pode tocar outra nota que se harmonize com o 7° maior, como o 4 aspirado ou o 6 aspirado.
- Você pode tocar o 6 soprado, que é a nota vizinha na escala.
- Você pode tocar uma gaita afinada para o country (veja mais sobre a afinação para o country no Capítulo 14).

Para tocar blues e rock, a segunda posição geralmente funciona bem. Entretanto, muitas canções country e pop possuem melodias que utilizam a escala maior padrão.

Notas que fazem bend

Em qualquer posição, as notas mais importantes são as do acorde de origem, e caso elas sejam também notas que fazem bend, isso é uma grande vantagem. Na segunda posição, as notas aspiradas nos Orifícios 1, 2, 3 e 4 fazem parte do acorde de origem, e todas elas fazem bend. O 9 soprado é a única nota dobrável do acorde de origem, mas fica um tanto isolada no registro principal sem nenhuma outra nota que faz bend do acorde de origem a seu lado.

Posições relacionadas

Na segunda posição, os importantes acordes IV e V (embutidos no 4° e 5° graus da escala) correspondem à primeira e à terceira posições. Tocar nessas posições dará a você mais versatilidade na segunda posição. (Veja o Capítulo 3 para saber mais sobre acordes embutidos em graus da escala.)

Terceira posição (Ré em uma gaita em Dó)

A terceira posição é ouvida em canções de blues e rock, e às vezes em músicas para violino. Ela também possui um som menor que combina com canções como "Scarborough Fair" e "Greensleeves". A terceira posição flui bem nos registros médio e extremo agudo, e os gaitistas de blues frequentemente utilizam os desafiadores bends profundos também no segundo registro.

Experimente alguns dos licks em terceira posição da Tablatura 9-3. Ouça os licks na Faixa 50.

Nota de origem e acorde de origem

O 4 aspirado é a base de origem para a terceira posição, e o acorde de origem pode ser encontrado nos orifícios 4, 5 e 6 aspirados, e novamente nos orifícios 8, 9 e 10 aspirados (conforme mostrado na Figura 9-4). As notas aspiradas nos Orifícios 3 e 7 podem ser acrescentadas ao acorde para dar a ele uma qualidade sombria. Para a maioria das interpretações, a nota de origem principal é o 2 aspirado, embora a nota de origem também seja encontrada nos orifícios 3, 6 e 9 soprados.

Você precisa ser cuidadoso com o acorde aspirado nos Orifícios 1 a 4. Muito embora os 1 e 4 aspirados toquem a nota de origem na terceira posição, quando você toca os 1 e 4 aspirados simultaneamente como um acorde, obtém o acorde de origem da segunda posição. Se você se concentrar demais nesse acorde, ou no 2 aspirado como nota individual, poderá perder o jeito de tocar na terceira posição.

Escala modal e notas evitadas

A escala na terceira posição é conhecida como *modo Dórico*. Trata-se de um tipo menor de escala, mas uma nota desta pode às vezes destoar das escalas menores. Essa nota é a 6ª da escala, que é encontrada nos Orifícios 3 e 7 aspirados.

Se você considerar essa nota destoante, pode fazer o bend no 3 aspirado, mas não no 7 aspirado (em vez disso, você pode tocar um overblow 6). Ou pode apenas ter cuidado e evitar a nota caso ela destoe.

Notas que fazem bend

As notas do acorde de origem nos orifícios 4, 5 e 6 aspirados fazem todas bend e podem realmente produzir um som choroso. As notas aspiradas nos Orifícios 2 e 3 não são notas de acorde de origem, mas você pode fazer o bend delas no 2 aspirado ao grau ♭3 da escala e no 3 aspirado ao grau 5 da escala; ambas são notas de acorde de origem.

160 Parte III: Indo Além do Básico

Tablatura 9-3: Licks de terceira posição (Faixa 50).

Figura 9-4: A nota de origem e o acorde de origem na terceira posição.

Se você tiver um bom controle sobre esses bends, eles têm uma qualidade de tom especial que vale a pena ser cultivada. As notas agudas de sopro não fazem parte do acorde de origem, mas quando você faz o bend delas na terceira posição, elas podem ganhar uma qualidade misteriosa e lúgubre que pode trazer suspense a um solo.

Posições relacionadas

Na terceira posição, o IV acorde (embutido no 4° grau da escala) corresponde à segunda posição e o V acorde (embutido no 5° grau da escala) corresponde à quarta posição (veja o Capítulo 3 para mais informações sobre esses acordes). Na escala dórica, o acorde ♭VII (embutido no 7° grau da escala) é importante para algumas canções celtas e de violino. Esse acorde corresponde à primeira posição. Explorar essas posições pode dar a você formas adicionais de explorar a terceira posição.

Quarta posição (Lá em uma gaita em Dó)

Embora seja raramente utilizada no blues, rock e country, a quarta posição oferece grande flexibilidade no registro agudo para o folk, klezmer (gênero de música não litúrgica judaica), jazz e até para algumas melodias clássicas. Porém, algumas dessas melodias exigem que você altere a escala da quarta posição com tipos específicos de notas dobradas.

Os licks da Tablatura 9-4 podem ajudar você a explorar a quarta posição com nada além da escala que a gaita lhe oferece (exceto por alguns bends expressivos). Você pode ouvir os licks na Faixa 51.

Nota de origem e acorde de origem

Para a maioria das interpretações na quarta posição, a principal nota de origem é o 6 aspirado. Porém, a nota de origem é também encontrada no 10 aspirado, conforme mostrado na Figura 9-5.

A nota de origem não possui notas de acorde nas notas aspiradas vizinhas (as outras notas do acorde de origem são notas sopradas). Na verdade, as notas aspiradas que fazem divisa com a nota de origem podem criar desarmonia com o acorde de origem. Mas aquelas notas aspiradas podem ser combinadas lindamente nas melodias.

Parte III: Indo Além do Básico

Tablatura 9-4: Licks de quarta posição (Faixa 51).

Figura 9-5: A nota de origem e o acorde de origem na quarta posição.

A nota de origem está ausente no registro grave. Você pode criá-la fazendo o bend no 3 aspirado, conforme demonstrado nos Licks 9, 10, 11 e 12. (Esse pode ser um bend desafiador, mas o resultado vale a pena.) A quarta posição tende a fluir melhor no registro agudo.

Escala modal e notas evitadas

A quarta posição oferece a você uma escala chamada de *modo Eólio*. Esta escala também é conhecida como *menor natural*; ela é considerada a forma pura da escala menor. Em algumas melodias menores, o 6° e o 7° graus da escala são elevados; por isso, você pode precisar fazer o bend ou overbends para corresponder a eles.

Notas que fazem bend

A nota de origem 6 aspirado faz bend, assim como as notas de acorde nos Orifícios 7, 8 e 10 soprados. O 9 soprado é o 7° grau da escala, que às vezes funciona como uma extensão do acorde de origem, e também faz o bend muito bem (veja Tablatura 9-4, Lick 6).

No registro grave, o 3 aspirado faz bend para a nota de origem (e para uma nota um semitom abaixo da nota de origem). No Orifício 2, a nota aspirada faz bend para baixo do 7° ao 6° grau da escala, ajudando a fazer com que esta fique completa.

Posições relacionadas

Na quarta posição, o IV acorde (o acorde embutido no 4° grau da escala) corresponde à terceira posição, e o V acorde, à quinta posição. (Consulte o Capítulo 3 para saber mais sobre esses acordes.) Canções folk no modo eólio utilizam os acordes ♭VI e ♭VII. A décima segunda posição corresponde ao ♭VI, e a segunda posição, ao ♭VII.

Quinta posição (Mi em uma gaita em Dó)

Os primeiros registros da quinta posição no blues datam de 1928 e foram atribuídos a William McCoy na canção "Central Tracks Blues". A quinta posição também foi utilizada pelo gaitista country Charlie McCoy (nenhum parentesco). Trata-se de uma posição de sonoridade menor que faz excelente uso das notas dobráveis no registro grave.

Para explorar alguns dos sons, tente fazer os licks da Tablatura 9-5. Eles podem ser ouvidos na Faixa 52.

Parte III: Indo Além do Básico

Tablatura 9-5: Licks de quinta posição (Faixa 52).

Nota de origem e acorde de origem

A nota de origem para a quinta posição é encontrada nos Orifícios 2, 5 e 8 soprados (consulte a Figura 9-6). O 2 soprado tende a ser preferido como nota de origem por causa de todas as notas de acordes de origem que ficam perto dele. Os Orifícios 2 e 3 soprados são notas de acorde de origem, assim como os Orifícios 2 e 3 aspirados. Essa combinação permite a você tocar padrões de sopro-aspiração inteiramente no acorde de origem, o que é algo exclusivo da quinta posição. Nos registros médio e agudo, duas das notas do acorde de origem são notas sopradas e uma é nota aspirada.

Figura 9-6: A nota de origem e o acorde de origem na quinta posição.

Orifício	1	2	3	4	5	6	7	8	9	10
Aspiração	♭7	♭3	5	♭7	♭2	4	5	♭7	♭2	4
Sopro	♭6	1	♭3	♭6	1	♭3	♭6	1	♭3	♭6

Bends aspirados (orifícios 1–6)
Bends soprados (orifícios 7–10)

Escala modal e notas evitadas

A escala na quinta posição é um tipo menor de escala chamada de *modo Frígio*. O 2° grau da escala fica um semitom abaixo do que normalmente fica na maioria das escalas. Ele pode dar um som espanhol ou flamenco à música, mas, na maioria das circunstâncias, seu som é estridente. Eu o incluí na Tablatura 9-5, Lick 11 como uma espécie de nota de blues.

O grau ♭6 fica sempre um orifício à esquerda da nota de origem na quinta posição. Evite tocar essa nota em um acorde com a nota de origem, a menos que você saiba que ela pertence ao acorde. Caso contrário, ela pode destoar do acorde de fundo.

Notas que fazem bend

Assim como em várias outras posições, as mais importantes notas que fazem bend na quinta posição são as notas do acorde de origem. Na quinta posição, as notas aspiradas nos Orifícios 2 e 3 fazem parte do acorde de origem, e você pode se divertir à beça tocando bends expressivos dessas notas.

2 e 4 aspirados são o 7° grau da escala, mas funcionam como uma extensão do acorde de origem. Além disso, fazem bend muito bem, conforme mostrado no Lick 3 (consulte a Tablatura 9-5). O 6 aspirado é o 4° grau da escala, e produz um som choroso quando você faz o bend dela. Os Orifícios 8 e 9 soprados são também notas de acorde de origem que fazem bons bends (veja o Lick 9 na Tablatura 9-5).

Posições relacionadas

Na quinta posição, o IV acorde (o acorde embutido no 4° grau da escala) corresponde à quarta posição. O V acorde corresponde à sexta posição, mas eu não falarei dele aqui. Caso você deseje explorar as possibilidades flamencas da quinta posição, o característico acorde ♭II corresponde à décima segunda posição.

Décima segunda posição (Fá em uma gaita em Dó)

A décima segunda posição ganhou popularidade somente nos últimos anos, embora tenha sido utilizada com sucesso por Daddy Stovepipe em sua gravação de 1931, "Greenville Strut". Não é uma posição muito típica do blues, mas pode ser ótima para melodias em escala maior. Porém, há uma nota evitada (ver a seção anterior, "Escala modal e notas evitadas").

Para explorar a décima segunda posição, confira os licks na Tablatura 9-6. Ouça os licks na Faixa 53.

Nota de origem e acorde de origem

Para a maioria das interpretações, a nota de origem principal para a décima segunda posição é o 5 aspirado no registro médio, embora a nota de origem seja também encontrada no 9 aspirado no registro agudo (conforme mostrado na Figura 9-7). No registro grave, você pode criar a nota de origem fazendo o bend no 2 aspirado.

A 1ª e a 3ª notas do acorde de origem são notas aspiradas e podem ser tocadas simultaneamente, mas a 5ª nota é soprada. Você pode frequentemente incluir o 6° grau no acorde — seu ouvido deve ser o juiz. A 6ª nota fica sempre um orifício à esquerda da nota de origem.

Escala modal e notas evitadas

A escala na décima segunda posição é um tipo de escala maior chamada de *modo Lídio*. A única nota evitada é o 4° grau elevado da escala, que às vezes soa bem se for seguido pelo 5° grau. Você pode fazer o bend do 4° elevado para baixo para o 4° regular no 3 aspirado, e pode criar o 4° grau regular fazendo o bend no 10 soprado.

Capítulo 9: Posições: Tocando uma Gaita em Várias... 167

Tablatura 9-6: Licks da décima segunda posição (Faixa 53).

Figura 9-7: A nota de origem e o acorde de origem na décima segunda posição.

Notas que fazem bend

As notas do acorde de origem que fazem bend são irregulares na décima segunda posição. No registro médio, os Orifícios 5 e 6 aspirados são notas de acordes de origem, e fazem bend. No registro agudo, o 10 soprado é uma nota de acorde e também faz bend. No registro grave, os Orifícios 2 e 3 aspirados fazem bend para chegar à nota do acorde de origem e ao 3° grau.

Posições relacionadas

Na décima segunda posição, o V acorde (embutido no 5° grau da escala) corresponde à primeira posição. O IV acorde corresponde à décima primeira posição, que não é abordada aqui. (Confira o Capítulo 3 para saber mais sobre esses acordes.)

Capítulo 10

Tocando com Sofisticação: Desenvolvendo o Espírito e a Velocidade

Neste Capítulo

▶ Relacione as escalas aos acordes
▶ Enfeite a melodia com ornamentos
▶ Aprenda a tocar a gaita mais rápido

Quando você conseguir tocar com velocidade e sofisticação é porque provavelmente já decorou onde ficam as notas (ou pelo menos as notas que você precisa para tocar o que deseja tocar), como essas notas soam e como tocá-las. Quando você ainda se encontra nos estágios iniciais do aprendizado da gaita, sua mente tem papel importante. Ela ajuda você a compreender os nomes das notas e como elas combinam entre si, além de como as estruturas musicais funcionam. Sua mente também ajuda você a passar pelo processo do aprendizado passo a passo de todos os movimentos — movimentos esses que você acabará por dominar.

Porém, depois de um tempo, sua mente poderá desistir e deixar os detalhes para sua memória auditiva e muscular. Quanto mais você tocar gaita, mais sua memória muscular e auditiva lhe permitirá tocar uma série de notas apenas ao pensar nelas. Quando você puder tocar o que quiser sem pensar na mecânica, ficará livre para brincar — ou seja, para ter espírito.

Para aproveitar ao máximo este capítulo, você precisa ser capaz de tocar notas individuais (veja o Capítulo 5). Conseguir fazer o bend é útil, mas não essencial. Ler sobre alguns dos conceitos teóricos do Capítulo 3 pode aprofundar sua compreensão dos materiais deste capítulo. Porém, se você simplesmente tocar os padrões das tablaturas deste capítulo, aumentará sua familiaridade com a gaita e sua capacidade de utilizá-la de diferentes formas.

Alguns dos padrões melódicos deste capítulo podem exigir meses de trabalho. Não se sinta como se precisasse dominá-los imediatamente, ou como se precisasse dominar todos eles. Ouça-os e decida se eles levam você aonde você deseja ir. Confira os outros capítulos enquanto determina o que inspira você a tocar.

Sua escolha de gaitas tem papel importante em sua estratégia para se tornar fluente de uma forma que lhe seja adequada. Você pode decidir utilizar qualquer uma das seguintes estratégias, cada uma delas adotada por pelo menos um gaitista profissional:

- Toque apenas gaitas com afinação padrão, em duas ou três posições, e utilize o máximo de tons de gaita que precisar. (É isso o que a maioria dos gaitistas faz.)
- Toque gaitas em apenas uma posição, utilize afinações alternadas para diferentes escalas (menor, maior, blues) e utilize quantos tons de gaita forem necessários.
- Toque algumas misturas de posições e afinações.
- Toque gaitas padrão em todos os 12 tons em todos os tipos de escalas, utilizando todos os 12 tons de gaita. (Somente alguns poucos gaitistas dominam essa abordagem.)
- Toque uma gaita em Dó (ou uma gaita com afinação alternada) em todos os 12 tons. (Um número ainda menor de gaitistas adota essa abordagem.)

Dominando a Melodia a Partir do Zero

A maioria das músicas que você toca vai de uma nota na escala à sua vizinha imediata (movimento *gradual*) ou salta para uma nota mais distante. Porém, a maior parte dos saltos vai de uma nota de acorde para outra. Ou seja, se o acorde que está sendo tocado ao fundo por uma guitarra ou um piano é Dó, e as notas de um acorde em Dó são Dó, Mi e Sol, a melodia frequentemente saltará do Dó ao Mi, do Mi ao Sol, ou do Sol ao Dó. Quando você toca as notas de um acorde uma por uma, está tocando um *arpejo*.

Se você praticar escalas, arpejos e padrões baseados em escalas, ficará familiarizado com padrões que mais tarde encontrará em muitas músicas instrumentais e cantadas. Como Don Les, do grupo The Harmonicats, me disse certa vez, "Quem já esteve em todos os lugares sempre sabe onde está."

Visualizando a escala

A gaita foi projetada para tocar na escala maior. Tudo o mais é baseado nessa escala. Quando você desenvolve o domínio da escala maior, está erguendo um dos principais pilares da fluência na gaita.

A escala é tocada de forma diferente em cada registro. No registro superior, as notas aspiradas se movem um orifício à direita, e você precisa fazer o bend para obter uma nota no Orifício 10. No registro inferior, você precisa fazer o bend para obter duas das notas, que estão faltando, e uma nota é duplicada (o 3 aspirado e o 3 soprado tocam a mesma nota).

Se sua habilidade de fazer bend ainda não estiver desenvolvida a ponto de incluir notas com bend, toque esses exercícios assim mesmo, deixando apenas as notas com bend de fora. Substitua a nota antes ou depois pela nota com bend que está faltando.

A Tablatura 10-1 mostra a escala maior tocada de forma ascendente, depois descendente, em todos os três registros. Você pode ouvir a escala sendo tocada na Faixa 54.

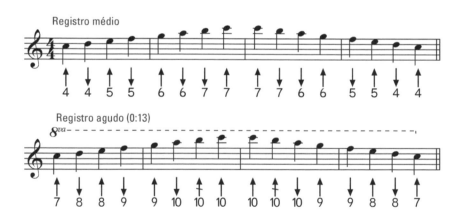

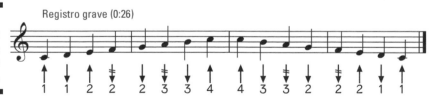

Tablatura 10-1
A escala maior em três registros (Faixa 54).

Reconhecendo padrões de escala

Quando você toca uma escala, pode tocar uma nota dela, seguida da próxima nota, e por aí vai. Entretanto, em vez de percorrer de forma ascendente ou descendente a mesma velha escala, você pode enfeitá-la aplicando um breve padrão melódico a cada nota dela. Muitas melodias de sonoridade elaborada utilizam este princípio simples, e frequentemente empregam um entre poucos padrões comuns. Depois que você dominar esses padrões, poderá tocar (e reconhecer) muitas melodias complexas.

Os padrões que você toca em notas da escala são geralmente descritos contando de uma nota à seguinte. Você começa com a nota de escala que dá início ao padrão e a chama de "1". Em seguida, conta para frente ou para trás até a próxima nota no padrão, dá a ela um número, e assim por diante. Isso é feito em cada nota da escala à qual o padrão é aplicado. A sequência de números que você obtém quando conta o padrão fica sendo o nome dele.

Por exemplo, na Tablatura 10-2, você começa com a primeira nota da escala. Depois, conta para frente 1-2-3 e toca a nota que encontrar no 3. Portanto, você toca um padrão 1-3. Neste padrão, você não toca o 2, apenas o 1 e o 3. Na próxima nota da escala, você deve fazer o mesmo. Para tornar mais fácil tocar, quando você fizer o caminho de volta na escala, o padrão é invertido, tornando-se um padrão 3-1, e faz o caminho para trás em vez de para frente. Você pode ouvir esta escala na Faixa 55.

Muito embora um padrão da escala possa ser consistente, a sequência de ações físicas na gaita não o é. Mesmo que você não saiba decifrar notação musical, poderá ver como as notas formam padrões e formas consistentes — mas ao tentar tocar a tablatura de gaita, você descobre que os padrões de ação não são consistentes. Por exemplo, na Tablatura 10-2, alguns dos padrões 1-3 são de dois sopros, outros são de duas aspirações, e dois deles misturam notas sopradas e aspiradas. Memorizar as mudanças nos padrões de ação da gaita é parte importante de integrar sua memória muscular à lógica musical e ao que seu ouvido está pedindo para escutar.

Confira os seguintes padrões:

- A Tablatura 10-3 (Faixa 56) mostra a escala com um padrão 1-2-3 em cada nota de escala. De forma descendente na escala, o padrão é invertido para 3-2-1.
- A Tablatura 10-4 (Faixa 57) mostra a escala com um padrão 1-2-3-5. O padrão é invertido para 5-3-2-1 de forma descendente na escala.
- A Tablatura 10-5 (Faixa 58) mostra a escala com um padrão 1-2-3-4. O padrão é invertido para 4-3-2-1 de forma descendente na escala.

Capítulo 10: Tocando com Sofisticação: Desenvolvendo ...

Tablatura 10-2: Escala com um padrão 1-3 (Faixa 55).

174 Parte III: Indo Além do Básico

Tablatura 10-3: Escala com um padrão 1-2-3 (Faixa 56).

Capítulo 10: Tocando com Sofisticação: Desenvolvendo ... 175

Tablatura 10-4: Escala com um padrão 1-2-3-5 (Faixa 57).

Parte III: Indo Além do Básico

Tablatura 10-5: Escala com um padrão 1-2-3-4 (Faixa 58).

Todos esses padrões têm seu papel tanto nas melodias das canções quanto nas improvisações. Mas em vez de tocar padrões indo de uma nota da escala à sua vizinha imediata, você pode também tocar padrões que saltem para notas diferentes da escala.

Capítulo 10: Tocando com Sofisticação: Desenvolvendo ... 177

Na Tablatura 10-6 (Faixa 59), as notas não seguem a ordem Dó, Ré, Mi, Fá, Sol, Lá, Si, Dó, e depois invertendo essa ordem. Em vez disso, elas seguem a ordem Dó, Fá, Si, Mi, Lá, Ré, Sol, Dó. Cada nova nota avança quatro notas na escala ou regride cinco notas. Se você construísse um acorde com base em cada uma dessas notas, obteria uma sequência de acordes, chamada *progressão harmônica*. Você provavelmente já ouviu progressões harmônicas em canções antes. Se numerarmos esses acordes no tom de Dó, eles são I, IV, VII, III, VI, II, V, I, conforme mostrado na Tablatura 10-6. Em vez de repetir o mesmo padrão melódico em toda essa progressão, dois padrões diferentes são alternados. Canções populares frequentemente repetem ou alternam padrões melódicos ao longo de uma progressão harmônica.

Tablatura 10-6: Progressão harmônica com padrões alternados (Faixa 59).

Ancorando melodias em notas de acorde

A maioria das melodias se movem diretamente de uma nota de acorde a outra ou passam por um ou dois *tons fora do acorde* (notas que não fazem parte da escala) ao longo do caminho.

Se a maioria dos acordes é tocada na batida, você ouve o acorde, embora as notas não soem todas simultaneamente. Notas de acorde funcionam juntas para reforçar a nota raiz do acorde — um fenômeno poderoso. Quando você ouve as notas do acorde, ouve equilíbrio e pausa — ou, em termos musicais, *resolução*.

Se algumas das notas tocadas na batida não forem tons do acorde, você ouvirá uma perturbação do acorde ou *tensão musical*. Logo depois, você ouvirá notas de acorde na batida. Passar da resolução à tensão e depois de volta à resolução cria interesse.

A Figura 10-1 mostra a disposição das notas de uma gaita na primeira posição (veja mais sobre posições no Capítulo 9). O Orifício 4 soprado é a nota de origem, que é numerada como 1. Todas as outras notas na escala a partir do 1 são numeradas também. Se você construir um acorde baseado no 1, as notas do acorde serão 1, 3 e 5. Todas as notas sopradas são partes do acorde; portanto, elas são todas 1, 3 e 5.

Figura 10-1: Uma gaita com as notas da escala numeradas na primeira posição.

Orifício	1	2	3	4	5	6	7	8	9	10
Aspiração	2	5	7	2	4	6	7	2	4	6
Sopro	1	3	5	1	3	5	1	3	5	1

O acorde pode ser um ponto de pausa, mas nem todas as notas do acorde são igualmente pausadas:

- A 1, ou raiz do acorde, é o ponto de pausa absoluta.
- A 5 é o segundo ponto mais forte de pausa no acorde.
- A 3 é o ponto de pausa mais fraco de todos os três. Esta nota soa como se estivesse fazendo uma pergunta que pede para ser respondida.

Todas as outras notas — 2, 4, 6 e 7 — são tons fora do acorde.

A Tablatura 10-7 mostra a escala começando no 1° grau da escala, no Orifício 4 soprado. As notas estão agrupadas em pares de notas colcheias (♪). A primeira nota do par é tocada na batida, e a segunda nota vem entre as batidas. Ouça a Tablatura 10-7 sendo tocada na Faixa 60.

Tablatura 10-7: Uma escala de primeira posição com tons de acorde (Faixa 60).

Quando você toca a escala de Tablatura 10-7 de forma ascendente, as notas do acorde estão na batida, exceto no final da escala — você obtém uma pequena turbulência antes de aterrissar. Quando você percorre a escala de forma descendente, a maioria das notas de acorde estão entre as batidas, por isso as notas que aterrissam na batida criam tensão, até que finalmente você aterrissa na 1 novamente, na batida, e atinge a resolução.

A Tablatura 10-8 mostra uma melodia que alterna resolução e tensão. Você pode ouvir a melodia na Faixa 60 (0:15).

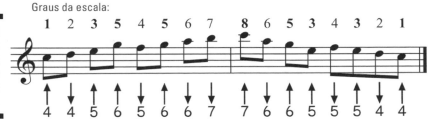

Tablatura 10-8:
Uma melodia que alterna resolução e tensão (Faixa 60, 0:15).

Simplificando a escala para cinco notas

A escala maior possui sete notas. Porém, muitas músicas são tocadas com uma escala simplificada que possui apenas cinco notas, e que é chamada de *escala pentatônica*. A escala pentatônica inclui os três tons de acorde — 1, 3 e 5 — e duas outras notas. Considere o seguinte:

- **A escala pentatônica maior inclui 1, 2, 3, 5 e 6.** Você pode utilizar essa escala para os acordes de origem maior na primeira, segunda e décima segunda posições.

- **A escala pentatônica menor inclui 1, 3, 4, 5 e 7.** Você pode utilizar essa escala para os acordes de origem menor na segunda, quarta e quinta posições.

Reserve algum tempo para ouvir e tocar as escalas pentatônicas nas tablaturas abaixo. Elas aparecem em grande quantidade na música que você ouve, e é divertido brincar com elas.

- A Tablatura 10-9 (Faixa 61) mostra a escala pentatônica maior na primeira posição em todos os três registros. Tente tocá-la de forma ascendente, conforme mostrado. Depois, experimente tocar a escala de forma descendente, e tocar apenas algumas notas vizinhas da escala.

- A Tablatura 10-10 (Faixa 61, 0:18) mostra a escala pentatônica menor na quarta posição. Se você comparar as notas na escala, descobrirá que elas são as mesmas notas da escala pentatônica maior na primeira posição. Porém, a nota de origem diferente faz com que a escala soe muito diferente.

✔ A Tablatura 10-11 (Faixa 62) mostra a escala pentatônica maior na segunda posição, e a Tablatura 10-12 (Faixa 62, 0:18) mostra a escala pentatônica menor na quinta posição. Essas duas escalas utilizam as mesmas notas, mas elas soam bem diferentes.

✔ A Tablatura 10-13 (Faixa 63) mostra a escala pentatônica maior na décima segunda posição, e a Tablatura 10-14 (Faixa 63, 0:18) mostra a escala pentatônica menor na terceira posição. Essas duas escalas utilizam as mesmas notas para produzir resultados diferentes.

Tablatura 10-9: A escala pentatônica maior na primeira posição (Faixa 61).

Tablatura 10-10: A escala pentatônica menor na quarta posição (Faixa 61, 0:18).

Tablatura 10-11 A escala pentatônica maior na segunda posição (Faixa 62).

Capítulo 10: Tocando com Sofisticação: Desenvolvendo ... **181**

Tablatura 10-12: A escala pentatônica menor na quinta posição (Faixa 62, 0:18).

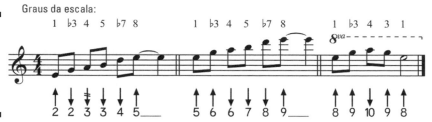

Tablatura 10-13: A escala pentatônica maior na décima segunda posição (Faixa 63).

Tablatura 10-14: A escala pentatônica menor na terceira posição (Faixa 63, 0:18).

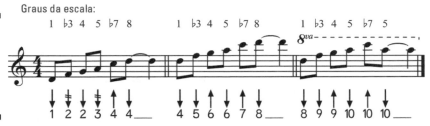

Acrescentando Ornamentos à Melodia

Ornamentos são decorações que você acrescenta a uma melodia. Às vezes, os ornamentos são utilizados para enfatizar certas notas e destacar a melodia mais claramente. Às vezes, eles são utilizados para tornar uma linha simples mais elaborada e criar padrões interessantes. E às vezes, são utilizados simplesmente como efeitos especiais.

Na maioria dos instrumentos, você cria ornamentos tocando brevemente notas adicionais antes ou depois de uma nota de melodia. Porém, alguns dos efeitos de tongue blocking descritos no Capítulo 7 (tais como slaps, hammers, rakes e shimmers) servem às mesmas funções como ornamentos, por isso você pode considerar também o uso deles.

Shakes

Quando faz um *shake*, você rapidamente alterna notas em dois orifícios vizinhos. As duas notas de um shake serão ambas notas sopradas ou ambas notas aspiradas. Em vez de uma simples harmonia, você obtém uma textura criada pela quantidade e velocidade de alternância. Shakes são muito utilizados no blues, gênero que os difundiu para o rock e a música country.

Alguns gaitistas fazem shakes segurando a gaita em posição imóvel e movimentando a cabeça de um lado para o outro. Há também músicos que fazem shake utilizando as mãos para mover a gaita. Fazer isso lhe dá mais controle e tem menos chances de lhe provocar dores no pescoço ou tonturas.

Quando faz um shake, você normalmente trata o orifício à esquerda como a nota principal, e o orifício à direita como a nota acrescentada. Utilize o pulso direito para movimentar as mãos e a gaita um orifício para a esquerda; em seguida, permita que suas mãos saltem de volta para sua posição original. Você pode tocar um shake de forma que as duas notas sejam distintas, ou pode misturá-las para criar uma espécie de som de acorde texturizado.

A Tablatura 10-15 mostra uma linha melódica simples que você pode tocar com shakes em cada nota da linha. Na Tablatura, a pequena pilha de linhas diagonais ao lado do número do orifício indica um shake. Você pode ouvir como a melodia soa com shakes na Faixa 64.

Tablatura 10-15: Uma linha melódica com shakes (Faixa 64).

Rips, boings e fall-offs

Você pode abordar uma nota deslizando para ela a partir de vários orifícios à esquerda ou à direita. Quando você faz isso, ouve uma cascata de notas que emite uma espécie de som de rasgo levando à sua nota principal; esse movimento é chamado de *rip*, palavra que significa rasgo em inglês.

Você pode também tocar uma nota, depois ir para longe dela em um rip que não leva a outra nota; ele apenas se abranda. Quando você faz um rip para longe de uma nota movendo-se para a direita, a altura aumenta, o que dá

Capítulo 10: Tocando com Sofisticação: Desenvolvendo ... 183

a impressão de uma bola quicando; esse movimento é chamado de *boing*. Quando você faz um rip para longe de uma nota movendo-se para a esquerda, a altura das notas que se seguem diminui. Por isso, naturalmente, esse movimento é chamado de *fall-off* (que significa queda, em inglês).

Rips, boings e fall-offs, mostrados na Tablatura 10-16, são utilizados no jazz e às vezes no blues, rock e música popular. Você pode ouvir esses ornamentos na Faixa 65.

Tablatura 10-16: Rips, boings e fall-offs (Faixa 65).

Apogiaturas

Você pode enfatizar uma nota da melodia iniciando com uma nota diferente — a *apogiatura*, também chamada de *nota de ornamento* — em um orifício vizinho pouco antes do momento de tocar a nota à qual você quer chegar. Você toca a apogiatura por apenas uma fração de segundo, depois chega à nota principal. O rápido movimento da apogiatura à nota principal cria uma textura percussiva que enfatiza a nota principal. A Tablatura 10-17 mostra uma escala descendente com duas apogiaturas. Você pode ouvi-las na Faixa 66.

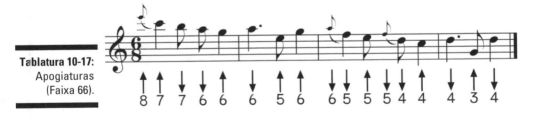

Tablatura 10-17: Apogiaturas (Faixa 66).

Na música celta, vários tipos de apogiaturas são tocadas em instrumentos como violino e flauta. A maioria dessas apogiaturas é tocada utilizando a nota vizinha na escala, pois ela é a nota mais fácil de ser utilizada. Na gaita, tocar a nota no orifício vizinho é a forma mais rápida e tranquila de produzir uma apogiatura, embora as notas envolvidas geralmente não sejam vizinhas na escala.

Desenvolvendo Sua Velocidade

Aprender a tocar gaita rapidamente é um processo semelhante ao de aprender a falar. Primeiro, você aprende a balbuciar sons. Depois, aprende a moldar os sons para transformá-los em palavras, a conectar as palavras para formar sentenças simples e a ter conversações. Aí então você se torna fluente — sua linguagem pode fluir.

Quando você aprende a tocar a gaita fluentemente, começa com as notas individuais. Você aprende a conectar as notas para formar frases curtas (como palavras). Depois, as frases curtas se tornam mais longas, até que você consiga tocar de forma que flua. Ou seja, você se torna fluente.

Tornar-se fluente na gaita é também um processo semelhante ao de cortar caminho por uma mata densa. Cortar galhos, deslocar troncos e retirar pedras do caminho são tarefas árduas. Porém, depois que você tiver feito o trabalho pesado, terá um caminho rápido e fácil para passar pela floresta.

Na gaita, você está cortando novos caminhos neuronais em seu cérebro. Os cérebros que são mais viajados se tornam mais fortes, e os menos viajados ficam cobertos de mato. A repetição é a chave para desenvolver a fluência, pois mantém esses caminhos neuronais abertos e limpos.

Eis minhas dicas para você se tornar mais rápido na gaita:

- **Comece devagar e conheça cada movimento individualmente.**
  Quando você passa de uma nota à outra, há três coisas que você precisa saber:

  - Onde você está na gaita. Ou seja, você precisa saber qual orifício está tocando.

  - Quais ações você precisa executar para chegar ao orifício seguinte. Por exemplo, você pode ter de mudar orifícios para a esquerda ou para a direita, mudar a direção da respiração, ou fazer bend ou overbend.

  - Como a nova nota soará quando você chegar a ela. Afinal de contas, como você saberá que está no lugar certo se não souber nem que lugar certo é esse?

  Para fazer seu movimento, você precisa de tempo para pensar no que vai fazer, e precisa de tempo para fazê-lo. Tocar lentamente lhe dará esse tempo. Quanto mais novo for um movimento, mais tempo você precisará para tocá-lo.

  A maioria das ações musicais envolve várias notas tocadas em sequência. Alguns movimentos são mais complexos ou podem ser menos familiares para você do que outros. Os movimentos novos e complexos são os que exigem mais tempo para serem tocados e executados; por isso, você precisa tocar *toda* a sequência lentamente. Não passe correndo pelas partes fáceis para depois pisar no freio nas partes difíceis. Estabeleça sempre um *andamento* (a velocidade da batida) com um metrônomo lento o suficiente para executar o mais complicado dos movimentos, depois toque a sequência inteira nesse andamento.

- **Aprenda em pequenas partes.** Quando você estiver aprendendo movimentos que não lhe forem familiares, divida longas sequências em segmentos mais curtos de duas, três ou quatro notas. Pratique cada parte curta. Se os movimentos realmente não lhe forem familiares, você poderá ter de praticar aquela parte curta várias vezes, em um andamento bem lento, até que ela se torne familiar. Aí então, você poderá passar para a parte seguinte.

Se você se deparar com uma sequência mais longa que seja fácil em sua maior parte, toque-a toda, identifique quaisquer áreas de dificuldade, depois isole e pratique apenas essas partes através da repetição lenta. Antes de recolocá-las no contexto de uma sequência mais longa, tente acrescentar apenas as notas que vêm imediatamente antes e depois do segmento. Ao reintegrar a área de dificuldade, toque a passagem inteira em um andamento que permita que você toque a área de dificuldade inteira com confiança.

- **Acelere — aos poucos.** Quando conseguir tocar uma passagem nova ou difícil em um andamento lento e estável, tente acelerá-la um pouquinho. Se você aumentar muito o andamento cedo demais, poderá se ver patinando, embromando e fingindo que consegue tocar as partes difíceis, em vez de tocá-las com clareza, precisão e confiança. Aumentar o tempo aos poucos e certificar-se de que consegue tocar toda a sequência a cada novo aumento ajuda a construir sua autoconfiança e habilidade.

- **Pense e toque em grandes unidades.** Notas são como sons individuais, e breves sequências de notas são como palavras. Conforme você vai se tornando familiarizado com as escalas, arpejos, licks e riffs característicos do estilo de música que escolheu, poderá tocá-los sem precisar pensar em notas individuais ou sequências de notas. Você será capaz de amarrar umas às outras sequências cada vez mais longas compostas de outras mais curtas.

Capítulo 11

Dominando Novas Músicas

Neste Capítulo

- Veja como as músicas são combinadas
- Decida sobre uma gaita
- Familiarize-se com as melodias
- Toque junto com músicas que são novas para você

Como fazer para aprender novas músicas? Você pode tirá-las de ouvido ou lê-las. Hoje em dia, há excelentes ferramentas de software para aprendizado de ouvido. Tablaturas de gaita, quando estiverem disponíveis, também podem ajudar. E há ainda a leitura — seja de tabelas de acordes ou de notação propriamente dita. Essas são excelentes formas de aprender novas músicas. Mas você pode reforçar suas habilidades de aprendizado se também souber como as canções são combinadas. Neste capítulo, eu lhe mostrarei tudo sobre isso.

Entendendo como as Músicas Funcionam

Tanto as músicas já existentes quanto aquelas improvisadas na hora possuem certos princípios de organização. Se você entender um pouco desses princípios, entenderá o jogo que está jogando e as regras dele. Explico os princípios mais importantes nas seções a seguir.

O recipiente: Estruturando o tempo

As canções são compostas de estruturas que se repetem e se alternam, e cada estrutura é constituída dos seguintes pequenos componentes:

✔ **Batidas e compassos**: O tempo na música é medido em *batidas*, e batidas são agrupadas em duplas, trios ou quartetos (em geral, quartetos) chamados *compassos*. Quando eu falo da extensão de uma parte da música, refiro-me ao número de compassos. Contam-se os compassos conforme eles são executados, dizendo-se: "Um-dois-três-quatro, Dois-dois-três-quatro, Três-dois-três-quatro", e assim por diante.

Sempre identifique quantas batidas existem em um compasso quando você ouvir pela primeira vez uma peça de música. Assim, você saberá como contar os compassos.

✔ **Frases**: A maioria das músicas é composta de frases que se combinam para criar uma sentença completa, quase como as frases em uma sentença que possuem uma ordem lógica, ou como uma pergunta seguida de uma resposta. Se você contar os compassos, descobrirá que a maioria das frases tem extensão de 4 compassos.

✔ **Partes**: Uma parte é composta de duas ou mais frases de 4 compassos que se somam para formar uma extensão total de 8, 12 ou 16 compassos. Uma música pode ter apenas uma parte, como um verso que simplesmente se repete; isso ocorre com a maioria das canções de blues. Ou um verso pode ser seguido por uma parte diferente, como um refrão, por exemplo, e depois outro verso e outro refrão, e por aí vai. Algumas músicas também possuem uma *ponte*, ou seja, uma parte que pode mudar a música temporariamente para outro tom.

Geralmente, todas as partes têm a mesma extensão, mas há algo que torna cada parte diferente — como, por exemplo, a letra, a melodia e a *progressão harmônica* (que é a sequência de acordes que acompanha a melodia; veja mais detalhes na próxima seção).

✔ **Forma**: A *forma* de uma música é apenas a sequência de partes. Você pode ouvir um verso, e em seguida um refrão. Se você ouvir a mesma sequência se repetindo, essa é a forma. Algumas músicas sofisticadas podem fugir da forma, mas a maioria das músicas estabelece uma forma e se prende a ela.

Da primeira vez que você ouvir uma música, escute atentamente para ver se identifica a forma geral. Depois, quando for começar a tocá-la, você sempre terá uma ideia de em qual parte da música você se encontra, e do que virá depois.

A Figura 11-1 mostra uma tabela de acordes para uma música imaginária. Essa tabela não inclui a melodia. Em vez disso, a tabela mostra a forma da música e a progressão harmônica, utilizando barras diagonais para representar as batidas de cada compasso. Tabelas de acordes são utilizadas por baixistas, guitarristas e pianistas, que apenas precisam saber os acordes e a forma de uma música para poder criar um acompanhamento para esta.

Essa música possui duas partes repetidas — tudo o que está entre os sinais de repetição (𝄆 repetir isto 𝄇). Cada parte tem extensão de 8 compassos, mas é tocada duas vezes, por 16 compassos. A forma total da música possui extensão de 32 compassos.

O contexto de mudança: Alterações de acordes

As músicas normalmente são acompanhadas por uma *progressão harmônica*, que é uma série de acordes que mudam em certos pontos da música. Os acordes de uma música podem ser escritos sobre uma melodia, sobre a letra ou em uma tabela de acordes (consulte a Figura 11-1). Mais adiante, na seção "Escolhendo a Gaita Certa", eu lhe mostrarei como relacionar os acordes de uma música com sua opção de gaita.

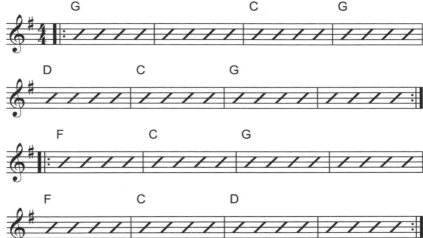

Figura 11-1: Exemplo de tabela de acordes para uma música de duas partes.

Os acordes podem se afastar da nota chave da música e depois voltar em determinados pontos essenciais, como, por exemplo, os finais de frases. Conhecer a progressão harmônica pode ajudar você a saber em que ponto da música você se encontra, mesmo que ninguém esteja tocando a melodia. Pode também ajudar você a expressar a melodia ou lhe dar a base para construir um solo ou parte de acompanhamento, porque o que você faz precisa se encaixar nos acordes e na forma da música.

Os acordes da Figura 11-1 têm uma história para contar. A música está em Sol (isso pode ser percebido pela armação de clave; consulte a seção "Quais são as notas na escala?", mais adiante neste capítulo). A primeira parte da música começa e termina em Sol. Já a segunda parte é um pouco mais ousada. Ela traz nova energia começando com Fá, um novo acorde que ainda não havia aparecido antes. Em vez de terminar voltando para um acorde de Sol, ela deixa você no suspense terminando em Ré, apenas esperando que o Sol volte quando você retorna à primeira parte da música.

O primeiro plano: Melodia

A melodia é o coração de uma música. Esta pode ser toda sua preocupação, mas conhecer a forma, a estrutura de frases e até mesmo as mudanças de acorde de uma canção pode fazer com que a música fique mais clara para você — quando ela se repete, quando muda e quando ocorre uma variação. Quanto melhor você compreender a estrutura de uma melodia, mais fácil ficará aprendê-la e menores serão as chances de você ficar perdido enquanto toca. Quanto maior a segurança com que você conhecer uma melodia e o contexto dela, mais você poderá se concentrar em interpretá-la artisticamente.

Escolhendo a Gaita Certa

Quando você aprende uma nova canção, qual tonalidade de gaita deve utilizar? O tom da canção é apenas o começo, pois a escala pode não ser a escala maior. A primeira coisa a determinar é o tom da música. Pode estar escrito em algum lugar: "Esta música está no tom de Z alucinado." Você pode ter de olhar para uma peça de partitura ou uma tabela de acordes. Ou pode precisar apenas ouvir e tentar identificar a nota chave intuitivamente e tentar fazer a correspondência entre essa nota e o 1 soprado em uma gaita para identificar o nome da nota chave.

Quais são as notas na escala?

Se você possui a partitura de uma música, olhe para o começo dela para ver a *armação de clave*, que é um grupo de sustenidos ou bemóis agrupados no início de cada linha. A armação de clave lhe mostra quais notas precisam ser tocadas sempre sustenido ou sempre bemol, de forma que a escala tenha as notas certas para o tom da música. Mesmo que não saiba ler partituras, você consegue deduzir o tom da música a partir da armação de clave comparando o número de sustenidos ou bemóis com a Tabela 11-1.

Tabela 11-1	Armações de Clave	
Número de Bemóis ou Sustenidos	*Clave Maior*	*Clave Menor*
Nenhum	C maior	A menor
1 sustenido	G maior	E menor
2 sustenidos	D maior	B menor
3 sustenidos	A maior	F# menor
4 sustenidos	E maior	C# menor
5 sustenidos	B maior	G# menor

Capítulo 11: Dominando Novas Músicas

Número de Bemóis ou Sustenidos	Clave Maior	Clave Menor
6 sustenidos	F♯ maior	D♯ menor
1 bemol	F maior	D menor
2 bemóis	B♭ maior	G menor
3 bemóis	E♭ maior	C menor
4 bemóis	A♭ maior	F menor
5 bemóis	D♭ maior	B♭ menor
6 bemóis	G♭ maior	E♭ menor

Cada armação de clave pode indicar uma tonalidade maior ou menor. Como essas tonalidades utilizam a mesma armação de clave, elas são consideradas da mesma família. Por exemplo, o Dó maior é a *relativa maior* do Lá menor, e o Lá menor é a *relativa menor* do Dó maior.

Como é possível saber se a armação de clave indica um tom maior ou menor? Olhe para os nomes dos acordes inicial e final, escritos acima da peça. Estes são provavelmente o *acorde tônico*, o acorde da nota chave da peça. Se os acordes inicial e final forem menores, a música provavelmente está no tom relativo menor. Se os acordes forem maiores, a música provavelmente está no tom relativo maior.

Se a música estiver em um tom maior, escolha um tom de gaita que lhe dará primeira ou segunda posição. Se a música estiver em um tom menor, opte por um tom de gaita que estará em terceira ou quarta posição relativa ao tom da música. (Para saber mais sobre posições, veja o Capítulo 9.)

Quais são as notas nos acordes?

Suponha que você esteja tendo problemas para escolher uma gaita para a tabela de acordes da Figura 11-1. A música está no tom de Sol (o que pode ser deduzido pelo único sustenido na armação de clave), mas quando você experimenta uma gaita em Sol, algumas das notas dela não parecem se encaixar em alguns dos acordes. Veja agora um jeito de chegar a uma boa escolha de gaita:

1. **Encontre a progressão harmônica da música.**

    Os acordes podem estar escritos acima da música simbolizada ou das letras impressas, ou em uma tabela de acordes.

2. *Descubra quais notas estão em cada acorde.*

    Você precisa aprender um pouco de teoria ou consultar um livro teórico ou um livro sobre acordes de guitarra.

3. *Pegue todas as notas de todos os acordes e as coloque em ordem alfabética, como uma escala.*

4. **Encontre uma gaita que possua essa escala ou que esteja muito próxima dela.**

   Veja as disposições de notas no Apêndice A. Se a gaita tiver alguns desses acordes embutidos, será ainda melhor.

Por exemplo, a música da Figura 11-1 possui os acordes Sol, Dó, Ré e Fá. Abaixo, uma divisão das notas desses acordes:

- ✔ **Notas em um acorde Sol maior:** Sol, Si, Ré
- ✔ **Notas em um acorde Dó maior:** Dó, Mi, Sol
- ✔ **Notas em um acorde Ré maior:** Ré, Fá#, Lá
- ✔ **Notas em um acorde Fá maior:** Fá, Lá, Dó

Quando você coloca os acordes em ordem alfabética, eles ficam assim:

A (Lá) B (Si) C (Dó) D (Ré) E (Mi) F (Fá) F# (Fá#) G (Sol)

A escala *quase* corresponde às escalas de uma gaita em Sol e de uma gaita em Dó. A gaita em Sol possui Fá# mas não Fá, e a gaita em Dó possui Fá mas não Fá#. Pelo menos agora, você sabe que o acorde Fá e a nota Fá estão causando os problemas com a gaita em Sol. Onde uma nota da gaita não se encaixa, talvez você possa fazer bend de uma nota para encaixar, ou pelo menos para evitar, essa nota.

Quando você olha para os acordes disponíveis nas duas gaitas, a gaita em Sol possui acordes Sol e Ré e pode destacar as notas de Dó, mas não o Fá. A gaita em Dó possui um acorde Sol e um acorde Dó, e pode destacar as notas de um acorde Fá. Ela também possui acorde Ré menor (a música, no entanto, utiliza um acorde Sol maior). Se você olhar para a tabela de acordes, porém, o primeiro acorde é Sol, seguido de Dó. Esses acordes estão disponíveis na gaita em Dó, por isso ela é a melhor escolha.

Quando você não conseguir fazer a correspondência completa entre um tom de gaita e uma escala ou as notas de uma progressão harmônica, há alguns métodos pelos quais você pode avaliar possíveis tons de gaita para utilizar. Faça as seguintes perguntas:

- ✔ **As notas com bends ou overbends disponíveis na gaita ajudam você a fazer a correspondência entre notas importantes na escala ou na melodia?** Se as notas de que você precisa não estão embutidas na gaita, você pode conseguir criá-las fazendo o bend ou overbend. (Veja o Capítulo 8 para saber mais sobre bend, e o Capítulo 12 para saber sobre o overbend.)

- **Você consegue fazer a correspondência da maioria das notas dos acordes em uma gaita?** Se a resposta for sim, talvez você possa deixar de fora algumas notas.
- **Alguns acordes são mais importantes do que outros?** Alguns são apenas *acordes de passagem* — acordes que passam rapidamente enquanto ajudam a transição de um acorde para outro. Você deve conseguir ignorar esses acordes.
- **Você pode alternar gaitas, tocando uma parte da canção em uma gaita e utilizando uma gaita diferente para fazer a correspondência dos acordes em outra parte da música?** Alternar gaitas pode ser um grande atrativo de palco, além de ajudar você a tocar algumas progressões harmônicas.

Preparar-se versus Tocar Diretamente

Quando aprende uma música, você deseja apenas saber qual é a melodia, e como tocá-la? Ou deseja *improvisar* — brincar com a música e encontrar uma parte de ouvido, e talvez encontrar um pequeno *lick* (pequeno fragmento melódico) ou groove de ritmo que se encaixe? A maioria das pessoas utiliza um pouco de cada abordagem, dependendo da situação. As duas abordagens, que eu explicarei nas seções seguintes, reforçam uma à outra — você não precisa escolher apenas uma delas.

Aprendendo melodias...

Você pode aprender melodias através de muitos métodos diferentes, conforme discuto nesta seção. Você pode preferir um método aos outros, mas cada um deles possui suas próprias vantagens, e eu sugiro que você experimente todos.

...A partir de música escrita

Aprender melodias a partir de partituras lhe dá inúmeras opções de músicas. Você pode aprender rapidamente a partir da música escrita porque não precisará passar um tempão decifrando o que ouve e depois tentando encontrá-lo na gaita. As pessoas fazem muito estardalhaço sobre aprender a ler partituras, mas trata-se apenas de mais uma habilidade. Se você conseguir um bom livro (como *Teoria Musical Para Leigos*, de Michael Pilhofer e Holly Day [Alta Books]), ou fizer um curso, não será assim tão difícil. E quanto mais você praticar, mais fácil ficará.

...A partir de tablaturas

Relativamente poucas músicas estão disponíveis em tablaturas para gaita, e ainda menos tablaturas são feitas profissionalmente; por isso, você não sabe o quão precisas elas são. Mas você pode gerar sua própria tablatura.

A forma fácil de obter tablaturas é utilizar um programa de computador gerador de tablaturas que pegará um *arquivo MIDI* (um arquivo eletrônico que computadores e sintetizadores podem transformar em música) e lhe fornecer a tablatura de gaita para o tom do instrumento e até qualquer afinação especial que você deseje utilizar neste. Um programa desse tipo é o Harping MIDI Player (`www.harpingmidi.com` — conteúdo em inglês).

Você pode também gerar sua própria tablatura manualmente. Isso é feito pegando partituras, descobrindo em que tom elas estão e que gaita deve ser utilizada (com a ajuda das ferramentas deste capítulo), depois fazendo a tablatura de cada nota para aquela gaita, escrevendo a tablatura sob as notas. A música com tablatura feita à mão exige tempo, mas você pode aprender muito sobre onde as notas estão na gaita, e pode também aprender a ler música enquanto o faz!

...De ouvido

Não importa o que mais você aprenda, é preciso sempre cultivar sua habilidade de aprender música de ouvido. Comece determinando em que tom a música está e se ela soa como maior ou menor. Depois, escolha uma gaita. Você pode precisar brincar com a música, experimentando gaitas diferentes.

Quando você tiver o tom e a gaita, comece determinando exatamente as primeiras duas ou três notas e encontrando-as na gaita. Ouça a música e determine onde uma frase termina e onde a seguinte começa.

A música tende a se dividir em frases que frequentemente seguem umas às outras em uma espécie de formato pergunta-resposta. Pares de frases podem se somar formando uma afirmação completa, como em uma sentença. As sentenças musicais se somam formando parágrafos. Parágrafos correspondem a seções de uma música, como um verso e um refrão.

Aprenda a primeira frase, depois a segunda. Note onde uma frase se repete ou retorna após material interferente. Se você já a aprendeu, está à frente do jogo. Exercite-se em toda a primeira seção da música, depois a revise. Só então passe para a parte seguinte da música. Se você estiver aprendendo através de uma gravação, note o tempo da música no qual cada frase e seção começam, para que você possa facilmente encontrar esse ponto outra vez.

Programas populares para aprendizado de melodias e licks de ouvido incluem o Amazing Slow Downer (`www.ronimusic.com` — conteúdo em inglês) e SlowGold (`www.slowgold.com` — conteúdo em inglês). Eles desaceleram áudios digitais para que você possa destacar as notas individuais. Ambos os fabricantes oferecem versões de demonstração gratuita.

Improvisando sobre uma música

Quando você toca música, não executa sempre uma melodia determinada ou mesmo uma parte determinada. Às vezes, você improvisa sobre a música — elaborando as coisas sobre uma estrutura que inclui:

- **Tom e escala:** A primeira coisa que você precisa fazer é identificar o tom da música e se ela parece ser maior ou menor. Você pode ou não ter informações sobre a estrutura dos acordes para ajudá-lo a escolher uma gaita. Caso não as tenha, escolha uma gaita em uma posição que lhe seja confortável (exceto se você estiver com espírito de aventura e quiser testar algo improvável).

- **Progressão harmônica:** Talvez a música seja apenas um improviso de um acorde só. Mas se a nota do baixo mudar ou o acorde de guitarra soar diferente, é porque provavelmente o acorde foi alterado. Quando isso acontece e você toca algo que já tentou antes, o efeito será diferente devido ao novo contexto. Notas que antes se encaixavam agora podem não servir mais, e notas que antes soavam erradas podem soar certas. Ouça atentamente para perceber o efeito das alterações de acordes.

Você pode tentar tocar através de mudanças intuitivamente, ou pode descobrir os acordes e tentar fazer a correspondência exata de suas notas de gaita a eles. Qualquer uma das abordagens é útil, mas tente também desenvolver um sentido da forma da música enquanto a toca, para poder antecipar quando uma mudança de acorde ocorrerá.

- **Licks, riffs e trechos de melodia:** Frequentemente, uma música possui licks ou *riffs* (linhas melódicas repetidas, não raro servindo de apoio para a melodia) característicos que são tocados por contrabaixo, saxofone, ou talvez tudo isso junto. Tente determiná-los e tocar junto com eles quando eles soarem.

- **Sensação rítmica:** Geralmente, a sensação rítmica é exatamente isso — uma sensação à qual você se adapta intuitivamente. Às vezes, porém, pode haver ritmos que são característicos de um estilo musical, como ocorre com certos ritmos latinos. Ou a música pode desenvolver sua própria identidade rítmica. Tente permanecer ciente do ritmo geral, e toque coisas que copiem esse ritmo ou se encaixem nele.

Não toque de maneira exagerada quando estiver improvisando com outros músicos. Um dos maiores pecados da improvisação é monopolizar todo o tempo de tocar. Quando você está experimentando e tentando encontrar seu próprio estilo, é natural testar diferentes possibilidades. Mas quando você está tocando um instrumento melódico de altura elevada, como a gaita, pode não deixar espaço para as ideias de mais ninguém caso toque o tempo todo. Um jeito de lidar com isso é tocar calmamente, com a gaita entre as mãos, sem microfone, quando não for a sua vez de estar sob os holofotes.

Tentativa e Erro: Tocando Junto com Música Aleatória

Você pode aprender bastante e ganhar confiança tocando junto com músicas que nunca tocou, e que talvez nunca tenha ouvido antes. Você não precisa tocar sem erros, e não precisa nem mesmo soar bem. O importante é cometer erros, tropeçar, se atrapalhar e encontrar seu caminho sem medos ou expectativas.

Encontre músicas que simplesmente apareçam automaticamente, como, por exemplo, músicas que você escuta no rádio, na televisão ou em podcasts. Se a escolha de música não estiver sob seu controle, melhor ainda: isso obrigará você a se adaptar. Músicas melodiosas e simples podem ser as mais fáceis de tocar junto. Quando for experimentar esse exercício, utilize apenas músicas que nunca tocou antes. E se você também nunca ouviu as músicas antes, tudo bem.

Veja o que fazer:

1. **Tente encontrar a nota tônica em sua gaita.**

2. *Tente tocar a melodia da música ou apenas notas que deem a impressão de se encaixar.*

    Se algumas notas não se encaixarem, tudo bem. Mas guarde-as na cabeça.

3. *Se você tiver vontade de descobrir em que posição está (veja mais sobre posições no Capítulo 9), olhe para o tom da gaita.*

    Descubra qual nota da gaita é a nota principal do tom utilizando as tabelas de disposição de notas do Apêndice A. Depois, compare a nota tônica da canção ao tom da gaita, com o círculo de quintas do Capítulo 9 ou com a tabela de posições da Folha de Cola na parte da frente deste livro.

4. *Caso você não tenha a sensação de que a gaita se ajusta bem à música, determine qual nota do instrumento é a nota tônica da música utilizando as tabelas de disposição de notas do Apêndice A.*

    Assim, você pode utilizar essa nota para encontrar um tom de gaita que toque aquela tonalidade na primeira, segunda, ou talvez terceira posição.

Não estou sugerindo que você toque junto com músicas aleatórias em público. Afinal de contas, poucas pessoas serão capazes de suportar você tocando. Mas, para você, a prática pode ser envolvente e útil para seu aprendizado do instrumento.

Capítulo 12

Por Trás do Tesouro Oculto: Os Overbends

Neste Capítulo
- Defina overbends
- Investigue o básico do overbend
- Descobrindo como fazer overblow e overdraw
- Corrigindo a altura de um overbend

*V*ocê pode já saber fazer os bends aspirados e soprados (veja o Capítulo 8), mas sabia que também é possível fazer o overbend, tornando a nota mais aguda do que ela normalmente soa? Se o bend é o tesouro oculto para os gaitistas, o overbend é o tesouro *por trás* do tesouro oculto.

Quando você faz o *overbend*, a nota que você obtém é mais aguda do que a — ou acima da — nota da qual você começou (razão pela qual ela é chamada de overbend). Você obtém alguns overbends aspirando e outros soprando; por isso, os gaitistas frequentemente falam sobre *overblows* (overbends soprados) e *overdraws* (overbends aspirados). Seja qual for o nome que você escolha, a técnica de overbend revolucionou a interpretação na gaita diatônica nos anos recentes. O overbend pode lhe dar total liberdade para tocar qualquer nota ou escala em uma única gaita diatônica.

Quando você faz o overbend, utiliza a mesma técnica básica de quando faz o bend, mas os resultados são opostos. Quando você faz o overbend, ela não desliza tranquilamente para cima desde a sua nota inicial da maneira como uma nota cujo bend foi feito para baixo desliza para baixo. Em vez disso, um overbend apenas surge do nada, sem qualquer conexão aparente com as outras notas do mesmo orifício, quase como uma miragem que aparece misteriosamente. Porém, conforme lhe mostrarei neste capítulo, notas com overbend não são miragem alguma. Elas ocorrem de forma lógica e previsível — o que significa que você pode dominá-las e utilizá-las em sua própria música.

Para fazer o overbend, você precisa ter um bom domínio do bend. Afinal de contas, o overbend é apenas um uso diferente da técnica de bend. Portanto, se você ainda não captou bem o conceito do bend, dedique algum tempo ao Capítulo 8 antes de tentar fazer o overbend.

Considerando o Charme dos Overbends

O bend fornece algumas — mas não todas — notas que faltam na gaita. O overbend preenche as lacunas que faltam e lhe dá uma nova ferramenta de expressão para o blues, o country, o jazz ou quase qualquer outro estilo musical.

Tocando mais licks, riffs e escalas

Nos Orifícios 1 a 6, você pode fazer o bend aspirado para obter algumas das notas bacanas, frequentemente chamadas de *blue notes*. Mas acima do Orifício 6, as notas aspiradas não farão bend. As notas sopradas fazem bend, mas não para as notas que você busca duplicar. Não ter essas notas pode limitar o seu estilo. Porém, os overbends vêm salvar a pátria dando a você uma forma de acrescentar as notas que faltam.

 Por exemplo, vamos supor que você tenha um *lick* (uma sequência curta de notas) como as cinco primeiras notas da Tablatura 12-1. O lick inclui o bend aspirado de meio tom no Orifício 3, baixando a nota de Si para Si♭. Se você tentar tocar esse lick uma oitava mais agudo, descobrirá que a nota Si que está no Orifício 7 aspirado não faz bend, mas você poder obter o Si♭ de outro jeito: tocando um overblow no Orifício 6. A Tablatura 12-1 mostra esse lick de cinco notas prolongado e transformado em uma linha mais longa; isso é feito tocando-o primeiro na parte inferior da gaita com um bend de aspiração, e depois na parte superior com um overblow. Você pode ouvir esse lick na Faixa 67.

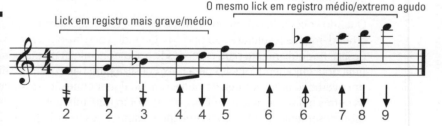

Tablatura 12-1: Uma linha de blues utilizando uma nota com bend aspirado e um overblow (Faixa 67).

Capítulo 12: Por Trás do Tesouro Oculto: Os Overbends

Em tablaturas de gaita, um overblow ou overdraw é indicado por um pequeno círculo sobre o eixo da seta de respiração. Pense nele como uma letra "O" de "overbend".

Agora veja o lick da tablatura 12-2, ele tem uma sonoridade mais blues. Nele aplicamos o bend aspirado de ½ tom no Orifício 3 para obter o Si♭, e no Orifício 4 para obter o Ré♭, é essa nota que da a sonoridade blues. Se você quiser fazer esse mesmo lick uma oitava acima vai precisar usar o overblow no Orifício 6 para obter a nota Si♭ e o overdraw no Orifício 7 para obter o Ré♭. Viu como você pode tocar em toda a extensão da sua gaita com o auxílio dessas técnicas! Ouça esse lick na faixa 67.

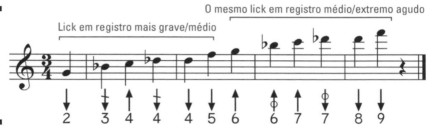

Tablatura 12-2: Uma linha de blues que utiliza bend aspirado, um overblow e um overdraw (Faixa 67).

O overblow e o overdraw que eu lhe mostrei nesta seção são exemplos simples, baseados no blues, do que os overbends podem fazer por você. Com overblows e overdraws, todos os licks de blues, todos os riffs de jazz, e até mesmo algumas linhas de guitarra de heavy metal, se tornam possíveis na gaita diatônica.

Tocando em mais tonalidades

Se tiver todas as 12 notas da escala cromática, você possuirá o potencial para tocar qualquer melodia em qualquer clave em apenas uma gaita diatônica. No entanto, algumas escalas e tonalidades exigem muitos bends. Mover-se para cima e para baixo entre sopros, aspirações, bends soprados e aspirados, overblows e overdraws — e manter tudo isso afinado — pode ser extremamente trabalhoso. A certa altura, você pode descobrir que é mais fácil utilizar uma tonalidade diferente de gaita que funcione mais facilmente para a música e o tom no qual ela está sendo tocada (ou até mesmo utilizar uma gaita cromática). Como você obterá seus resultados é uma questão de escolha pessoal. Os overbends são apenas outra ferramenta para se usar.

Explorando as Coisas a Saber Antes de Começar

Fazer overbend é uma parte normal da interpretação da gaita, e não um ato sobre-humano de força. Porém, para fazê-lo, você precisa de uma gaita adequada, e é de grande ajuda entender como os overblows e overdraws agem. Abordarei os dois nas seções a seguir.

Como escolher uma gaita adequada

Algumas gaitas — como os modelos Suzuki Fire Breath e Pure Breath — vêm da fábrica especificamente ajustadas tanto para overblows quanto para overdraws. Esses modelos, porém, são um tanto caros.

Alguns modelos de preço médio respondem favoravelmente ao overbend, mas funcionam muito melhor com ajuste de palhetas. (Veja o Capítulo 18 para saber mais sobre procedimentos de ajuste de palhetas.) A maioria dos modelos de preço médio da Hering, Hohner e Seydel é boa opção.

Gaitas de fabricantes japoneses, como Lee Oskar, Tombo ou Suzuki (exceto os modelos que mencionei anteriormente) são geralmente de alta qualidade, mas as palhetas têm uma tendência a produzir sons agudos demais quando fazem bend de notas para cima. Você pode abrandar esses sons agudos com alguns dos reparos descritos no Capítulo 18.

Gaitas baratas costumam não funcionar, pois provocam muito vazamento de ar e as palhetas são mal ajustadas. Porém, se você aprecia comprar coisas baratas em estado não tão bom e consertá-las, pode conseguir tornar uma gaita barata hermética e responsiva o suficiente para overbends.

Qualquer gaita que seja descrita como "valvulada" não funcionará bem para overbends. Isso inclui a Suzuki Valved Promaster e a Hohner XB-40.

Determinando em quais notas fazer overblow e overdraw

Overblows e overdraws são tocados em locais diferentes da gaita. A Tabela 12-1 destaca as diferenças.

Capítulo 12: Por Trás do Tesouro Oculto: Os Overbends

Tabela 12-1	Overblows versus Overdraws
Overblows	*Overdraws*
Você pode tocar overblows nos Orifícios 1 a 6.	Você pode tocar overdraws nos Orifícios 7 a 10.
Um overblow é sempre um semitom acima da nota aspirada no orifício no qual você a toca.	Um overdraw é sempre um semitom acima da nota soprada no mesmo orifício.

Um *semitom* é a menor distância entre duas notas vizinhas, mesmo que uma das notas não faça parte da escala (veja mais sobre semitons no Capítulo 3).

A Figura 12-1 mostra a disposição de afinação de uma gaita em Dó com todos os overblows e overdraws, junto com as notas que fazem bend.

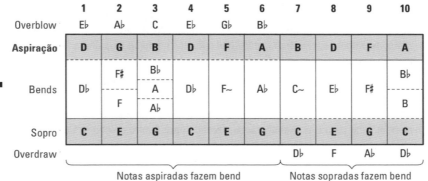

Figura 12-1: Disposição de notas de uma gaita mostrando overblows e overdraws.

Preparando sua mente, corpo e ouvidos

Eis aqui algumas dicas para você considerar enquanto aprende a fazer overblow e overdraw:

- ✔ **Sempre escute sua nota alvo em sua mente quando for fazer um overbend.** As faixas que acompanham este capítulo permitem a você ouvir a nota que deseja obter.

- ✔ **Preste atenção ao posicionamento de sua língua e ao ar que você inspira ou expira.** Assim como ocorre com o bend, o overbend se resume a posicionar a língua para configurar as condições adequadas, além de uma pequena quantidade de sucção ou pressão de ar.

- ✔ **Pelo menos no início, os overbends são mais fáceis de aprender com uma embocadura de bico do que com um tongue blocking.** O tongue blocking e o overbend podem, sim, ser feitos juntos, mas você provavelmente terá sucesso mais rapidamente se começar com uma embocadura de bico. (Veja no Capítulo 5 mais sobre embocadura de bico e tongue blocking.)

✓ **Não se esqueça de ficar fisicamente relaxado.** Verifique seu abdômen, ombros, braços, mãos, e especialmente seus maxilares, bochechas e lábios para se certificar de que eles não estejam tensos. Não pressione demais a gaita contra seu rosto. A tensão e a pressão só servem para cansar você demais, e não o ajudarão a obter um overblow ou overdraw.

✓ **Lembre-se de que a parte "over" do "overbend" não se refere a excesso de força ou de pressão.** Você pode tocar overbends muito suavemente, e pode controlá-los melhor com delicadeza do que com força.

Como os overbends funcionam

As *palhetas* são as faixas finas de metal elástico em uma gaita que vibram para fazer com que as notas soem. Elas se assemelham a uma série de pequenas portas montadas em uma parede, cada uma com sua entrada especialmente encaixada. A parede é uma placa de metal chamada *placa de palheta* e as entradas são slots talhados na placa de palheta que permitem que as palhetas se agitem livremente quando vibram.

Metade das palhetas — as palhetas de sopro — são projetadas para tocar quando você sopra; a outra metade — as palhetas de aspiração — tocam quando você aspira. Quando você toca normalmente, sua respiração pressiona ou puxa a palheta para dentro de seu slot, e depois a palheta salta para trás. A palheta se movendo para dentro de seu slot é como uma porta se fechando, por isso ela é chamada de *palheta de fechamento* (veja figura abaixo).

O sopro empurra a palheta de sopro para dentro do slot

A aspiração puxa a palheta de aspiração para dentro do slot

Palheta de sopro

(palheta de sopro não responde)

(palheta de aspiração não responde)

Palheta de aspiração

Entretanto, você pode também fazer com que uma palheta se afaste de seu slot antes que ela salte para trás, como uma porta se abrindo. Quando uma palheta se comporta assim, ela é chamada de *palheta de abertura*. Quando uma palheta se abre, faz soar uma nota que é quase um semitom mais aguda do que a nota que ela toca quando fecha. A figura a seguir ilustra a ação da palheta de abertura quando você faz overblow e overdraw.

Capítulo 12: Por Trás do Tesouro Oculto: Os Overbends

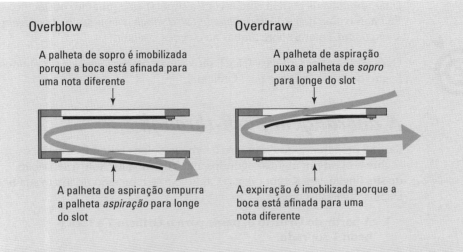

Nos Orifícios 1 a 6, quando você toca um bend de aspiração regular, as palhetas de aspiração se dobram para baixo como palhetas de fechamento, enquanto as palhetas de sopro se dobram para cima como palhetas de abertura — cada nota cujo bend foi feito para baixo é na verdade tocada por duas palhetas acopladas formando um par de palhetas duplas. E quando você faz o bend de notas sopradas nos Orifícios 7 a 10 para baixo, as palhetas de aspiração se abrem para dar suporte aos bends de sopro.

Nos Orifícios 1 a 6, os overblows vêm das palhetas projetadas para tocar notas aspiradas. Você molda sua boca para tocar um bend, e depois expira. Isso produz dois resultados:

- A palheta de sopro não consegue responder ao bend e permanece imóvel.
- A palheta de aspiração abre um semitom mais agudo do que sua altura de fechamento.

Nos Orifícios 7 a 10, os overdraws vêm das palhetas projetadas para tocar notas sopradas. Quando você molda sua boca para tocar um bend, e depois inspira:

- A palheta de aspiração não consegue responder.
- A palheta de sopro abre um semitom mais agudo do que sua altura normal.

Fazendo Seus Primeiros Overblows

Com a prática, você pode conseguir tocar bem a gaita, tirando dela overblows e overdraws com facilidade e desembaraço. Mas o primeiro deles exigirá algum esforço de concentração, o que provavelmente lhe causará alguma frustração. Assim como acontece quando você aprende a fazer bend, aprender overblows exige paciência.

Duas abordagens podem ajudar você a superar esse primeiro obstáculo. Eu chamo uma delas de *abordagem push-through* e a outra de *abordagem springboard*. Falarei sobre ambas nas seções a seguir.

Os overblows nos Orifícios 4, 5 e 6 são os mais úteis e fáceis de ser obtidos. Sugiro que você comece pelo Orifício 6.

A abordagem push-through

Para se preparar, toque primeiro o Orifício 8, faça o bend soprado, e segure o bend por alguns segundos antes de soltá-lo. Note a sensação de sua língua, seu K-spot (veja o Capítulo 8) e a pressão do ar em sua boca. Depois, siga estes passos:

1. **A partir do Orifício 8, passe para o Orifício 7 e faça o bend 7 soprado.**

   O bend não irá muito longe, e você conseguirá sentir que ele resiste um pouco mais do que o 8 soprado. Faça o bend dele até o ponto onde for possível, e depois segure-o por alguns segundos enquanto observa as sensações de sua língua, K-spot e a pressão de ar em sua boca.

2. **Agora vá para o Orifício 6 e repita o que acabou de fazer nos Orifícios 8 e 7.**

   Desta vez, a palheta realmente resiste ao bend. Ainda assim, você pode conseguir fazer com que ela baixe um pouquinho. Aumente a pressão de ar levemente. Você está tentando pressionar profundamente, forçando-a até fazer overbend da nota.

Uma destas três coisas ocorre a seguir:

- **A palheta fica silenciosa e você ouve o ar correndo.** Isso é bom — você já tem meio caminho andado. Pense na nota que deseja ouvir e tente focalizar seu K-spot e o acúmulo de pressão na frente da língua.

- **Você ouve uma estranha mistura de chiados e sons conflitantes.** Tente mover seu K-spot levemente para frente, depois aumente um pouco o volume de ar.

- **Uma nota clara, mais alta do que a nota soprada, subitamente começa a soar.** Parabéns! Você conseguiu seu primeiro overblow.

A Tablatura 12-3 mostra a abordagem push-through com deslocamento do Orifício 8 ao Orifício 7 e deste ao Orifício 6. Confira a Faixa 68 para ouvir a Tablatura 12-3.

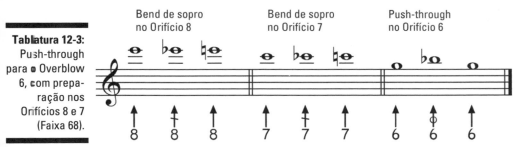

Tablatura 12-3: Push-through para o Overblow 6, com preparação nos Orifícios 8 e 7 (Faixa 68).

Quando você conseguir tirar um overblow no Orifício 6 abordando-o através dos Orifícios 8 e 7, tente forçar até o Orifício 6 sem tocar os Orifícios 8 ou 7 primeiro. Depois tente fazer o mesmo nos Orifícios 5 e 4, conforme mostrado na tablatura 12-4. Você pode ouvir a Tablatura 12-4 na Faixa 68.

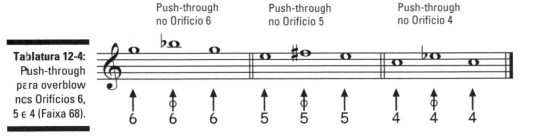

Tablatura 12-4: Push-through para overblow nos Orifícios 6, 5 e 4 (Faixa 68).

A abordagem springboard

Como a nota de overblow vem da palheta de aspiração, você pode obter alguma ajuda se a palheta de aspiração já estiver em movimento quando você tiver iniciado o overblow. Veja o que fazer quando utilizar a abordagem springboard para tirar seu primeiro overblow:

1. **Toque uma nota aspirada dobrável, como o 6 aspirado.**

2. **Faça o bend e segure-o.**

    Esteja ciente do que sua língua está fazendo, e note a sensação do fluxo de ar e sucção em sua boca.

3. **Modifique sua respiração de aspiração para sopro, mas mantenha todo o resto igual.**

    Não mova nada no interior de sua boca — apenas mude a direção da respiração. Qualquer sensação de sucção de ar em volta do seu K-spot será substituída por uma sensação de pressão de ar.

Se você obtiver a nota de overblow, parabéns! Se não a obtiver, experimente um ou mais destes procedimentos:

- Mova o seu K-spot um pouquinho para frente ou para trás.
- Aumente levemente o volume de sua respiração.
- Experimente outro orifício da gaita.
- Experimente outra gaita.

Sugiro os dois últimos porque o ajuste de palheta individual em cada gaita em particular ou orifício específico da gaita pode fazer com que uma nota responda ou não aos overblows.

A Tablatura 12-5 mostra a abordagem springboard aplicada aos Orifícios 6, 5 e 4. Você pode ouvir essa tablatura tocada na Faixa 68.

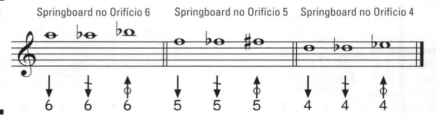

Tablatura 12-5: A abordagem springboard aplicada aos overblows nos Orifícios 6, 5 e 4 (Faixa 68).

Obtendo Mais Overblows

Depois dos Orifícios 4, 5 e 6, os únicos orifícios que fazem overblow são 1, 2 e 3. O Overblow do Orifício 1 é o mais útil dos três, pois fornece uma nota que falta. Os overblows nos Orifícios 2 e 3 duplicam outras notas dobradas, mas podem às vezes ser bem aproveitados.

O Overblow do Orifício 1 é o mais grave da gaita. Você pode descobrir que consegue apenas fazer o Overblow 1 soar por um breve momento antes que o 1 soprado assuma o lugar novamente. O ajuste de palhetas pode ser de grande ajuda para tornar o Overblow do Orifício 1 acessível. Porém, para fazer com que o Overblow 1 soe, até mesmo em uma gaita muito bem ajustada, você precisa tratá-lo como um bend profundo, conforme discutido no Capítulo 8.

Talvez a abordagem mais fácil para o Overblow 1 seja ir da nota aspirada sem bend ao overblow. Ir da nota aspirada com bend ao overblow (a abordagem springboard) é levemente mais difícil, e a abordagem mais desafiadora é ir da nota soprada ao overblow (a abordagem push-through).

Capítulo 12: Por Trás do Tesouro Oculto: Os Overbends 207

Essas abordagens são mostradas na Tablatura 12-6, que você pode ouvir na Faixa 69.

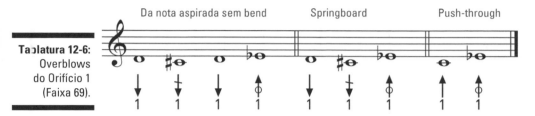

Tablatura 12-6: Overblows do Orifício 1 (Faixa 69).

Fazendo Seu Primeiro Overdraw

Assim como os bends soprados, os overdraws estão no registro mais agudo da gaita, onde minúsculos movimentos de seu K-spot fazem a diferença entre obter a nota e não obtê-la. A maioria das gaitas pode se beneficiar do ajuste de palhetas, de forma que os overdraws possam começar facilmente e soar claramente (veja o Capítulo 18 para descobrir como ajustar palhetas). Alguns modelos, como o Fire Breath e o Pure Breath da Suzuki, vem pré-ajustados para overdraws.

As tablaturas e exemplos em áudio deste livro são para uma gaita em Dó, mas você pode se beneficiar de tentar seus primeiros overdraws em uma gaita de tonalidade mais grave, como Lá ou Sol, cuja altura menor pode tornar o bend das notas mais agudas um pouco mais fácil.

Cada gaita é levemente diferente, mas com frequência o overdraw mais fácil de ser obtido é o do Orifício 8. É uma pena que este overdraw duplique o 9 aspirado, mas é bom pelo menos obter um overdraw para poder sentir como é.

Para os overdraws, a abordagem springboard é provavelmente um pouco mais fácil para se começar do que a push-through (veja as seções "A abordagem push-through" e "A abordagem springboard" anteriormente neste capítulo). Quando você passar do bend de sopro ao overdraw, notará uma grande quantidade de sucção. Tente concentrar a sucção em sua boca, na área à frente da língua. Se sentir a sucção no peito, é porque a está deixando escapar. Se mantiver seu K-spot firme e concentrar a sucção na parte da frente da boca, você terá mais sucesso com os overdraws.

A Tablatura 12-7 mostra a abordagem springboard aplicada aos overdraws nos Orifícios 7, 8, 9 e 10. Experimente todos eles, mas comece pelo Orifício 8. Você pode ouvir a Tablatura 12-7 na Faixa 70.

Tablatura 12-7: A abordagem springboard aplicada aos overdraws nos Orifícios 7 a 10 (Faixa 70).

Quando você obtiver sucesso em fazer um overdraw em qualquer um dos orifícios com a abordagem springboard, veja se consegue passar diretamente da nota aspirada ao overdraw, conforme mostrado na Tablatura 12-8, que pode ser ouvida na Faixa 70. Em vez de um push-through, este é um pull-through.

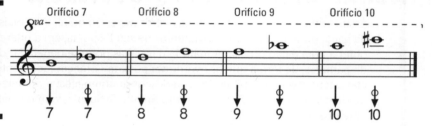

Tablatura 12-8: A abordagem pullthrough aplicada aos overdraws nos Orifícios 7 a 10 (Faixa 70).

Elevando a Altura de um Overbend

A nota que você ouve quando toca um overbend parece surgir do nada, sem que a altura de outra nota tenha se elevado. Mas quando você inicia uma nota de overbend, pode elevar a altura dela da mesma forma como pode diminuir a altura de notas das quais fez o bend.

Tocando overbends com afinação

Quando uma palheta se abre, ela toca uma nota que é ligeiramente bemol, e que por isso soará desafinada, a menos que você faça um leve bend dela para cima. Movimentando cuidadosamente seu K-spot um pouco para frente, você pode elevar a altura da nota até deixá-la afinada.

Na Faixa 71, você pode ouvir o Overblow 4 e o Overdraw 7 tocados enquanto uma nota de referência soa. Primeiro, o overbend é tocado em sua altura mais reduzida; ele soa desafinado por estar um pouco abaixo da altura. Em seguida, eu elevo um pouco a altura da nota da qual fiz o overbend, de forma a deixá-la afinada com a nota de referência.

Capítulo 12: Por Trás do Tesouro Oculto: Os Overbends   *209*

Quando você trabalha em seus overblows e overdraws, dedique algum tempo ao trabalho com uma nota de referência de um piano, sintetizador, guitarra que esteja afinada, ou outra referência de altura. Você sempre soa melhor quando toca afinadamente, não importa quais técnicas utilize.

Fazendo o bend de overbends para cima

Você pode elevar a altura de um overbend até outra nota. A técnica é a mesma utilizada para elevar um overbend para tocá-lo com afinação; basta levá-lo um pouco mais longe. Alguns overblows podem ser elevados em vários semitons antes que a nota se divida. Você pode ajudar a sustentar o overblow se aumentar cuidadosamente o volume do ar soprado ao mover seu K-spot para frente para elevar a altura.

Na Faixa 72, você pode ouvir uma canção chamada "Gussy Fit" (mostrada na Tablatura 12-9) que utiliza overblows nos Orifícios 4, 5 e 6. Se escutá-la atentamente, você ouvirá o Overblow 5 se elevando tranquilamente em um semitom até o 6 soprado. Faço o bend do overblow para cima o suficiente para fazer uma transição tranquila. Você também pode me ouvir tocando o Overblow 6, fazendo rapidamente o overbend em dois semitons e trazendo-o para baixo novamente.

Tablatura 12-9: "Gussy Fit", uma música com overblows (Faixa 72).

© *Winslow Yerxa*

Parte IV
Desenvolvendo Seu Estilo

A 5ª Onda
Por Rich Tennant

"Então você está tentando aprender a tocar gaita, mas sua esposa odeia música country. Continue..."

Nesta parte...

Cada estilo musical é único, mas existe uma série de influências de um gênero para outro. Nesta parte, você começa a tentar tocar algumas músicas em vários estilos diferentes, enquanto descobre como a gaita pode ter um papel em todos eles. Entre de cabeça no blues e no rock com o Capítulo 13; dê um passeio de trator com a música country no Capítulo 14; e sinta o musgo do velho Reino Unido sob seus pés com a música folk e celta no Capítulo 15.

Capítulo 13

Blues e Rock

Neste Capítulo

- Entenda a estrutura de 12 compassos do blues
- Observe as três posições desse estilo

A gaita de blues deve ser uma das atividades musicais mais generosas nas quais você pode se envolver. Você passa a fazer suas músicas à medida em que vai avançando, e é difícil tocar uma nota que soe errada. As pessoas reagem positivamente ao som expressivo de uma gaita de blues. E, além de tudo, tocar o lamento de um blues na gaita é pura diversão!

Você pode começar a tentar tocar blues em qualquer ponto de seu desenvolvimento de gaita, mas tirará maior proveito dessa experiência ao aprender as técnicas básicas para moldar seu som (Capítulo 6), utilizar a língua (Capítulo 7) e fazer os bends soprados e aspirados (Capítulo 8). Se você tiver espírito de aventura e desejar acrescentar novos sons, poderá adquirir ainda a habilidade de fazer overbends (Capítulo 12). Entender as posições (Capítulo 9) é útil para o blues, pois você geralmente utiliza uma gaita em um tom diferente daquela da música que você está tocando.

Quanto mais você exercitar essas técnicas, mais começará a ouvi-las na interpretação de outros músicos — e mais encontrará formas de utilizá-las. Mas espere: não permita que eu sobrecarregue você com tudo isso. Nenhuma dessas coisas é obrigatória — elas são apenas sugestões para tornar mais prazeroso tocar blues.

A maioria das interpretações de rock na gaita — como aquelas tocadas por Steven Tyler, Mick Jagger, Huey Lewis, Magic Dick (o cara da J. Geils) e vários outros — consiste basicamente em gaita de blues adaptada para batidas um pouco diferentes. Tudo neste capítulo se aplica também à interpretação de rock na gaita.

Fique à vontade para adaptar e dar tempero aos ritmos simples utilizados nos licks e riffs deste capítulo. Os ritmos de blues parecem naturais quando você os ouve ou toca, mas na hora de escrevê-los, eles podem parecer complicados e minuciosos em partitura. Por isso, escrevi os licks e ritmos deste capítulo utilizando ritmos simples que você não precisa decifrar. Depois que você pegar o jeito de um lick, tente adaptar o ritmo dele para fazê-lo soar mais parecido com os ritmos que você ouve em bons discos de blues.

Os 12 Compassos do Blues

O blues utiliza a estrutura básica de uma forma musical chamada *blues de 12 compassos*, que é semelhante ao verso de uma música. Essa forma de verso é a base para músicas e solos de blues, e quando você compreende suas funções, consegue facilmente encontrar coisas para tocar dentro dela.

O "compasso" no termo *blues de 12 compassos* é apenas um grupo de duas, três ou quatro batidas (geralmente quatro), com ênfase na primeira batida. O blues de 12 compassos possui — adivinhou! — 12 desses compassos. O que há dentro deles? Pode ser qualquer uma das milhares de melodias diferentes, ou milhares de solos diferentes, todos identificáveis como blues de 12 compassos para qualquer pessoa familiarizada com sua forma. Então, o que dá ao blues de 12 compassos sua identidade distinta, se não é a melodia? Nas seções a seguir, eu explico.

Identificando os três acordes do blues

Por trás de qualquer solo ou melodia de blues há uma sequência de acordes (chamada de *progressão harmônica*). *Acordes* são grupos de notas tocadas simultaneamente, geralmente por músicos de apoio na guitarra, piano e baixo. Cada acorde é baseado em uma nota da escala, e as outras notas do acorde reforçam essa nota. (Veja mais sobre acordes no Capítulo 3 e consulte o Capítulo 11 para saber como as músicas geralmente funcionam.)

O acorde mais importante é baseado na nota chave (tônica) da escala. Esse acorde é chamado de *acorde I* (pronuncia-se "acorde um", pois o 1 é escrito em número romano). Todos os outros acordes da escala também são escritos em números romanos que você pode deduzir contando a escala a partir da nota tônica. Os acordes mais importantes depois do acorde I são o IV e o V.

Por que denominar os acordes de I, IV e V em vez de dizer Dó, Fá e Sol? Porque as relações entre os acordes permanecem iguais, não importando em que tom a música é tocada. Quando você ganha experiência ouvindo blues de 12 compassos, consegue identificar os acordes I, IV e V de ouvido sem saber em que tom a música está. Ou seja, ouvindo atentamente para perceber as relações, você conseguirá compreender o que ocorre em uma peça de música sem precisar saber as especificidades.

Fazendo uma sentença: Fala aí, brother!

Um verso de blues de 12 compassos possui três partes principais, e você faz uma sentença em cada uma dessas partes. As duas primeiras sentenças passam de uma à seguinte de forma que pareça envolvente e flua em direção a uma ressonante terceira e última sentença.

A Figura 13-1 mostra um blues de 12 compassos dividido em suas três partes. Cada parte tem duração de quatro compassos, e cada compasso possui quatro batidas, representadas por cortes diagonais. Os acordes são escritos acima dos cortes, em números romanos.

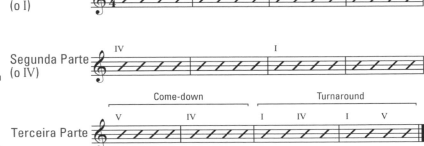

Figura 13-1: Um verso de blues de 12 compassos.

Cada parte do verso é definida por sua posição na progressão harmônica. Considere o seguinte:

- **A primeira parte do verso é chamada de I porque começa no acorde I.** Na versão mais simples do blues de 12 compassos, o acorde I dura quatro compassos. Você faz sua sentença inicial na parte I.

  Às vezes, o acorde IV é tocado no segundo compasso, voltando ao acorde I para o terceiro e quarto compassos. Este aperitivo do acorde IV possui vários nomes: ele é chamado de *pré-IV*, *quick change* ou *split change*.

- **A segunda parte do verso é chamada de IV.** Ela começa com o acorde IV, que dura dois compassos, seguido do acorde I, que volta para mais dois acordes. Na parte IV, você pode repetir sua sentença inicial, ou pode fazer uma nova sentença que elabora mais a primeira.

- **A terceira parte do verso é aquela na qual você entrega a somatória final que responde às duas primeiras sentenças e prepara para o verso seguinte.** A terceira parte é a mais intensa do verso. Ela possui dois componentes:

- **O come-down:** O *come-down* introduz o acorde V. Este é tocado por um compasso, e depois volta para o acorde IV por um compasso.
- **O turnaround:** O *turnaround* retorna ao acorde I. Em uma música de blues simples, os dois últimos compassos da música podem não tocar nada além do acorde I. Porém, frequentemente o turnaround passa por uma rápida sequência de I-IV-I-V (consulte a Figura 13-1).

Encaixando as notas nos acordes

Melodias sempre dão lugar de destaque às notas que compõem o acorde de fundo. As notas de acorde exigem mais tempo do que as outras notas; além disso, as notas de acorde são frequentemente tocadas na primeira e terceira batidas, que ganham a ênfase mais forte. Saber quais notas da gaita correspondem a quais acordes na progressão de 12 compassos lhe dá um ponto de partida para tudo o que você for tocar.

Três Posições do Blues

Se você tocar uma gaita em Dó no tom de Dó, ou uma gaita em Ré no tom de Ré, ou qualquer gaita no tom marcado desta, isso se chama *primeira posição*. A primeira posição é sempre tocada da mesma maneira, independentemente do tom da gaita (contanto que o tom da música corresponda à da gaita).

A *segunda posição* é quando você toca em Sol uma gaita em Dó, ou quando você toca em Lá uma gaita em Ré. Novamente, a segunda posição sempre toca e soa igual à segunda posição, mas em diferentes tonalidades. A segunda posição é, de longe, a mais popular, por isso eu a discutirei primeiro e de forma mais completa. Gaitistas de blues também dedicam algum tempo a tocar na primeira posição e em outra, chamada de *terceira posição*. (Descrevo as posições de forma mais completa no Capítulo 9.)

Escrevi este livro de forma que você possa tocar tudo em uma gaita em Dó; por isso, as músicas em segunda posição estarão no tom de Sol, e as músicas em primeira posição estarão em Dó, e as músicas em terceira posição estarão em Ré. Nas próximas seções, orientarei você quanto a alguns dos elementos básicos da interpretação de blues, e o tornarei familiarizado com a segunda posição. Mostrarei a você uma porção de licks em segunda posição, e depois lhe ensinarei algumas das funções bacanas da primeira e terceira posições.

Blues de segunda posição

A maioria das músicas de blues é tocada em segunda posição. Para orientar a segunda posição para os três acordes do blues, considere o seguinte:

- ✓ **O acorde I é formado pelas notas aspiradas, sendo 1, 2, 3 e 4 aspirados as principais notas utilizadas.** 2 aspirado é a principal nota de origem do acorde I. 6 e 9 soprados são as notas de origem auxiliares mais elevadas da gaita.

- ✓ **O acorde IV é formado pelas notas sopradas.** 4 soprado é a principal nota de origem do acorde IV. 1, 7 e 10 soprados são notas de origem complementares do acorde I. 2 aspirado é a mesma nota do 3 soprado; esta nota pertence tanto ao acorde I quanto ao IV.

- ✓ **O acorde V é formado pelas notas aspiradas nos Orifícios 4 a 10.** Porém, este é um acorde menor (veja mais sobre acordes no Capítulo 3). O acorde de fundo geralmente é um acorde maior, mas o confronto entre maior e menor é um elemento característico do blues.

  A nota de origem principal do acorde V é 4 aspirado. 1 e 8 aspirados são notas de origem auxiliares para o acorde V. 1, 4 e 8 aspirados são notas que pertencem tanto ao acorde I quanto ao V.

Algumas das tablaturas dos Capítulos 7 e 12 utilizam músicas de blues de 12 compassos na segunda posição para demonstrar técnicas específicas. Essas tablaturas incluem a Tablatura 7-2 (seguindo o ritmo, ou tocando acordes entre as batidas), e a Tablatura 12-12 (uma música com overblows).

Explorando o blues de 12 compassos com o uso da segunda posição

Nesta seção, eu lhe mostrarei vários elementos do blues de 12 compassos, incluindo como tocar a nota tônica de cada acorde no verso de 12 compassos, como tocar acordes do ritmo em todo o verso de 12 compassos, como tocar a mesma linha em todas as três partes diferentes do verso, e como tocar notas chorosas. Cada elemento está inserido em uma música que você pode tocar na segunda posição.

Outline Blues

Outline Blues é mostrada na Tablatura 13-1, e pode ser ouvida na Faixa 73, na qual eu a toco como o primeiro de quatro versos. Você apenas destaca cada acorde tocando as notas deste uma de cada vez, começando pela nota tônica, ou nota base, do acorde. Tente tocar junto com o áudio — isso lhe dará uma noção de onde está cada acorde no verso. Tudo bem tocar mais de um orifício de uma vez, pois as notas vizinhas sopradas ou aspiradas fazem parte do acorde.

Quando você estiver familiarizado com a nota de origem principal de cada acorde e as notas vizinhas, tente explorar algumas das notas de origem complementares. Por exemplo, tente tocar o 4 soprado para o acorde IV e o 1 aspirado para o acorde V. Ou você pode avançar na gaita e utilizar o 6 soprado para o acorde I. Pode até chegar à parte superior da gaita e tocar o 9 soprado para o acorde I, o 7 soprado (ou até mesmo o 10 soprado) para o acorde IV, e o 8 aspirado para o acorde V.

Rhythm Chord Blues

A Tablatura 13-2 mostra uma forma de tocar acordes de ritmo em todo um blues de 12 compassos. Embora a tablatura mostre a nota de origem do acorde, você pode tocar dois, três ou até mesmo quatro orifícios ao mesmo tempo. Você pode ouvir a Tablatura 13-2 sendo tocada durante o segundo dos quatro versos da Faixa 73 (0:17).

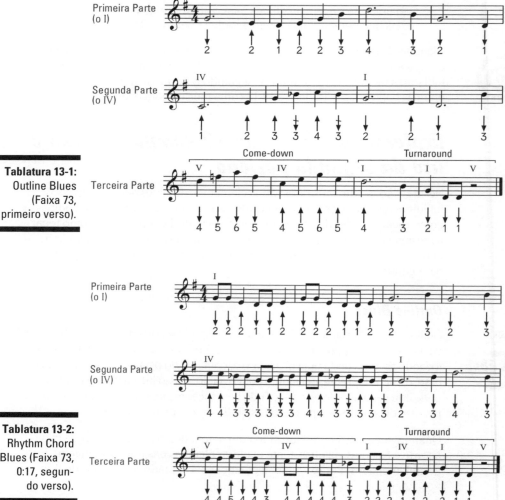

Tablatura 13-1: Outline Blues (Faixa 73, primeiro verso).

Tablatura 13-2: Rhythm Chord Blues (Faixa 73, 0:17, segundo verso).

Red Sock Blues

Frequentemente nas músicas de blues, a melodia tocada em toda a parte I é repetida em toda a parte IV. Ela soa um pouco diferente porque o fundo dos acordes é diferente. É um pouco semelhante à forma como uma meia vermelha cria uma impressão quando você a ergue e a segura contra um fundo amarelo e outra impressão quando você a segura contra um fundo azul — cada fundo reage de forma diferente à cor da meia.

Você pode ouvir Red Sock Blues sendo tocado como o terceiro verso da Faixa 73 (0:32).

Em muitas músicas de blues, a melodia realmente só circula livremente durante os dois primeiros compassos de cada frase de quatro compassos, conforme mostrado na Tablatura 13-3. Se você fosse um cantor interpretando essa linha, uma gaita ou guitarra poderia tocar um *fill* nos dois últimos compassos para preencher o espaço e comentar o que você acabou de cantar.

Sempre faça o bend de semitom no Orifício 3 aspirado quando você o tocar ao longo do acorde IV, conforme mostrado na Tablatura 13-3. Fazer o bend de semitom no 3 aspirado faz com que ele se encaixe melhor no acorde IV e soe mais blues.

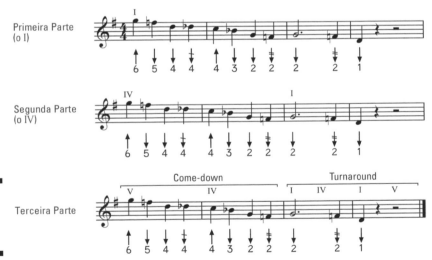

Tablatura 13-3: Red Sock Blues (Faixa 73, 0:32, terceiro verso).

Wailing Note Blues

Notas chorosas são aquelas que você pode segurar e fazer bend para obter um som choroso. As notas chorosas mais fortes são 4 e 5 aspirados. O 6 aspirado também é uma forte nota chorosa, embora possa ficar estridente caso você a utilize demais. O 3 aspirado com bend é uma nota chorosa um pouco

Parte IV: Desenvolvendo Seu Estilo

mais sutil, que funciona bem em todo o acorde IV. Quando você toca o som choroso, não precisa realmente fazer com que suas notas correspondam aos acordes subjacentes, embora ainda precise ter uma noção de onde você está no verso de blues de 12 compassos. A Tablatura 13-4, "Wailing Note Blues", utiliza todas as notas chorosas que acabei de mencionar. Tente tocá-la da forma como está escrita, e depois explore você mesmo essas notas e construa suas próprias linhas.

Você pode ouvir "Wailing Note Blues" como o quarto verso da Faixa 73 (0:46). Os três primeiros versos são tocados em um andamento mais rápido. Antes de se lançar em "Wailing Note Blues", a banda toca quatro notas fortes no novo andamento. Pense nessas notas como a contagem "Um, Dois, Três, Quatro" no início da nova música.

"Wailing Note Blues" termina o blues de quatro versos da Faixa 73 utilizando um típico final de música de blues. Sobre este final, tente tocar alguns dos licks para encerrar uma música mostrada na Tablatura 13-8.

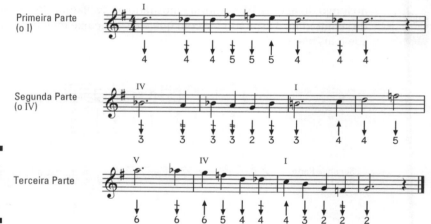

Tablatura 13-4: Wailing Note Blues (Faixa 73, 0:46).

Um estoque de licks e riffs de segunda posição

Uma coisa que torna fácil a experimentação com o blues de 12 compassos é que um lick ou riff que se encaixa em toda uma parte da música pode funcionar em qualquer outro lugar também. Entretanto, note que alguns licks e riffs realmente se encaixam apenas no come-down ou turnaround.

Capítulo 13: Blues e Rock

Na lista abaixo, indico alguns dos licks "multiúso" que se encaixam em qualquer parte do verso — alguns que foram feitos para combinar especificamente com todo o come-down e o turnaround, e outros que podem ser utilizados para encerrar uma música. Você pode ouvir estes licks nós áudios e aprender a tocá-los a partir da tablatura enquanto toca junto. Conforme você vai se familiarizando com eles, tente misturar e combinar diferentes licks para criar seus próprios versos de blues.

- **Licks multiúso:** A Tablatura 13-5 (Faixa 74) mostra alguns licks multiúso. Lembre-se de fazer o bend no 3 aspirado se você tocá-los em todo o acorde IV.

- **Licks para segunda parte:** A Tablatura 13-6 (Faixa 75) mostra alguns licks de segunda parte que se encaixam em todo o acorde IV. Utilize-os para criar um contraste com um lick multiúso que você tocar na primeira parte do verso.

- **Licks de come-down e turnaround:** A Tablatura 13-7 (Faixa 76) mostra alguns licks que você pode tocar em todo o come-down e turnaround.

- **Licks para encerrar uma música:** A Tablatura 13-8 (Faixa 77) mostra quatro formas comuns de se encerrar uma música. Você as toca em todo o turnaround, após o come-down. Note que, ao terminar a música, você permanece no acorde I em vez de terminar com o acorde V.

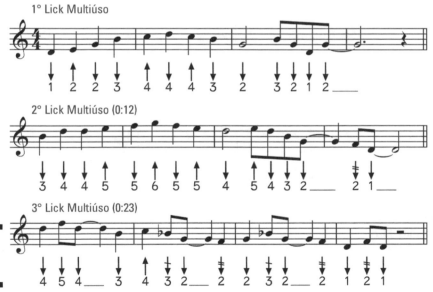

Tablatura 13-5: Licks multiúso (Faixa 74).

Parte IV: Desenvolvendo Seu Estilo

Tablatura 13-6: Licks para segunda parte (Faixa 75).

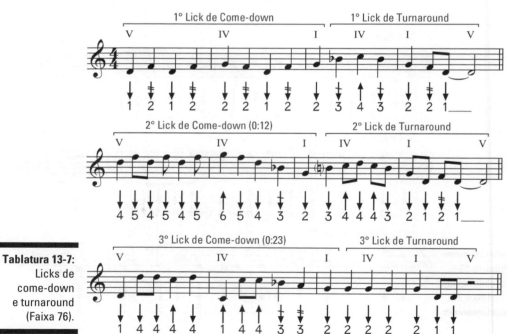

Tablatura 13-7: Licks de come-down e turnaround (Faixa 76).

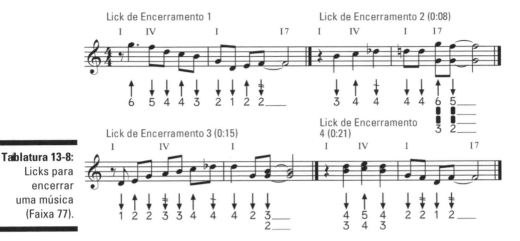

Tablatura 13-8:
Licks para encerrar uma música (Faixa 77).

Blues de terceira posição

Quando toca na terceira posição, você muda o som da gaita de blues e traz variedade à sua interpretação. A terceira posição transita sem esforço algum entre os registros médio e agudo porque as notas aspiradas nesses registros formam o acorde de origem. Como o acorde de origem é um acorde menor, a terceira posição tem uma sensação de menor, mas a maioria dos blues em terceira posição é tocada sobre acordes maiores — o choque é parte do som do blues. Tenha em mente o seguinte:

- ✔ **O acorde I é formado pelas notas aspiradas nos Orifícios 4, 5 e 6, e nos Orifícios 8, 9 e 10.** A principal nota de origem é o 4 aspirado. 1 e 8 aspirados são notas de origem auxiliares. Você pode fazer o bend aspirado nos Orifícios 2 e 3 para criar notas de acordes adicionais no registro extremo grave.

- ✔ **O acorde IV é formado pelas notas aspiradas nos Orifícios 1, 2, 3 e 4.** Você pode utilizar as notas aspiradas acima do Orifício 4 como parte do acorde IV também como parte do acorde I. O 2 aspirado é a principal nota de origem do acorde IV. 6 e 9 soprados são notas de origem auxiliares extremas agudas da gaita.

- ✔ **O acorde V não existe como um acorde completo.** O 6 soprado é a principal nota de origem do acorde V. 10 soprado e 3 com bend aspirado de 2 semitons são notas de origem auxiliares do acorde V. 2, 3, 5, 6, 8 e 9 soprados são partes do acorde V. 1, 4, 7 e 10 soprados não são parte do acorde V, mas funcionam como *blue notes*, que são notas que se chocam com as notas de acordes, mas soam bem de qualquer maneira. Você pode fazer o bend no 1 ou no 4 aspirado em um semitom para tocar uma das notas do acorde V.

224 Parte IV: Desenvolvendo Seu Estilo

A Tablatura 13-9 mostra um verso de blues na terceira posição nos registros extremo agudo e médio, e a Tablatura 13-10 mostra um verso de blues de terceira posição nos registros grave e médio. Eles são tocados um após o outro na Faixa 78.

A pequena pilha de linhas diagonais próxima a 5 e 4 aspirados na terceira parte do verso na Tablatura 13-9 significa fazer um *shake* — rapidamente alternar a nota que você está tocando com a nota um orifício à direita. (Veja o Capítulo 10 para saber mais sobre shakes.)

Tablatura 13-9: Blues de terceira posição nos registros extremo agudo e médio (Faixa 78, primeiro verso).

Tablatura 13-10: Blues de terceira posição nos registros grave e médio (Faixa 78, 0:36, segundo verso).

Blues de primeira posição

A melhor coisa da primeira posição é que as quatro notas sopradas mais agudas fazem bend soprado e que elas são notas do acorde de origem. Como você pode imaginar, muitos blues de primeira posição são tocados no registro agudo. Porém, as notas aspiradas no registro grave podem fazer bend para criar notas com sonoridade de blues, por isso você frequentemente ouve gaitistas saltando entre os registros grave e agudo.

Eis uma imagem em miniatura dos três acordes do blues quando você toca em primeira posição:

- **O acorde I é formado pelas notas sopradas em toda a extensão da gaita.** A principal nota de origem é o 4 soprado. 1, 7 e 10 soprados são notas de origem auxiliares. As notas do acorde de origem que fazem bend são todas no registro agudo (exceto a 2 aspirado).

- **O acorde IV não existe como um acorde completo.** 5 e 6 aspirados formam um fragmento do acorde, e 9 e 10 aspirados duplicam essas notas tornando-as ainda mais agudas. Se suas habilidades de bend estiverem bem desenvolvidas, você pode criar essas notas no registro grave fazendo bend de dois semitons nos Orifícios 2 e 3. 1, 4, 7 e 10 soprados (a nota de origem do tom) também fazem parte deste acorde, mas obviamente as notas sopradas e aspiradas não podem ser tocadas ao mesmo tempo. 5 aspirado é a nota de origem do acorde. O bend de dois semitons no Orifício 2 e o 9 aspirado são notas de origem auxiliares.

- **O acorde V é formado pelas notas aspiradas nos Orifícios 1, 2, 3 e 4.** Essas notas todas fazem bend e podem ser utilizadas para criar notas de escala que faltam e blue notes. As notas aspiradas restantes também funcionam como parte do acorde V estendido. 2 aspirado é a nota de origem principal do acorde V. 6 e 9 soprados são notas de origem auxiliares da parte mais aguda da gaita.

A Tablatura 13-11 mostra um verso de blues de 12 compassos em primeira posição tocado no registro agudo. As notas sopradas que podem fazer bend têm o papel mais importante. Essas notas agudas realmente produzem um som choroso, mas também podem soar estridentes; por isso, há muito silêncio deixado entre elas. Quando você toca no registro superior, a brevidade pode ser muito saborosa. No final do verso, você cai no registro médio rumo ao inferior.

A Tablatura 13-12 mostra um verso de blues de 12 compassos em primeira posição tocado no registro inferior. Esse verso realmente trabalha os bends em registro grave para criar um som encorpado e forte, e pode também ajudar você a exercitar sua capacidade de fazer bend.

As Tablaturas 13-11 e 13-12 são tocadas simultaneamente como uma música de dois versos na Faixa 79.

226 Parte IV: Desenvolvendo Seu Estilo

Tablatura 13-11: Blues em primeira posição no registro agudo (Faixa 79, primeiro verso).

Tablatura 13-12: Blues em primeira posição no registro grave (Faixa 79, 0:36, segundo verso).

Capítulo 14

Rumo ao Sul com Algumas Canções Country

Neste Capítulo

- Veja como as gaitas se adequam à música country
- Explore algumas músicas em primeira posição
- Toque músicas em segunda posição

A música country é uma colcha de retalhos de estilos musicais norte-americanos. Tendo sua raiz nas canções, melodias para violino e hinos gospel trazidos pelos primeiros colonizadores escoceses e irlandeses, a música country se mescla ao blues e à música Cajun e mexicana. Ela possui até mesmo alguns alegres toques das canções pop de Tin Pan Alley, originárias das cidades do norte dos EUA. Assim como o blues, o country possui um aspecto de improvisação, mas também dá grande ênfase à melodia.

A gaita de country possui um pé no blues e outro nas melodias de escala maior — e as músicas para violino jamais ficam distantes. Quando você toca música country na gaita, é de grande ajuda ter algum conhecimento de todas essas três tradições.

Este capítulo o ajudará a começar a tocar músicas country na primeira e segunda posição. O Capítulo 13 abordou os elementos da interpretação de blues, enquanto o Capítulo 15 será dedicado às canções de violino. Para conferir algumas sugestões do que ouvir em todos os três estilos, dê uma olhada no Capítulo 21.

Escolhendo Gaitas para o Country

Na maior parte do tempo, os gaitistas country utilizam gaitas diatônicas padrão e as tocam na segunda posição. Porém, eles de vez em quando utilizam também a primeira posição (veja mais sobre posições no Capítulo 9). O motivo pelo qual eles preferem a segunda posição é que as notas dos acordes de origem (1, 2, 3 e

4 aspirados) fazem bend e são expressivas. Mas a diatônica padrão não é a sua única opção. Nesta seção, discutirei alguns outros tipos de gaitas que você pode ouvir quando escuta discos de música country.

Quando tocam em segunda posição, gaitistas country podem esbarrar em um problema: 5 aspirado não se encaixa na escala maior — ela é bemol. Essa nota bemol se encaixa bem quando você toca blues, e também combina com algumas canções de violino. Porém, em melodias de tom maior, você deve evitá-la porque ela geralmente soa irritante e desagradável. Para resolver este problema, você pode tocar uma gaita com a *Afinação Country*.

Em uma gaita afinada para a música country, a nota 5 aspirado é elevada em um semitom para se encaixar na escala maior. A Afinação Country dá a você todas as vantagens da segunda posição, e ainda permite que você toque facilmente uma escala maior. Você pode comprar alguns modelos de gaitas com Afinação Country, ou pode você mesmo reafinar a nota 5 aspirado. (Veja no Capítulo 18 informações sobre como afinar gaitas.)

A gaita cromática raramente é ouvida na música country, embora Jimmy Riddle tenha tocado a cromática em algumas das gravações de Roy Acuff na década de 1940, incluindo "Tennessee Waltz" e "Freight Train Blues", e posteriormente em seus próprios álbuns. A tremolo raramente era utilizada na música country, mas Mickey Raphael a toca com grande efeito na banda de Willie Nelson (consulte o Capítulo 19 para mais informações sobre gaitas tremolo e cromáticas).

Visitando Algumas Canções Country em Primeira Posição

A primeira posição — tocar uma gaita no tom na qual ela está marcada — já foi a forma mais utilizada de tocar música country nesse instrumento. A segunda posição vem se tornando cada vez mais popular, mas a primeira posição é ainda a melhor forma de tocar algumas melodias tradicionais.

Quando você toca na primeira posição, sua nota de origem é o 4 soprado. Seu acorde de origem é formado por todas as notas sopradas. (Caso você precise refrescar a memória sobre tocar na primeira posição, consulte o Capítulo 9.)

A maioria das músicas das seções a seguir são velhos sucessos country — você provavelmente encontrará outros músicos que sabem tocá-las na guitarra. Elas não são tão difíceis de ser executadas, por isso pegue logo uma gaita e comece.

"Blue Eyed Angel"

"Blue Eyed Angel" (consulte a Tablatura 14-1) é uma melodia que já foi utilizada (em leves variações) para canções country famosas como "I Am Thinking Tonight of My Blue Eyes", "Great Speckled Bird", "Wild Side of Life" e "It Wasn't God Who Made Honky-Tonk Angels". Você pode ouvir essa música na Faixa 80.

No terceiro compasso, a nota encabeçada por um asterisco é tocada como 5 aspirado. Na versão mais familiar desta melodia, você em vez disso tocaria o Orifício 3 com bend aspirado de dois semitons, o que é difícil de fazer afinadamente. Porém, você pode querer experimentar este desafio enquanto desenvolve suas habilidades de fazer bend. (Volte ao Capítulo 8 para mais detalhes sobre o bend.)

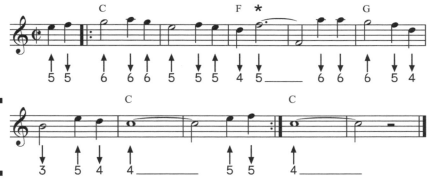

Tablatura 14-1: "Blue Eyed Angel" (Faixa 80).

"Wabash Cannonball"

"Wabash Cannonball", mostrada na Tablatura 14-2, é uma canção country popular que teve sua origem como uma ode de um vagabundo a um trem mítico. Esta alegre música lhe dá uma oportunidade de exercitar sua habilidade de tocar country nos registros médio e extremo agudo da gaita. Ouça esta música na Faixa 81.

Você pode tentar esta canção uma oitava mais grave, começando no 3 soprado. Quando for fazer isso, você pode encorpar o som das notas mais graves da música com notas do acorde aspirado nos Orifícios 1, 2 e 3. Mas você também precisará fazer o bend aspirado no Orifício 3 para obter uma das notas.

Parte IV: Desenvolvendo Seu Estilo

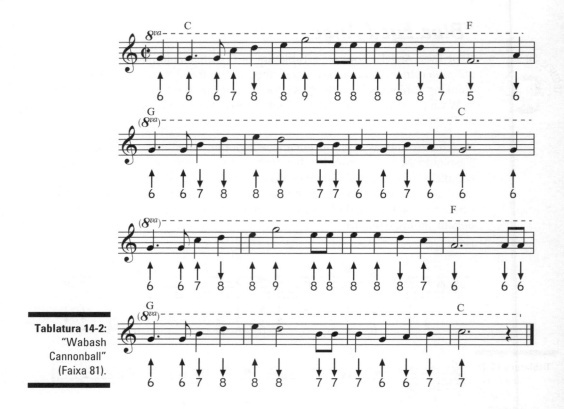

Tablatura 14-2: "Wabash Cannonball" (Faixa 81).

Familiarizando-se com Algumas Canções Country de Segunda Posição

A segunda posição — tocar a gaita no tom do acorde aspirado, tendo o 2 aspirado como nota de origem — é a forma mais utilizada para tocar música country na gaita hoje em dia, porque é possível fazer bend de todas as notas do acorde de origem. Nas seções a seguir, eu lhe fornecerei algumas músicas que combinam bem com a segunda posição. Pegue uma gaita e experimente tocá-las.

"Foggy Mountain Top"

"Foggy Mountain Top" (veja Tablatura 14-3) é uma tradicional canção do gênero bluegrass que é bastante fácil de tocar, e por isso é um bom começo para o aprendizado do uso da segunda posição na música country. Você pode ouvir essa música na Faixa 82.

Capítulo 14: Rumo ao Sul com Algumas Canções Country 231

Percebeu os símbolos que parecem pequenas vírgulas cercando o 3 aspirado? Elas lhe dizem para se aproximar de uma nota e deixá-la com bends expressivos. Para fazer isso, siga os passos a seguir:

1. **Inicie a nota já com um leve bend, e imediatamente solte-a, fazendo dela uma nota sem bend.**

   Você ouvirá um ligeiro deslizamento para cima ao fazer isso.

2. **Pouco antes de abandonar a nota, faça um leve bend dela para baixo.**

   Você ouvirá um ligeiro deslizamento para baixo ao fazer isso.

Quase no final da canção, você precisará fazer um bend de dois semitons no Orifício 3.

Tablatura 14-3: "Foggy Moun-tain Top" (Faixa 82).

"Since I Laid My Burden Down"

"Since I Laid My Burden Down", um spiritual (tipo de canto religioso) afro-americano (veja Tablatura 14-4), foi a base para a famosa canção gospel country "Will the Circle Be Unbroken?". Essa música é muito conhecida e amada, e não é difícil de tocar. Quando a interpreta na segunda posição, você pode expressar o sentimento dela fazendo o bend das notas aspiradas nos Orifícios 2, 3 e 4. Escute esta canção na Faixa 83.

232 Parte IV: Desenvolvendo Seu Estilo

Uma nota desta canção exige que você faça o bend de dois semitons no Orifício 3 aspirado. Se você estiver tendo problemas em tirar esta nota com bend, basta fazer o bend do 3 aspirado de maneira expressiva sem tentar atingir a nota. (Consulte o Capítulo 8 para saber mais sobre o bend.)

Tablatura 14-4: "Since I Laid My Burden Down" (Faixa 83).

"One Frosty Morn"

Compus "One Frosty Morn" (mostrada na Tablatura 14-5 e ouvida na Faixa 84) para ser tocada na segunda posição e ao mesmo tempo soar semelhante à canção "Blue Eyed Angel", do início deste capítulo. Essa música foi pensada para permitir que você exercite duas notas com bend que fornecem notas que faltam na escala maior. Eis as notas com bend:

- É preciso fazer o bend de dois semitons no Orifício 3 aspirado, para o 2° grau da escala.
- É preciso fazer o bend de um semitom no Orifício 2 aspirado, em apenas um semitom, para o 7° grau da escala.

Capítulo 14: Rumo ao Sul com Algumas Canções Country

O bend no Orifício 2 aspirado não é o de dois semitons do blues. Ele pede um toque mais leve e um pouco de refinamento. Obtê-lo pode exigir algum esforço, mas depois que você o tiver dominado, terá acrescentado uma nota valiosa à interpretação de melodias de escala maior.

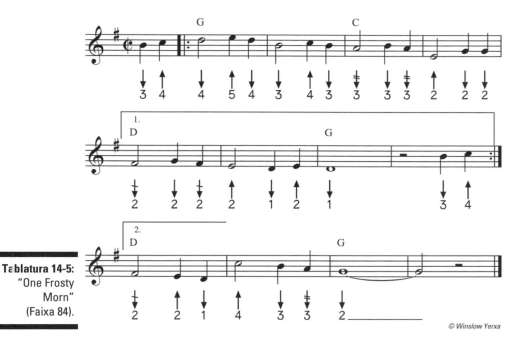

Tablatura 14-5: "One Frosty Morn" (Faixa 84).

"Lonesome Whistle Waltz"

Compus "Lonesome Whistle Waltz" para expressar o lado blues da música country na gaita, conforme mostrado na Tablatura 14-6. Eis algumas notas especiais para você ter em mente quando for tocar esta valsa:

- ✔ Quase no final da primeira linha da tablatura, você toca os Orifícios 3 e 4 simultaneamente, e depois toca o Orifício 4 isoladamente. Você pode fazer essa transição tranquilamente estreitando um pouco a abertura da boca no lado esquerdo para excluir o 3 aspirado. Em seguida, você segura o 4 aspirado e, ao tocá-lo, acrescente o 5 aspirado. Essa transição é feita aumentando levemente a abertura de sua boca do lado direito.

- ✔ No meio da segunda linha da tablatura, toque um shake alternando rapidamente notas aspiradas nos Orifícios 5 e 6. O shake é indicado por essa pilha de linhas diagonais na tablatura. (Dê uma olhada no Capítulo 10 para mais informações sobre shakes e outras formas de temperar sua interpretação.)

234 Parte IV: Desenvolvendo Seu Estilo

Você pode ouvir "Lonesome Whistle Waltz" na Faixa 85.

Tablatura 14-6: "Lonesome Whistle Waltz" (Faixa 85).

© Winslow Yerxa

"Muscle Car Boogie, Part 1"

O lado rockabilly do country produziu lendas como Carl Perkins, Jerry Lee Lewis, Johnny Cash, Brenda Lee, Wanda Jackson e Elvis Presley. Onde estaria um grande músico de jazz sem um carro poderoso? Compus "Muscle Car Boogie, Part 1", mostrada na Tablatura 14-7, para imitar as linhas de guitarra frequentemente ouvidas em canções rockabilly e ajudar você a obter resultados em uma agitada canção country. Confira a Faixa 86 para ouvir essa música.

Capítulo 14: Rumo ao Sul com Algumas Canções Country **235**

Tablatura 14-7: "Muscle Car Boogie, Part 1" (Faixa 86).

© Winslow Yerxa

Capítulo 15

Diversão a Noite Inteira com Folk, Música Celta e Canções Dançantes

Neste Capítulo

- Determine quais gaitas utilizar para música folk e celta
- Explore músicas agitadas para violino
- Toque músicas em cinco posições diferentes da gaita

A melodia é o elemento mais importante da música tradicional. As canções que transmitem valores culturais e contam histórias são frequentemente adaptadas a comoventes melodias que, por sua vez, são transmitidas através de muitas gerações. Melodias dançantes muitas vezes remontam aos tempos em que um flautista ou violinista tocando sozinho sem qualquer acompanhamento podia colocar para dançar um salão repleto de gente entusiasmada, bastando para isso um repertório composto por algumas canções dançantes e bem interpretadas que contivessem todas as marcações rítmicas necessárias para manter os corpos em movimento.

As tradições da Inglaterra, aliadas às tradições celtas da Escócia e Irlanda, têm papel importante nas tradições de música e dança da maior parte dos Estados Unidos. Porém, essas tradições se misturaram às dos africanos, hispânicos e indígenas para criar tradições folclóricas exclusivamente norte-americanas.

Por ser portátil e barata, a gaita diatônica encontrou seu lugar na música e dança folclóricas norte-americanas pouco depois de ter sido trazida da Alemanha, em meados do século XIX. Neste capítulo, eu levo você a uma viagem por algumas das canções dançantes e tradicionais que você poderá gostar de tocar.

Escolhendo Gaitas para Tocar Folk e Música Celta

Como escolher gaitas para tocar música tradicional? Diferentes tipos de gaitas são utilizados em diferentes tradições, e cada tipo possui suas vantagens e desvantagens para adaptação aos estilos existentes. Eis algumas considerações sobre o uso dos três principais tipos de gaitas melódicas na música tradicional.

A diatônica simples de dez orifícios (aquela na qual este livro é baseado) é o tipo de gaita mais utilizado na música norte-americana, e é frequentemente encontrado também na música inglesa e celta. Entretanto, a diatônica às vezes apresenta um problema: algumas canções possuem notas que não são embutidas na gaita. Nos primórdios, as pessoas adaptavam as canções às limitações de instrumentos como gaitas diatônicas, acordeões e gaitas de foles. Atualmente, a tendência mais comum é adaptar os instrumentos à música. Você pode fazer essas adaptações das seguintes três formas:

- **Toque a gaita em uma posição para alterar a escala disponível.** Quando toca uma gaita no tom para a qual ela está rotulada, você toca em primeira posição. Se tocar a gaita em qualquer outra tonalidade, você estará tocando em outra posição (veja mais sobre posições no Capítulo 9). Cada posição possui sua própria escala exclusiva, chamada de *modo*. Por exemplo, se você pegar uma gaita em Dó e tocá-la em Sol, não obterá uma escala em Sol maior. Em vez disso, você obterá a escala de Sol temperada pelas notas da escala de Dó. Muitas canções folk utilizam esses modos; por isso, tocar gaita em posições é algo que se ajusta naturalmente às músicas folk.

- **Utilize a técnica do bend para criar as notas que faltam.** Quando faz o bend de uma nota, você a torna mais aguda ou mais grave transformando-a em outra nota; isso é feito moldando sua cavidade vocal (veja mais sobre o bend no Capítulo 8 e consulte o Capítulo 12 para maiores informações sobre os overbends). O bend pode ser útil para fornecer as notas que faltam na gaita. Algumas das músicas deste capítulo utilizam notas com bend.

- **Utilize gaitas com afinações alternadas.** Você pode permanentemente reafinar notas individuais em uma gaita para alterar as notas disponíveis (veja mais informações sobre como afinar palhetas no Capítulo 18). Por exemplo, como você já deve saber, no Orifício 3 de uma gaita diatônica falta a nota Lá. Para obter essa nota, você pode reafinar a nota Sol no 3 soprado para tocar o Lá em vez dela (você já tem o Sol no 2 aspirado). Esta afinação alternada específica é conhecida como *Paddy Richter*, e alguns fabricantes de gaita, como a Seydel, estão começando a oferecer esta afinação para venda.

A gaita tremolo

A *gaita tremolo* é um tipo de gaita diatônica que utiliza duas palhetas para tocar cada nota. Um conjunto de palhetas é afinado de forma levemente mais aguda do que o outro, e quando ambos são tocados simultaneamente, a diferença de afinações cria uma pulsação trepidante no som da nota. Este som trepidante é chamado de *tremolo*. Gaitas tremolo raramente são utilizadas na música tradicional dos Estados Unidos, mas elas são parte do som característico da música de gaita da Escócia, Irlanda e Quebec. Dê uma olhada no Capítulo 19 para saber mais sobre a gaita tremolo.

Na Faixa 98 (0:36), você pode ouvir algumas músicas deste capítulo tocadas em gaita tremolo.

Gaitas tremolo são disponibilizadas em algumas afinações alternadas, tais como as tremolos em tom menor fabricadas pela Suzuki e a Tombo, e as Hohner Highlander, projetadas por Donald Black para música escocesa de gaita de fole.

A gaita cromática

A gaita cromática possui a vantagem de permitir que você toque em qualquer tonalidades sem que falte nenhuma nota. Gaitas cromáticas não são muito utilizadas na música folk, mas existem alguns gaitistas do estilo irlandês criando coisas interessantes com elas. Ouça, por exemplo, Brendan Power e Eddie Clarke caso você tenha a chance.

Tocando Músicas Rápidas de Violino

As canções dançantes instrumentais da música folk são frequentemente chamadas de *músicas de violino*, por este ser o instrumento mais popular para tocá-las. As músicas de violino incluem a música tradicional da Inglaterra, Escócia e Irlanda, da Ilha Cape Breton, de Quebec (Canadá) e dos Estados Unidos (incluindo os gêneros old-timey, bluegrass e música para contradança). Se você deseja tocar músicas tradicionais nesses estilos, precisa se tornar mais acostumado a tocar músicas de violino, e eu incluí algumas canções do gênero neste capítulo.

Quando você toca músicas de violino em um grupo com outros músicos, todos tocam a melodia juntos (exceto aquelas pessoas que tocam o acompanhamento). As melodias dessas músicas são tocadas muito rapidamente. Como conseguir acompanhar? Tente o seguinte:

- **Pratique tocar as músicas lentamente com um metrônomo e vá aos poucos aumentando a velocidade.** Veja no Capítulo 10 mais informações sobre como aprender a tocar rapidamente.

- **Toque somente as notas que conseguir, e evite todas as outras.** Busque as notas das batidas fortes. Você pode fazer isso quando toca junto com gravações. Porém, tome cuidado ao fazê-lo em jam sessions. Caso iniciantes sejam bem-vindos na jam session e haja gente suficiente tocando para sustentar a melodia, e se você não tocar muito alto, talvez ninguém se importe.

- **Encontre uma slow session.** *Slow sessions* são encontros de pessoas que se reúnem para tocar músicas rápidas em um ritmo mais lento. Assim, todos conseguem dar conta de todas as notas a uma velocidade razoável. Frequentemente, alguém na slow session ensina as músicas de ouvido, uma frase de cada vez, o que oferece a todos a oportunidade de se familiarizar completamente com a música. Quando você conseguir tocar uma música lentamente com confiança, terá uma base para aprender a tocá-la rapidamente.

Para encontrar uma slow session, procure sociedades locais de música folk ou de músicas de violino. Ou vá a bares que apresentem música irlandesa ou escocesa; eles podem ter slow sessions nas tardes de domingo ou em outras ocasiões.

Experimentando Algumas Canções de Primeira Posição

A primeira posição em uma gaita é tocada na escala maior. Sua nota de origem é 4 ou 7 soprado, e as notas sopradas juntas formam seu acorde de origem. (Consulte o Capítulo 9 para saber mais sobre tocar na primeira posição.)

A gaita foi pensada para ser tocada na primeira posição e centenas de canções folk podem ser executadas nessa posição com sucesso, sem nenhuma adaptação especial. Nesta seção, eu lhe mostrarei duas músicas e duas canções de violino para você começar a tocar folk e músicas tradicionais na primeira posição.

"Careless Love"

"Careless Love" é uma canção americana que provavelmente teve sua origem em Nova Orleans. Era uma das favoritas dos trompetistas Buddy Bolden e Louis Armstrong. Sendo nos registros médio e grave, é fácil de tocar e funciona bem na primeira posição, conforme mostrado na Tablatura 15-1. Você pode ouvir essa música sendo tocada na Faixa 87.

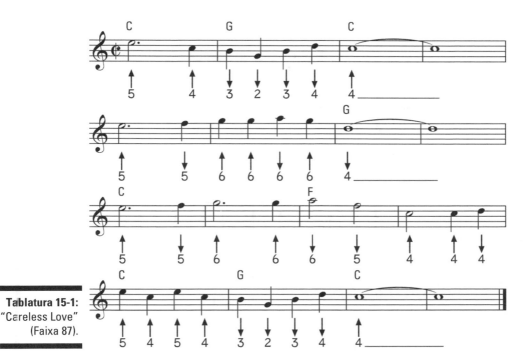

Tablatura 15-1: "Careless Love" (Faixa 87).

"Wildwood Flower"

Originalmente chamada "I'll Twine 'Mid the Ringlets", "Wildwood Flower" (veja Tablatura 15-2) é datada de 1860. Foi relançada pela Carter Family na década de 1930, e permanece popular desde então, tanto na versão cantada quanto na instrumental. Tome cuidado com os saltos do 4 ao 6 soprado, pois o 6 soprado dá início a uma nova frase; você precisa tocá-lo de maneira clara e distinta. Se conseguir fazer o bend soprado, tente fazer um leve bend no Orifício 8 ao tocá-lo, apenas para criar um efeito.

Para ouvir como esta música soa, confira a Faixa 88.

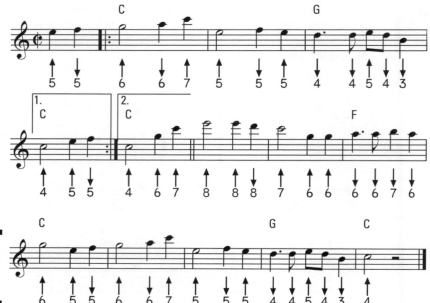

Tablatura 15-2: "Wildwood Flower" (Faixa 88).

"April's Jig"

Nas tradições escocesa e irlandesa, a jiga (ou jig, em inglês) é dançada com uma melodia cujo ritmo divide igualmente a batida em três. Jigas podem ser muito divertidas de tocar, e eu compus "April's Jig", mostrada na Tablatura 15-3, para ser facilmente executada na gaita diatônica sem quaisquer saltos ou movimentos complicados. (Consegue adivinhar em que mês eu a compus?) A primeira metade da música é baseada no acorde soprado, e a segunda metade, no acorde aspirado, mas termina retornando ao acorde soprado.

Para ouvir "April's Jig", confira a Faixa 89.

Tablatura 15-3: "April's Jig" (Faixa 89).

"Mrs. MacLeod of Raasay"

Um reel é um tipo de música comum nas tradições de violino da Escócia, Irlanda e Estados Unidos. Reels são muito rápidos, com quatro notas por batida na maior parte do tempo, o que os torna empolgantes (e às vezes, desafiadores) de tocar. "Mrs. MacLeod of Raasay" (às vezes também chamado de "Miss MacLeod") é um reel escocês famoso na Irlanda, Estados Unidos e Canadá sob uma variedade de nomes. Esta música, mostrada na Tablatura 15-4, pode ajudar você a pegar o jeito de fazer saltos impecáveis de uma nota a outra. Por exemplo, você precisa tentar e fazer o salto do Orifício 4 ao 7, e deste aos Orifícios 5 e 4. Esta música geralmente é tocada em Lá, em uma gaita em Lá.

Você pode ver se consegue reconhecer a música ouvindo a Faixa 90. Para escutar parte da música tocada com gaitas tremolo (0:58) e oitavada (1:31), confira a Faixa 98.

Tablatura 15-4: "Mrs. MacLeod of Raasay" (Faixa 90).

Energizando Algumas Músicas na Segunda Posição

Quando você toca na segunda posição, sua nota de origem é o 2 aspirado, e as notas aspiradas que a cercam formam o acorde de origem. No entanto, há notas faltando na escala diretamente acima e abaixo da nota de origem. Antigamente, as pessoas tocavam músicas de violino na segunda posição no registro superior onde as notas que faltavam estavam disponíveis. Hoje em dia, porém, o som cativante do acorde soprado grave levou os gaitistas a aprender

Capítulo 15: Diversão a Noite Inteira com Folk... **245**

a fazer o bend de notas nos Orifícios 2 e 3, para, em vez disso, poder tocar músicas nos registros médio e grave.

A segunda posição fornece a você uma escala chamada de *modo Mixolídio* (veja mais sobre esse modo no Capítulo 9). A sétima nota dessa escala é bemol (tornada mais grave), o que dá a ela um som peculiar.

As músicas desta seção tiram vantagem das qualidades únicas da segunda posição. São músicas bem fáceis de tocar, e a versão para violino de "Old Joe Clark" ajudará você a exercitar suas habilidades para tocar algumas canções quentes e dançantes.

"John Hardy"

"John Hardy" (veja Tablatura 15-5) é uma canção folk americana que combina bem com a segunda posição da gaita e utiliza com destaque a sétima bemol da escala (encontrada no 5 aspirado). Originalmente composta sobre um assassinato ocorrido no século XIX, esta música foi mais tarde utilizada por Woody Guthrie para sua canção "Tom Joad". Você pode tocá-la como uma peça de acordes — não é necessário tocá-la em notas individuais, e ela não exige nenhum salto complicado. Vários dos movimentos consistem em apenas deslizar para o orifício vizinho sem nem mesmo alternar entre sopro e aspiração.

Você pode ouvir uma interpretação desta música na Faixa 91.

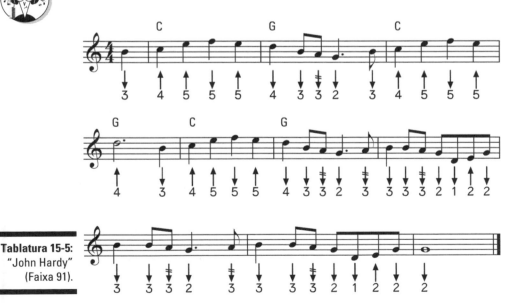

Tablatura 15-5: "John Hardy" (Faixa 91).

"Old Joe Clark"

"Old Joe Clark" é famosa tanto na versão cantada quanto como melodia para violino. Esta última segue o esboço da canção, mas acrescenta uma série de notas rápidas entre aquelas já existentes nesta. Sugiro que você aprenda a tocar primeiro a versão cantada, e depois tente interpretar a versão para violino. A canção realmente faz uma exigência técnica, que é fazer o bend no Orifício 3 com precisão, para tocar uma das notas da melodia.

A versão cantada é mostrada na Tablatura 15-6 e você pode ouvi-la como o primeiro verso da Faixa 92.

A tablatura da versão para violino (veja Tablatura 15-7) parece ter uma porção de notas, mas pelo menos metade da canção repete outras partes. Dê uma olhada na primeira e na segunda linhas: ambas começam da mesma maneira. A terceira e quarta linhas também começam da mesma maneira. Você precisa tocar o bend nos Orifícios 2 e 3. Na terceira linha, note como você alterna entre o 2 aspirado e o 3 soprado para tocar a mesma nota. Isto pode ajudá-lo a tocar a canção toda em grandes velocidades, e ao mesmo tempo tocar a nota repetida de forma diferente.

Para ouvir a versão para violino desta canção, confira a Faixa 92 (0:19); ela é tocada como o segundo verso, após a versão cantada.

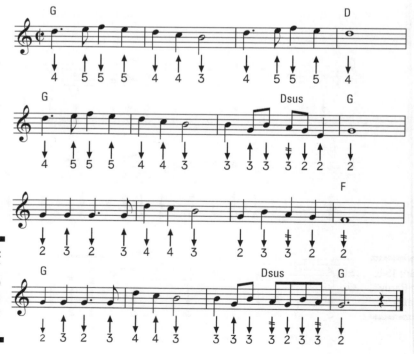

Tablatura 15-6: "Old Joe Clark" em versão cantada (Faixa 92, primeiro verso).

Tablatura 15-7: "Old Joe Clark" em versão para violino (Faixa 92, 0:19, segundo verso).

Elevando-se com Canções de Terceira Posição

A terceira posição é baseada no 4 aspirado (e também no 1 e 8 aspirados). As notas aspiradas dos Orifícios 4 a 10 formam o acorde de origem. A escala na terceira posição é chamada de *modo Dórico*, que soa menor, mas com um caráter levemente exótico. (Veja mais sobre a terceira posição no Capítulo 9.)

Muitas canções folk e melodias para violino são no modo Dórico e por isso se adaptam bem à terceira posição na gaita. Nesta seção, mostrarei a você duas canções tradicionais que possuem belas melodias e não são difíceis de tocar na terceira posição.

"Scarborough Fair"

"Scarborough Fair" é uma canção folk inglesa com várias melodias acompanhando as palavras. A versão que está na Tablatura 15-8 é a mais conhecida, graças à famosa gravação feita nos anos 60 por Simon & Garfunkel. Não se esqueça de fazer saltos claros para frente do Orifício 4 ao 6, e do 6 ao

Parte IV: Desenvolvendo Seu Estilo

8. Tome cuidado quando voltar do 8 aspirado ao 7 soprado, e deste para o 6 aspirado. Esta sequência de movimentos não é difícil de tocar, mas pode parecer estranha porque envolve duas mudanças consecutivas de orifícios.

Você pode ouvir uma interpretação desta canção na Faixa 93.

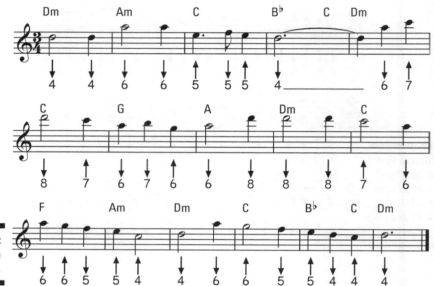

Tablatura 15-8: "Scarborough Fair" (Faixa 93).

"Tha mi sgith"

"Tha mi sgith" (pronuncia-se *Rá-mi-squí*), que significa "Estou cansado" no gaélico da Escócia, é uma canção escocesa que combina bem com a terceira posição (veja Tablatura 15-9). Esta música exige um salto do Orifício 4 para o 8. Mas depois que você pegar o jeito desse salto, será envolvido por um redemoinho das brumas das Terras Altas escocesas. (Caso você precise refrescar a memória sobre a melhor forma de saltar de uma nota a outra, consulte o Capítulo 5.) Você pode ouvir esta canção na Faixa 94. Para escutar parte de "Tha mi sgith" tocada nas gaitas tremolo (0:36) e oitava (1:11), confira a Faixa 98.

Tablatura 15-9: "Tha mi sgith" (Faixa 94).

Explorando a Quarta e a Quinta Posições com uma Única Música

A quarta e a quinta posições tocam escalas menores chamadas de *modo Eólio* e *modo Frígio*. Algumas músicas não utilizam todas as notas da escala e podem ser tocadas em qualquer uma dessas posições sem que soem estranhas.

Por exemplo, "Saint James Infirmary" funciona tanto na quarta quanto na quinta posição. Esta música tem suas origens em uma canção inglesa do século XVIII chamada "The Unfortunate Rake". Como a nota de origem da quarta posição não existe no registro grave (embora você possa obtê-la fazendo o bend de dois semitons no Orifício 3), ela é tocada no registro agudo. A Tablatura 15-10 mostra "Saint James Infirmary" na quarta posição, e você pode ouvi-la na Faixa 95.

Parte IV: Desenvolvendo Seu Estilo

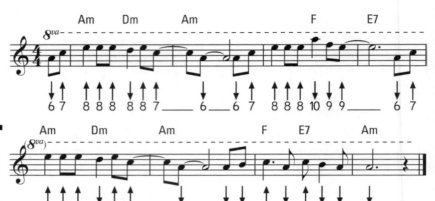

Tablatura 15-10: "Saint James Infirmary" na quarta posição (Faixa 95).

Você pode também tocar "Saint James Infirmary" na quinta posição no registro grave, conforme mostrado na Tablatura 15-11. Para fazer isso, você precisa fazer o bend nos Orifícios 2 e 3 para obter algumas notas. **Dica:** No Capítulo 6, eu descrevi como você pode segurar uma caneca de café entre as mãos para criar um tom vazado e sinistro e um efeito exagerado de "wah-wah". Na Faixa 96, você pode me ouvir utilizando uma caneca de café para acrescentar estes efeitos a "Saint James Infirmary".

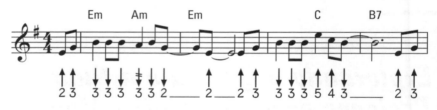

Tablatura 15-11: "Saint James Infirmary" na quinta posição (Faixa 96).

Parte V
Levando Sua Música para o Mundo

A 5ª Onda — Por Rich Tennant

"OK, eu assistirei à apresentação da banda. Contanto que o gaitista não seja o Dunga."

Nesta parte...

Esta parte ajudará você a lidar com o mundo da gaita além do aprendizado de tocar. Quando começar a se destacar como gaitista, você poderá querer se divertir um pouco e fazer música com os amigos, integrar uma banda, ou até mesmo começar a tocar para uma plateia. Poderá querer também adquirir mais gaitas, consertar e aperfeiçoar aquelas que já possui e encontrar uma forma prática de carregá-las junto com sua crescente coleção de produtos relacionados à gaita. Falarei sobre todos esses assuntos e muito mais nos capítulos desta parte.

Capítulo 16

Reunindo Tudo — Suas Músicas, Sua Banda, Seus Ouvintes

Neste Capítulo
- Encontre boas músicas para tocar
- Arranje cada música para aprimorar a apresentação
- Toque com um grupo ou banda
- Tenha sucesso no palco

*V*ocê pode se expressar musicalmente com a gaita, e pode utilizar este pequeno instrumento de uma forma grandiosa para compartilhar música com outras pessoas e fazer amigos. Você precisa estar em um nível profissional para tocar com outros músicos ou se apresentar para ouvintes? De jeito nenhum. Tudo do que você realmente precisa é desse desejo de se reunir para tocar música e encontrar gente que queira fazer o mesmo. Com outras pessoas envolvidas, habilidades sociais e musicais são igualmente importantes e envolvem várias coisas em comum — ouvir, compreender, cooperar, compartilhar, saber a quem seguir, e descobrir o que é interessante e adequado em cada situação.

Pode demorar um pouco até que você fique pronto para começar a revelar ao mundo seu fascínio secreto pela gaita. Ou talvez você já esteja ansioso para se mexer desde o momento em que pegou uma gaita. Seja como for, não exclua a possibilidade de que em breve você esteja pronto para começar a se reunir com outras pessoas para compartilhar a diversão e a satisfação de fazer música com a gaita. Este capítulo foi elaborado para ajudar você a entrar (com sucesso) para este vasto mundo da gaita.

Reunindo Suas Músicas

Conforme se aprimora na gaita, uma das primeiras coisas que você desejará fazer será encontrar músicas que gostaria de tocar (conforme descrito mais adiante na seção "Selecionando músicas para a gaita"). Depois de selecionar uma música, você desejará criar um *arranjo* para ela — apresentá-la da melhor forma escolhendo uma boa tonalidade e um bom andamento, e pensando em um começo, meio e fim. (Veja mais adiante a seção "Faça do seu jeito: Arranjando uma música" para saber mais sobre como fazer isso.) Você pode até ter coragem suficiente para dar um passo à frente e cantar uma ou duas canções. Se for esse o caso, confira mais adiante a seção "Acrescentando vocais às suas músicas."

Conforme acrescenta músicas à sua playlist, cria bons arranjos e inclui alguns vocais, você começará a desenvolver um repertório próprio. Quem sabe? Talvez você não demore muito a se tornar um grande artista e a ter uma nova vida tocando no palco para uma plateia de adoradores. Ou talvez você deseje apenas se divertir fazendo música na sala de sua casa com seus melhores amigos.

Note que eu disse "músicas" e não "canções". Afinal de contas, uma canção é algo cantado. Uma música, por outro lado, pode ser qualquer coisa — uma canção com letra, uma peça de música instrumental ou mesmo uma melodia de uma sinfonia que você possa cantarolar. (Beethoven e Mozart possuem algumas melodias ótimas!) Isso me leva a uma questão importante: com o interminável suprimento de músicas deliciosas que existe por aí, como escolher o que tocar na humilde gaita? Continue lendo e você descobrirá.

Selecionando músicas para a gaita

A busca por músicas para a gaita pode levar você a algumas que já sejam conhecidas e tocadas nesse instrumento, ou pode levá-lo a músicas que não possuem associação alguma com a gaita de boca. Porém, antes de começar a selecionar suas músicas, considere as seguintes diretrizes:

- **Escolha músicas que lhe agradem.** Talvez elas o inspirem, talvez signifiquem algo para você, ou talvez apenas lhe soem bem. Mais adiante nessa seção, destacarei algumas coisas que você deve ter em mente ao selecionar músicas para tocar na gaita.

- **Escolha músicas a seu alcance.** Talvez você já consiga tocá-las, ou talvez você sinta que possa pegar o jeito delas rapidamente — um desafio sempre é algo positivo. Algumas músicas serão mais complicadas do que parecem, mas outras serão surpreendentemente fáceis. O importante é escolher uma música e tentar tocá-la — se não tentar, você nunca saberá o que é capaz de fazer.

- **Selecione músicas que você possa compartilhar, como por exemplo:**
    - Músicas que utilizem os instrumentos que seus amigos tocam
    - Músicas que seus amigos gostariam de tocar
    - Músicas que se adéquem à capacidade de tocar de todos vocês
    - Músicas que seus amigos ouvintes gostariam de escutar

As próximas seções descrevem algumas de suas escolhas de músicas.

Músicas testadas e aprovadas para gaita

Algumas músicas famosas incluem gaita como instrumento principal ou como um acompanhamento de destaque. O repertório existente para gaita vale a pena ser explorado. As músicas funcionam, as plateias as conhecem, e aprendendo-as, você realmente avançará em sua interpretação.

Algumas das mais conhecidas são:

- "Mr. Tambourine Man", de Bob Dylan
- O sucesso country "Orange Blossom Special", com Charlie McCoy
- A agitada "Whammer Jammer", da J. Geils Band, com a participação de Magic Dick
- "Runaround", do Blues Traveler, com John Popper
- "Low Rider", do War, com Lee Oskar

Se o blues for mais o seu estilo, você pode escolher entre centenas de músicas para gaita, incluindo estas favoritas:

- "Juke" e "Blues With a Feeling", de Little Walter
- "Bye Bye Blackbird" e "Help Me", de Sonny Boy Williamson II
- "Honest I Do" e "Bright Lights, Big City", de Jimmy Reed

Tradicionalmente, os gaitistas aprendem o repertório (especialmente de blues) de ouvido, mas vale a pena pesquisar sites de tablaturas na internet (apenas esteja ciente de que o que você encontrar lá poderá variar em termos de precisão). Se você conseguir ler partituras (veja o básico no Capítulo 3), terá o mundo em suas mãos, mas consulte também as lojas locais ou sites especializados como o Amazon.com, onde você encontrará songbooks que incluem tablaturas de gaita.

Muitas dessas músicas parecerão impossivelmente difíceis, mas elas lhe darão metas para atingir. Com a prática, você poderá tentar a música que deseja tocar. E isso poderá acontecer mais cedo do que você pensa.

Canções que você pode adaptar para a gaita

Jamais tenha medo de experimentar um novo estilo musical ou determinada canção apenas porque você nunca a ouviu tocada na gaita. A gaita é um instrumento surpreendentemente flexível, e você pode aprimorar suas habilidades tentando coisas novas. (Veja no Capítulo 3 um pouco do básico da leitura musical, caso você precise aprender músicas a partir de partituras, e consulte o Capítulo 11 para ter dicas de como aprender novas canções.)

Músicas inovadoras para gaita

Você pode se divertir um pouco e atrair atenção para sua interpretação de gaita optando por alguns truques testados e comprovados para este instrumento, que podem ser divertidos de tocar, de assistir e até mesmo de ouvir. Eis alguns dos mais famosos e favoritos:

- **O bebê falante.** Diga "Eu quero a minha mãããe." Agora pegue a gaita e tente dizer as palavras enquanto toca o 3 ou 4 aspirados. Comece cada sílaba com as mãos fechadas em torno da gaita, depois abra-as rapidamente ao iniciar a sílaba. Tente começar cada nota com um leve bend, deixando que ela se eleve à medida em que abre as mãos. Faça novamente o bend da nota para baixo enquanto fecha as mãos antes da sílaba seguinte. (Você pode ler mais sobre o bend no Capítulo 8.)

  Esta técnica pode ser surpreendentemente eficaz em transmitir todos os tipos de sílabas — "água", "uh!-uhhh", "uh-huh" e outras. A clássica rotina do "Eu quero a minha mãe" era uma das favoritas dos antigos gaitistas.

- **Trens e caças à raposa.** O repertório de gaita rural old-time inclui dúzias de músicas que imitam coisas como trens, caçadas, e animais de fazenda. Você pode aprender algumas dessas músicas, ou pode construir suas próprias. (Confira no Capítulo 21 alguns CDs que incluem músicas imitativas.) Você pode até mesmo pensar em modos de utilizar uma gaita para imitar sons mais típicos da vida moderna — alarmes de carro e toques de celular, por exemplo.

- **Apitos e mudanças rápidas.** Alguns gaitistas, como Peter Madcat Ruth, fazem várias mudanças rápidas entre diferentes gaitas, apitos que imitam o som de animais, línguas de sogra que estufam ou desenrolam, e outros itens, enquanto tocam totalmente no ritmo. Essas trocas rápidas e apitos são visualmente atraentes, e os sons dos diferentes apitos tocando no ritmo são garantia de risadas. As diferentes gaitas podem ser idênticas, ou podem estar em extensões graves ou agudas para criar um contraste dramático. Elas podem até mesmo estar em tons diferentes para dar mais emoção.

Como fazer para adaptar novas músicas para a gaita? Eis a resposta óbvia: simplesmente tentando tocá-las. Depois de tentar, há algumas coisas nas quais pensar:

- **A música soa bem na gaita?** Se a resposta é negativa, por que se importar?

- **Todas as notas são tocadas facilmente na gaita, permanecem afinadas e soam em um bom tom?** Notas com bend podem soar como chiados muito agudos e desafinados se você não for cuidadoso. Notas que pareçam complicadas de alcançar ou que não soem bem podem revelar áreas nas quais você pode aprimorar sua técnica de interpretação. (Veja os Capítulos 4 e 6 para saber como tocar com ressonância e boa afinação, e consulte os Capítulos 8 e 12 para mais informações sobre bend e overbend.)

- **A música surpreenderá uma plateia?** A surpresa pode rapidamente se transformar em deleite, e você pode se divertir fugindo do óbvio ao apresentar uma música que a plateia jamais esperaria ouvir em uma gaita.

- **A interpretação interessará a uma plateia formada por pessoas que não tocam gaita?** Às vezes, os gaitistas ficam envolvidos em seu próprio mundo e precisam de um pouco de perspectiva. Afinal de contas, o que é incrível para os gaitistas em termos de técnica pode parecer banal ou indiferente para uma plateia que não possui os mesmos pontos de vista de alguém do ramo.

Se conseguir responder "sim" a todas essas perguntas, você estará em perfeitas condições de acrescentar uma novíssima música ao seu repertório.

Faça do seu jeito: Arranjando uma música

Quando faz o arranjo de uma música, você trabalha nos detalhes de como a apresentará a um público para torná-la interessante e criar o efeito desejado. Até mesmo uma música de solo para gaita pode se beneficiar do arranjo. Todos os elementos abaixo são aspectos importantes a considerar quando você arranja uma música:

- **Escolha um andamento:** A música deve ser tocada lenta ou rapidamente? Encontre o *andamento*, ou velocidade, que soe melhor com a música. Porém, cuide para que este andamento esteja dentro de sua habilidade de tocar.

- **Decida-se por uma tonalidade:** Opte por uma tonalidade na qual todos se sintam confortáveis em tocar. Se haverá alguém cantando a canção, cuide para que a tonalidade não torne a música aguda ou grave demais para o cantor. Este pode já saber que tonalidade funciona para ele, ou você pode ter de testar a canção em algumas tonalidades diferentes para garantir.

- **Comece a música:** Quando for decidir como iniciar uma música, você deverá se perguntar se deseja entrar diretamente nela ou tocar uma introdução primeiro. Uma introdução pode consistir na última frase da música e uma pequena pausa, ou pode envolver a execução do ritmo sem nenhuma melodia e a criação de um clima ou mesmo um suspense até que você dê início à música.

- **Encerre a música:** Você precisa encerrá-la de alguma forma. A simples interrupção na última nota pode ou não funcionar. Ouça outros arranjos do mesmo estilo de sua música. Existem frases padrão de encerramento às quais os músicos se prendem? Ou eles utilizam grandes, pomposos e festivos encerramentos? Foque nos encerramentos quando ouvir música, e você começará a obter algumas ideias.

- **Repita a música:** Quando for planejar um arranjo, pergunte-se quantas vezes deseja tocar a música inteira. Você deve tocá-la vezes suficientes para torná-la familiar aos ouvintes (pelo menos duas vezes), mas não tantas vezes a ponto de deixar você ou os ouvintes cansados dela (mesmo a mais linda música pode se tornar um tanto cansativa após sete ou oito repetições).

- **Mude para uma tonalidade diferente:** Mudar a tonalidade durante uma música pode dar mais emoção, e se você souber lidar com a mudança em apenas uma gaita, este pode ser um desafio divertido. Da mesma forma, se você alternar gaitas na metade de uma música sem parar, poderá impressionar a plateia.

- **Toque em extensões contrastantes:** Mudar para o registro agudo ou grave da gaita durante parte da música pode criar contrastes interessantes. Os Capítulos 9 e 10 ajudarão você a ficar mais familiarizado com tocar em diferentes extensões.

- **Contraste a música solo com a música acompanhada:** Se você estiver tocando com acompanhamento, tente mudar para a música sem acompanhamento. De fato, no caso de algumas músicas, a interpretação inteira pode ser mais eficaz como uma música solo. Você pode iniciar apenas com a música, e depois acrescentar o acompanhamento. Você pode também abandonar o acompanhamento e retomá-lo mais tarde.

- **Passe a liderança para outro instrumento, para variar:** Se você estiver tocando com outros músicos, pode desejar dar um frescor às coisas trazendo outro instrumento — ou uma voz cantando — para o destaque.

Exercitar estes detalhes pode ajudar a tornar uma música divertida de tocar e de ouvir. Se você estiver no palco diante de uma plateia, um bom arranjo pode fazer a diferença entre apenas tocar uma música e *interpretá-la*.

Acrescentando vocais às suas músicas

Canções cantadas por gaitistas são partes integrantes do repertório da gaita, e você deve pensar em cultivar algumas delas. Porém, se você acha que não sabe cantar (provavelmente está enganado), não exclua a possibilidade de incluir alguns vocais em seu repertório.

Um tipo de música que vale a pena ser investigado é o *talking blues*, ou blues falado, cujo ritmo se assemelha à fala na maior parte da canção, embora esta possua alguns trechos cantados. Exemplos de talking blues (que inclui algumas canções de rock) são "Don't Start Me To Talking", de Sonny Boy Williamson II e "Little Queenie" e "No Money Down", ambas de Chuck Berry. Você pode encontrar uma porção de "canções faladas" que lhe permitem ser o vocalista e fazer sua gaita chorar entre os versos.

Capítulo 16: Reunindo Tudo — Suas Músicas, Sua Banda... 259

Caso esteja procurando uma banda na qual tocar, você será mais atraente como um possível integrante se tiver um repertório de canções que possa cantar (além de tocar gaita). Mesmo que você só esteja querendo se reunir com os amigos e tocar músicas, poderá tornar a diversão ainda maior fazendo harmonias vocais ou somente cantando o refrão.

Fazendo Música com Outras Pessoas

Por que fazer música sozinho se você pode multiplicar a diversão compartilhando-a com um parceiro ou grupo? Nesta seção, eu lhe apresentarei algumas dessas combinações e indicarei certas coisas que podem ajudar a fazer com que a combinação escolhida por você funcione bem musicalmente, socialmente e no relacionamento com a plateia.

Quando toca com outras pessoas, você precisa descobrir em quais tonalidades todos desejam tocar; precisa também de gaitas que combinem com todas essas tonalidades. Possuir todas as 12 tonalidades de gaita é algo que resolverá em todas as situações, mas se você ainda não estiver pronto para passar logo para um conjunto completo de 12 tons, confira no Capítulo 19 uma estratégia de aquisição de gaitas que pode ajudá-lo a obter todas as tonalidades que realmente precisar sem zerar sua conta bancária.

Estabelecendo algumas regras básicas quando você toca com outras pessoas

Quando toca com outras pessoas, seja profissionalmente ou por diversão, você desenvolve com seus companheiros um método para trabalharem juntos. Às vezes, as coisas se encaixam naturalmente sem discussão. Outras vezes, vocês precisam discutir e resolver as seguintes questões:

- **Quem irá liderar?** A maioria dos grupos possui um líder que dirige o que acontece e quando. Todos contam com o líder para:
    - Estabelecer o andamento e fazer a contagem do início das músicas
    - Ordenar às pessoas quando fazer solo e quando parar
    - Sinalizar quando se deve repetir algo em determinada situação e quando passar à parte seguinte da música
    - Dizer ao grupo quando acelerar ou desacelerar e quando encerrar a música
    - Determinar qual música será tocada em seguida

Se o papel de líder combina com você, não se esqueça de dar sinais claros com olhares, gestos e linguagem corporal quando algo estiver prestes a ocorrer. E sempre incentive quem quer que esteja no centro das atenções.

- **Quem é o centro das atenções?** A qualquer momento, o papel principal poderá ser o do vocalista ou o de alguém que toca um solo instrumental. Se você não for o centro das atenções, seu trabalho é dar suporte à pessoa que o é, e fazer com que o som que essa pessoa fizer seja bom. Às vezes, a melhor forma de fazer isso é parar de tocar, ou como os músicos dizem, *fazer uma parada*. Você poderá ler mais sobre isso mais adiante neste capítulo.

- **Que tipo de música iremos tocar?** Encare a situação: se você deseja tocar blues de raiz, mas seu amigo prefere música new age, vocês não possuem muito em comum. Se vocês tiverem uma área de interesse compartilhado, mas nenhum repertório em comum, explorem algumas músicas novas nesse estilo. Se o estilo não for atraente para você, encontre outras pessoas com quem tocar.

- **Como teremos certeza de que combinamos musicalmente?** Se dois ou mais instrumentos tocam uma música juntos, a música pode não ser interessante por muito tempo. O mesmo vale para um grupo de pessoas que simplesmente ignoram umas às outras enquanto tocam o que bem entendem. É muito mais divertido buscar formas de contrastar e complementar uns aos outros.

Você pode ouvir e fazer adaptações enquanto toca, ou pode trabalhar em arranjos antecipadamente. Por exemplo, vocês podem se exercitar da seguinte forma: "Você canta este verso, depois eu toco liderando enquanto você me acompanha. Então você faz uma parada, e eu toco um solo, depois nós dois voltamos em harmonia." (Para algumas dicas sobre fazer arranjo, recorra à seção anterior, "Faça do seu jeito: Arranjando uma música".)

Sabendo quando fazer uma parada

Fazer uma parada é a arte de soar bem sem tocar. (Eu sei que isso parece contraditório, mas às vezes os ouvintes e até mesmo os músicos complementarão você em uma boa interpretação quando você não toca nada — pois a música soava bem.) Entretanto, a discrição pode ser uma lição difícil de ser aprendida, especialmente para gaitistas ávidos por improvisar. Afinal de contas, você está lá para tocar, e não para ficar de braços cruzados. Mas você pode ganhar muitos amigos sabendo quando é que menos vale mais.

Eis alguns momentos essenciais nos quais se deve fazer uma parada:

- Durante uma parte da música que você não conhece bem.
- Quando outra pessoa estiver tocando um solo.
- Quando alguém estiver cantando. Se você tiver sido convidado para acompanhar o cantor, lembre-se de que seu trabalho é fazer com que o cantor soe bem, e não atrair a atenção para você mesmo. Toque apenas

quando o cantor não estiver cantando, e não tente preencher todo e qualquer espaço entre as frases do vocal.

- Durante um *breakdown*, que é um momento no qual apenas um pequeno grupo de instrumentos toca, como por exemplo, apenas baixo e bateria ou apenas guitarra e vocais.
- Pouco depois de seu próprio solo. Termine, e depois faça uma parada por um instante antes de retornar. Como o público poderá sentir sua falta se você não for embora?

Tocando em dupla

Uma gaita pode fazer par com quase qualquer instrumento, e tocar em dupla oferece intimidade e flexibilidade quando você possui um parceiro sensível. Porém, você precisa pensar em como os dois instrumentos combinarão musicalmente. Para isso, faça a si mesmo as seguintes perguntas, depois encontre uma forma musical de utilizar as respostas:

- **As qualidades de tom de cada instrumento são semelhantes ou diferentes?** Se forem diferentes, tente equilibrar a interpretação da música de forma a criar um contraste.
- **Os instrumentos estão na mesma extensão onde podem tocar a mesma música ou notas de harmonia?** Ser capaz de harmonizar é sempre uma vantagem, e às vezes simplesmente tocar a música juntos pode ser eficaz.
- **Um dos instrumentos está em uma extensão mais grave que pode tocar (ou simular) um baixo?** Tente fazer isso para criar um acompanhamento.
- **Um dos músicos pode produzir notas ou acordes que o outro não consegue?** Pense em utilizar essas notas para dar acompanhamento a uma música ou solo.

Fazendo uma jam session com uma banda

Todos em uma banda possuem uma ou mais funções na interpretação de uma música. Se você entender as funções e papéis dos outros instrumentos de uma banda, poderá encontrar meios de complementar as funções exercidas por outros instrumentos. Você pode descobrir que consegue preencher algumas dessas funções com a gaita. As funções são as seguintes:

- **Vocais e instrumentos melódicos** executam a melodia, ou tocam um solo que temporariamente a substitui. Eles podem também tocar uma linha harmônica que segue a forma da melodia, mas utiliza diferentes notas que dão suporte à linha melódica e a fazem soar melhor.

- **O grupo dos instrumentos de sopro** toca longos acordes crescentes. Toca também breves explosões que fazem a marcação e linhas melódicas simples chamadas *riffs*, que ajudam a enfatizar o ritmo.

- **Guitarra rítmica e teclados** tocam os *acordes*, que são várias notas tocadas simultaneamente que se juntam formando um único som. Os acordes definem o clima e preenchem o meio do espectro sonoro para criar o fundo da melodia. Os acordes geralmente são tocados com um ritmo reconhecível.

- **O baixista** possui duas funções importantes:
  - Interagir com a bateria para reforçar o ritmo base
  - Ancorar cada acorde tocado pela guitarra ou teclado com notas graves que dão profundidade e corpo ao acorde

  Além disso, os baixistas, muitas vezes desempenham uma linha melodiosa chamada *linha de baixo*. Normalmente, isso não é a melodia, mas uma parte especial, cativante da música.

- **O baterista** mantém o tempo e estabelece o ritmo geral da música. Com frequência, o baterista também ajuda todos os outros músicos a saber onde eles estão em uma música. Ele o faz utilizando o ritmo para mudanças na música, como, por exemplo, a passagem para o verso seguinte ou seção maior.

Na gaita, você pode tocar todas as funções de acordes, melodia, harmonia e sopro. Porém, você precisa ter o cuidado de tocar notas, acordes e ritmos que não se choquem com o que outra pessoa está fazendo. Você também precisará evitar atrapalhar o cantor ou solista. É melhor seguir uma regra simples aqui: na dúvida, deixe estar.

Quando estiver exercitando sua parte de gaita em uma música, ouça, imagine, experimente e tente criar um lick, riff, ritmo ou linha harmônica que combine com o resto da banda e faça com que a música soe melhor. Não tenha medo de pedir conselhos e ajuda de seus colegas de banda — troquem ideias entre vocês.

Exibindo Seu Talento no Palco

Quando você estiver se divertindo ao fazer música casualmente com os amigos, pode ser que haja ouvintes no local. Nesta situação, você provavelmente estará concentrado na música. Você pode ignorar os ouvintes, ou pode incluí-los no círculo de amigos com os quais está compartilhando. Mas quando você estiver no palco para valer, o foco deve ser divertir a plateia com sua música.

Capítulo 16: Reunindo Tudo — Suas Músicas, Sua Banda...

Quando tocam para uma plateia, você e outros músicos que tocam com você normalmente enfrentarão o público em vez de uns aos outros, e em vez de estarem cercados de amigos, vocês poderão se ver confrontados com estranhos. Nesta seção, eu lhe mostrarei ambas as oportunidades que uma plateia representa e algumas técnicas para lidar com as inseguranças que você poderá enfrentar.

Com boa aparência, sentindo-se bem

Com ou sem plateia, a boa postura lhe dá energia e confiança, e permite que você respire corretamente para poder tocar bem a gaita. Porém, diante de uma plateia, você também está apresentando uma aparência. Faça uma pose confiante que chame atenção. Fique em pé em postura ereta e olhe a seu redor na altura dos olhos.

Além disso, não se esqueça de mostrar interação com seus colegas de banda. Se você for o centro das atenções, movimente-se pelo palco quando for apropriado. Em pontos dramáticos da música, faça gestos para enaltecer o momento. Mas não sinta como se tivesse de sair pulando de um jeito que o faça se sentir um idiota. A linguagem corporal mais eficaz no palco é a que utiliza gestos sutis para a comunicação com o público. Observe bons artistas para pegar algumas dicas. James Harman é um gaitista capaz de utilizar pequenos e breves gestos — como uma virada de cabeça, um movimento do tronco que se pareça com um passo de dança, ou estender um braço — para cativar uma plateia.

Um gaitista possui uma vantagem especial — gestos manuais. A abertura e fechamento de suas mãos em torno da gaita pode comandar a atenção: esses movimentos podem parecer sinuosos, afetuosos, cômicos, dinâmicos, ou qualquer combinação dessas características. E amplos gestos de mão que exijam que o braço ou antebraço todo gire podem ser emocionantes de ser observados. Veja no Capítulo 6 mais informações sobre técnicas de mão e braço.

Preparando-se para uma performance no palco

Quando você está distraído pelos nervos, pode ter um "branco" e esquecer o que deseja tocar. A chave para enfrentar uma apresentação apesar da ansiedade é ter sua parte tão bem memorizada que você consegue tocá-la até dormindo. Depois que tiver memorizado sua parte, lembre-se das primeiras notas pouco antes de tocá-las. Então talvez você consiga ir no piloto automático e tocar apesar do "branco" e da distração provocada por estar diante de uma plateia. Há britadeiras fazendo barulho bem ao seu lado? Há um cãozinho mastigando seu tornozelo? Não importa, pois você está preparado.

Quando for iniciar uma música, não se esqueça de ter uma gaita na tonalidade correta para a música, e de segurar o instrumento com o lado direito para cima. Tocar na tonalidade errada — ou tocar notas muito agudas quando sua intenção era tocar notas graves — pode tirar você dos eixos. (Dê uma olhada na Folha de Cola; nela você vai encontrar uma referência rápida sobre relacionar a tonalidade de uma música à sua escolha de gaita.)

Vencendo o medo do palco

Suponhamos que você tenha acabado de pisar no palco para encarar uma plateia. Você pensou que estava totalmente pronto para isso, mas agora está tremendo, uma pilha de nervos. Mal consegue dizer o próprio nome ou colocar um pé diante do outro (que dirá tocar uma música coerente!). E agora?

O medo do palco é seu corpo decidindo: "Essas pessoas querem me matar e me devorar — é melhor eu *fugir*!" (Pode agradecer a seus ancestrais das cavernas por essa adaptação.) Você tem um grande surto de adrenalina, mas em vez de fugir, precisa enfrentar aqueles predadores famintos e ludibriá-los para que eles não o façam em pedaços. Agora que sua vida parece depender disso, você parece um cervo diante dos faróis de um carro que se aproxima. O que fazer? Apenas siga estes conselhos:

- **Respire fundo.** Sua forma de respirar influencia seu estado de espírito, por isso respire suave e lentamente.

- **Lembre-se de que você ainda está compartilhando com seus amigos.** Você só abriu o círculo um pouco para a entrada de algumas pessoas que não estão tocando junto com vocês. Este é seu mundo: receba essas pessoas nele e faça com que elas se sintam em casa.

- **Lembre-se de que a plateia deseja ouvir você e curtir o seu som.** Eles gostam de você e desejam que você faça um bom trabalho.

- **Quebre o gelo.** Agradeça à plateia fazendo uma ligeira reverência ou dizendo algo agradável como "Obrigado pela presença." Você pode até mesmo fazer algo tolo e idiota para baixar um pouco o nível de adrenalina e arrancar risadas.

- **Canalize sua energia para a música.** A energia nervosa é boa se você souber convertê-la em entusiasmo e utilizá-la como combustível para sua paixão por fazer música.

- **Olhe acima das cabeças dos espectadores.** Quando se está diante de uma plateia, todos aqueles olhos fixos em você podem ser intimidadores. Você pode evitar essa impressão desconcertante e ainda assim dar ao público a impressão de contato olho no olho se simplesmente olhar acima das cabeças dos espectadores.

Capítulo 16: Reunindo Tudo — Suas Músicas, Sua Banda... 265

Esqueça aquele alçapão que existe no palco e que dá para o poço repleto de jacarés famintos. Você não está lá para ser julgado pelo Dr. Evil e seus comparsas carrancudos. Está apenas compartilhando um pouco de música com aqueles seus amigos que estão lá fora. Curtam isso juntos.

Recuperando-se dos erros

Ninguém está livre de cometer erros enquanto toca. O que os profissionais fazem? Eles sorriem e continuam com o show — o erro aconteceu e já passou. Se você cometer um erro, não faça careta e não pare — você não precisa esperar que a polícia antierros apareça para levá-lo preso. Apenas deixe o momento passar e continue tocando. Todos desejam seu sucesso e o incentivarão se você continuar tentando.

Ocupando o centro do palco: Fazendo um solo

Agora que você está no palco diante da plateia, poderá ser chamado para fazer um solo. As primeiras coisas em primeiro lugar: não se esqueça de ter as primeiras notas de sua parte bem memorizadas e de utilizar a gaita adequada (com o lado direito para cima). Agora, lembre-se também de fazer o seguinte:

- **Observe o líder para começar.** Quando for a hora de seu grande momento, o líder da apresentação fará um gesto ou dirá algo para que você comece. Para aproveitar ao máximo seu tempo de solo, tenha em mente o seguinte:

    - Evite fechar os olhos e deixar que o pensamento fuja. Isso ajuda você a se manter conectado com o que ocorre à sua volta e com a música que você está tocando.

    - Toque para a plateia (mas permaneça atento à banda; afinal de contas, vocês estão fazendo música juntos). Sinta a energia da plateia. Agradeça, toque e permita que ela o estimule — essa é uma força positiva e poderosa.

- **Comece tocando algo fácil em suas duas primeiras frases.** Isso lhe dará um momento para se sentir confortável em estar à frente. Você pode dar um pouco de atenção ao que está tocando, um pouco de atenção à banda e um pouco de atenção à plateia. Você não pode dividir sua atenção quando está tocando a passagem mais difícil e intensa possível logo de cara. Começar em um ritmo fácil também lhe dá uma direção. Enquanto toca, você pode construir a intensidade de seu solo e cativar a plateia.

- **Observe o líder para encerrar.** Seu solo normalmente durará um ou dois versos da música. No final do primeiro verso, observe o líder da apresentação. Ele pode fazer um gesto indicando para você parar ou continuar. Esteja pronto para fazer o que quer que o líder indique.

Capítulo 17

Amplificando Seu Som

Neste Capítulo
- Compreenda a amplificação do som
- Intensifique seu som acústico
- Utilize amplificadores e efeitos para distorcer o som
- Determine como conectar seu equipamento de amplificação

Uma gaita não é um instrumento alto (basta tentar se juntar a uma banda militar com percussão e trombones, e você verá o que eu quero dizer). Por isso, para tornar o som de sua gaita alto o suficiente para que outras pessoas o ouçam em espaços grandes e ambientes ruidosos, você precisa de algo chamado *amplificação*.

Quando você amplifica a gaita, pode utilizar três abordagens básicas:

- Você pode tocar de forma *acústica*, para obter um som natural, e depois amplificar o som.
- Você pode tocar a gaita de forma *limpa* e amplificada, que possui um tom mais concentrado do que o natural, mas soa relativamente inalterado.
- Você pode tocar de forma *amplificada* (mas não limpa) utilizando efeitos especiais e distorção para fazer com que a gaita soe mais parecida com um saxofone ou guitarra elétrica. Os gaitistas costumam chamar essa abordagem de *tocar com amplificação* (a parte da distorção está implícita).

Neste capítulo, eu lhe ensinarei o básico da amplificação, para que você possa compreender todos os equipamentos e conexões, e produzir um som que agrade tanto a você mesmo quanto à plateia. (A propósito, todos os equipamentos mencionados aqui estão disponíveis em lojas de instrumentos musicais ou pela internet.)

Familiarizando-se com o Básico da Amplificação

Antes de mergulhar nas diferentes abordagens de amplificação, é importante compreender a amplificação em termos gerais. Por sorte, a ideia básica da amplificação é bem simples. Eis o esquema geral deste processo:

1. **Você toca utilizando um microfone, que converte o som em um sinal elétrico.**

2. **O microfone é conectado a um amplificador, que torna o sinal mais forte.**

3. **O amplificador envia esse sinal reforçado para os alto-falantes, que por sua vez convertem o sinal em som novamente.**

Com um pouco de sorte, o som resultante será mais alto e soará tão bom quanto o natural.

Quando você toca com outros músicos, cada um dos instrumentos poderá ser plugado a seu próprio amplificador ou a um *sistema de som* maior. É o caso também do microfone que você utiliza para a gaita.

Um sistema de som é utilizado para amplificar vozes, instrumentos acústicos (como a gaita), faixas de acompanhamento pré-gravadas, e qualquer outra coisa que não possua seu próprio amplificador. O sistema envia o som dos microfones e de outras entradas para uma *placa de mixagem* central, na qual todos os sons são mixados juntos, depois amplificados e enviados aos *alto-falantes ambientes*. Uma casa de shows pode ter seu próprio sistema de som (e até mesmo um *técnico de som* para cuidar dele), ou uma banda pode trazer e operar seu próprio equipamento sonoro. Por enquanto, suporei que você esteja utilizando um sistema de alto-falantes.

Tocando Através de um Microfone pela Primeira Vez

Na primeira vez em que tocar gaita com amplificador, você provavelmente o fará através de um microfone conectado a um sistema de som. O microfone utilizado neste caso costuma ser um *microfone vocal* — ou seja, um microfone do tipo utilizado para cantar. E isso é bom; microfones que funcionam bem para vocais geralmente funcionam bem para gaitas.

Mais adiante neste capítulo, discutirei dois tipos de microfones que você pode utilizar para amplificar a gaita. Por enquanto, me concentrarei em como utilizar os microfones que você poderá encontrar nos palcos de cafeterias, casas noturnas ou outros locais de apresentação.

Tocando com um microfone em um pedestal

Quando você toca gaita através de um sistema de som, o microfone geralmente fica em um pedestal, pronto para amplificar a voz de alguém que fala ou canta (ou toca uma gaita). Aqui, algumas dicas para fazer o melhor uso possível de um microfone no palco:

- **Ajuste o pedestal do microfone:** Não se esqueça de ajustar o pedestal de forma que a extremidade do microfone fique da altura de sua boca. Você não desejará se curvar para baixo ou ficar na ponta dos pés para alcançar o microfone — pelo contrário, ficará confortável e provavelmente não parecerá estranho à plateia.

- **Posicione o microfone:** Para maximizar a captação de som de seu microfone, aponte o comprimento dele diretamente para a fonte de som. Sua fonte de som são as costas de suas mãos se você estiver segurando a gaita, ou a parte de trás da gaita se você estiver tocando-a com um suporte, ao estilo Bob Dylan. (Consulte o Capítulo 19 para mais informações sobre suportes de pescoço e outros acessórios.) A Figura 17-1 mostra um bom posicionamento para o microfone em relação ao gaitista.

- **Posicione-se em frente ao microfone:** Aproxime-se dele de forma a conseguir obter um sinal forte. Se você começar a ouvir um som alto semelhante a um uivo, isso é a microfonia (que discutirei mais adiante neste capítulo). Distancie-se do microfone até que o ruído cesse. Caso contrário, pode se aproximar tranquilamente.

Figura 17-1: Um microfone em um pedestal corretamente apontado para a fonte de som.

✔ **Dê espaço para suas mãos:** Uma parte importante do som da gaita acústica é o uso das mãos em torno do instrumento. (Abrir e fechar as mãos em concha faz com que a gaita soe clara ou sombria e faz com que as vogais tenham um som de "Wah.") Deixe espaço suficiente para que suas mãos se movimentem sem encostar no microfone. Contudo, sua primeira experiência de tocar com um microfone pode não envolver um pedestal. Alguém no palco pode lhe entregar um microfone para você alojar entre as mãos junto com a gaita. Neste caso, você precisa saber como manejar a situação (literalmente).

Tocando com um microfone entre as mãos

Gaiteiros frequentemente alojam a gaita e o microfone juntos entre as mãos (talvez um microfone vocal ou de lapela; para mais informações, veja a seção "Familiarizando-se mais com os microfones"). Segurar um microfone entre as mãos quando você toca através de um sistema de som lhe proporciona uma sonoridade semelhante à natural da gaita, porém mais forte e concentrada. (Mais adiante neste capítulo, falarei sobre como obter um som distorcido, técnica essa que também utiliza um microfone alojado entre as mãos.)

Segurar o microfone com as mãos em concha possui alguns dos seguintes efeitos positivos:

✔ O som sai mais alto do que seria se você segurasse o microfone de outra forma.

✔ Outros sons altos, como o da bateria e das guitarras elétricas, não chegarão a seu microfone.

✔ Você pode se movimentar pelo palco e mesmo assim ser ouvido, pois o microfone irá para onde você for.

Segurar o microfone com as mãos em concha também causa outros efeitos, desejáveis ou não. Considere o seguinte:

✔ Você possui menos capacidade de moldar o tom com as mãos porque o microfone agora ocupa o espaço necessário para criar uma câmara acústica.

✔ A diferença entre os sons altos e os suaves será menos pronunciada.

✔ O tom de sua gaita será diferente. Altas frequências se tornam menos pronunciadas, dando a seu tom uma sonoridade mais sombria e doce.

Não agarre um microfone para alojar entre suas mãos sem antes avisar ao técnico de som. Ele precisa saber, para poder abaixar o volume do microfone. Caso contrário, você poderá ferir os ouvidos de todos e até mesmo danificar os alto-falantes; seja com notas muito altas da gaita, seja com a microfonia.

Capítulo 17: Amplificando Seu Som

Sempre segure o microfone a dois dedos de distância da gaita. Fazer isso impede que o instrumento colida com o microfone e faça barulho. Você também cria uma pequena câmara de tom que pode utilizar para efeitos tonais alterando a forma de sua mão em concha em torno da gaita e do microfone. A Figura 17-2a ilustra essa câmara de tom com um microfone vocal alojado entre as mãos, e a Figura 17-2b mostra o mesmo procedimento com um microfone bullet.

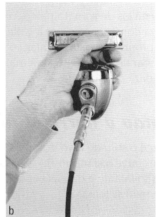

Figura 17-2: Deixando uma câmara de tom quando você aloja um microfone vocal e um microfone bullet entre as mãos.

Ouvindo a si mesmo em meio ao caos

Na primeira vez em que for tocar em um palco, você poderá ter dificuldades em ouvir a si mesmo e aos outros músicos por causa dos amplificadores muito altos, do barulho da plateia e da distância entre você e os outros músicos. E quando você não consegue se ouvir, pode perder sua posição na gaita e tocar as notas erradas.

Porém, um bom sistema de som fornece *monitores*, que são pequenos alto-falantes colocados no chão do palco e voltados para cima, para que você possa se ouvir. Antes da apresentação, peça ao técnico de som para fazer um *teste de som*. Durante esse teste, você toca e o técnico de som ajusta todos os níveis sonoros para o som ambiente e o *mix de monitor*. Este permite que você ouça a banda e a você mesmo, para que todos vocês possam permanecer afinados e em sincronia.

Caso você não consiga se ouvir enquanto toca, poderá fazer duas coisas:

- **Solicite mais volume nos monitores.** Faça um sinal para o técnico de som apontando para seu ouvido e depois apontando para cima. Isso diz a ele para aumentar o nível de volume no monitor.

Se você não conseguir chamar a atenção do técnico de som com gestos de mão, diga algo no microfone entre uma música e outra. Por exemplo, você pode dizer algo como "Eu poderia ter mais som de gaita nos monitores, por favor?"

✔ **Coloque um dedo no ouvido.** Não ria, é sério! Se tudo o mais der errado, colocar um dedo no ouvido o ajudará a se ouvir tocando ou cantando. Segure a gaita com uma das mãos, e utilize a outra mão para criar seu monitor corporal.

Com altos níveis de som no palco, você poderá se sentir sufocado, e por isso poderá começar a soprar a gaita com muita força — mesmo que consiga ouvir a si próprio. Resista à tentação de "buzinar", "berrar" ou bater na gaita. Se você tocar normalmente, terá maior controle sobre o instrumento, e também soará melhor.

Evitando o horrível uivo da microfonia

Microfonia é o som de uivo dolorosamente alto que ocorre quando um microfone "ouve a si mesmo" — ou seja, o microfone capta um som, o envia para um alto-falante e depois capta o mesmo som novamente e começa a reenviá-lo pelo sistema.

A microfonia acontece nas seguintes situações:

✔ **Quando alto-falantes e microfones estão apontados uns para os outros.** É por isso que os alto-falantes ambientes ficam voltados para longe do palco e os monitores ficam apontados para cima desde o chão em um ângulo. A equipe de som precisa ter os microfones e alto-falantes configurados de forma a evitar a microfonia.

✔ **Quando os amplificadores estão tão altos que os microfones captam sons, independentemente da direção para onde estiverem voltados.** A solução para isso é um dos músicos (geralmente o guitarrista) diminuir o volume de seu próprio amplificador.

✔ **Quando um espaço oco amplifica certas frequências e faz com que elas ressoem.** Esse ressoar pode se tornar tão alto que os microfones o captam e dão início a uma microfonia ininterrupta. Se a própria sala estiver ressoando, a equipe de som deve lidar com o problema. Porém, o espaço oco ressonante pode ser algo pequeno bem à frente do microfone, como o corpo de um violão, suas mãos em concha, ou até mesmo sua boca aberta. Você pode lidar facilmente com essas fontes de microfonia fechando a boca, mudando a posição das mãos ou se afastando um pouco do microfone.

Elevando o Nível da Amplificação: Som Amplificado Limpo e Distorcido

Tocar com som amplificado começa com alojar a gaita e o microfone entre as mãos. O microfone pode estar conectado ao sistema de som ou a um amplificador do palco. Quando o sinal vindo do microfone viaja até os amplificadores, o microfone, os efeitos especiais, os amplificadores, e até mesmo os próprios alto-falantes podem ter um papel importante para moldar o som da gaita.

Se sua meta é um som limpo e amplificado, você deseja permanecer o mais próximo possível do som natural da gaita. Porém, você pode também querer incluir alguns reforços (ou *efeitos*) que deixem o som da gaita mais rico e encorpado. Seu microfone, seus efeitos, seu amplificador e seus alto-falantes precisam produzir um som claro em todos os níveis de volume sem nenhuma *distorção*, que é uma alteração indesejada em um sinal elétrico. Se você deseja um som limpo, evite distorções.

A distorção foi descoberta muito tempo atrás por guitarristas e gaitistas que *giravam* o botão de amplificadores de baixa potência para o volume máximo em bares ruidosos apenas para se fazer ouvir em meio ao barulho do ambiente. O som resultante era distorcido, e os músicos rapidamente descobriram que podiam utilizar essa distorção de forma musical, e começaram a encontrar meios de produzi-la e moldá-la. Eles descobriram que podiam criar distorções sobrecarregando um amplificador, os alto-falantes ou até mesmo o microfone com um sinal que fosse mais potente do que o dispositivo fosse capaz de processar sem alterações. A sobrecarga que cria a distorção é às vezes chamada de *overdrive* ou *saturação*.

Nas próximas seções, eu seguirei o som de sua gaita desde o microfone alojado entre as mãos até vários efeitos para seu amplificador (ou sistema de som). Discuto também as coisas que podem lhe oferecer um som limpo ou distorcido em cada palco.

Familiarizando-se mais com os microfones

Como gaitista, você possui muitas opções entre microfones vocais e microfones projetados especificamente para gaita. Os dois tipos mais populares são os seguintes:

- **Microfones vocais multiúso:** *Microfones vocais* funcionam bem para gaita. Eles produzem um sinal sonoro claro e natural que pode ser processado para oferecer uma ampla variedade de sons, desde limpo e arejado até distorcido e claustrofóbico.

Quando for procurar por um microfone vocal, verifique se ele possui estas características:

- **Resposta unidirecional.** Esse padrão de resposta capta o som apenas da direção para a qual está apontado. Isso ajuda a evitar feedback e a captação de sons indesejados.

- **É fácil de segurar e de utilizar com as mãos em concha.** Você deve conseguir segurar o microfone entre as mãos, e ele não pode ser pesado demais. Teste-o para ter certeza de que ele pode ser alojado entre as mãos sem que haja microfonia.

Entre os microfones vocais frequentemente utilizados por gaitistas, estão o Shure SM57, SM58 e a série 545, e o EletroVoice RE10. O Audix Fireball é um microfone especialmente desenvolvido para gaitistas a partir da alteração do formato de um microfone vocal.

✓ **Microfones bullet:** Os chamados *microfones bullet* (que levam esse nome por seu formato lembrar o de uma bala de arma de fogo, "bullet" em inglês) foram projetados para entregar comunicação falada com máxima eficiência em ambientes ruidosos, como estações rodoviárias. Gaitistas de blues valorizam as cores tonais cruas, ainda que atenuadas, desses microfones primitivos, juntamente à distorção que pode ser obtida quando se segura um microfone bullet com as mãos em concha.

Os dois tipos clássicos de microfones bullet são o Shure Green Bullet e o Astatic JT-30. Esses modelos, que antigamente eram baratos e fáceis de encontrar, hoje estão se tornando caríssimos itens de colecionador. No entanto, a Hohner comercializa um microfone bullet inspirado no JT-30 e batizado de Blues Blaster. Veja na Figura 17-3 um microfone bullet (à esquerda) e um microfone vocal.

Figura 17-3: Um microfone bullet (esquerda) e um microfone vocal.

Alterando o som de uma gaita com efeitos

Quando toca através de amplificação, segurando o microfone com as mãos em concha ou não, você pode utilizar diversos efeitos que aprimoram sua gaita amplificada. Alguns efeitos melhoram o som natural da gaita, e outros foram criados para realmente alterar o som do instrumento.

A Faixa 97 mostra o uso dos seguintes efeitos em uma breve linha de gaita, para que você possa ouvir como alguns deles têm impacto sobre o som do instrumento.

- **Equalização (EQ):** Com a EQ você pode destacar algumas partes do espectro sonoro e dar menor ênfase a outras, para tornar seu tom geral mais sombrio, mais brilhante ou mais caloroso. A EQ pode também contrapor alguns dos sons fracos associados à gaita. Por exemplo, enfatizar frequências de cerca de 250 Hz pode fazer com que o tom da gaita soe mais encorpado. (*Hz* é a abreviação de Hertz, que é a unidade de medida das vibrações por segundo.) Fazer um *roll-off*, ou uma redução forte, das frequências mais altas e mais baixas (abaixo de cerca de 150 Hz e acima de aproximadamente 6000 Hz) pode ajudar você a evitar a microfonia. (Faixa 97, 0:13)

- **Compressão:** A *compressão*, também chamada de *limitação*, reduz os extremos de altura e suavidade em sua interpretação, de forma que os sons altos não fiquem tão altos e os sons suaves não sejam inaudíveis. A compressão produz um sinal sonoro mais alto sem que seja preciso aumentar o volume. Ela também ajuda a evitar o feedback e lhe proporciona um som mais rico. (Faixa 97, 0:25)

- **Delay:** Este efeito envia parte do sinal de seu microfone diretamente para o ponto seguinte, ao mesmo tempo em que atrasa (*delay* significa atrasar, em inglês) outra parte por alguns milésimos de segundo. A essa altura, o sinal é entregue como uma ou mais repetições distintas. O delay ajuda a gaita a soar mais encorpada e rica. (Faixa 97, 0:38)

- **Reverberação (ou reverb):** Cria a impressão de som ambiente ecoando pelas paredes de salas de diversos tamanhos. O reverb pode criar a impressão do som ocorrendo em um espaço amplo. Porém, lembre-se de que é fácil exagerar no reverb. (Faixa 97, 0:52)

- **Unidades de distorção:** Uma unidade de distorção contém dois pré-amplificadores, ou *preamps*, que são pequenos amplificadores que aumentam o sinal do microfone logo no início do processo de amplificação. Um preamp faz o overdrive do outro para criar a distorção. Uma unidade de efeito é apenas um dos inúmeros modos de criar distorção; falo sobre outros na seção seguinte. (Faixa 97, 1:04)

- **Limitadores de microfonia (anti-feedback):** Como o próprio nome indica, essas unidades servem para impedir a microfonia. A supressão da microfonia é muito útil quando se toca através de um amplificador em altos níveis de volume.

A maioria dos sistemas de som possui as funções EQ, compressão, delay e reverb embutidas na placa de mixagem. Por isso, quando estiver tocando através do sistema de som da casa de espetáculos, você pode pedir ao técnico de som para ajustar esses efeitos, o que deixará o som da sua gaita mais encorpado.

Os músicos geralmente utilizam *pedais de efeitos e distorções*, que são pequenas caixas de metal contendo um único efeito. Você ajusta a caixa para a configuração que desejar, coloca-a no chão e depois a liga ou desliga com uma simples pisada. Esses pedais são geralmente feitos para guitarras elétricas, mas podem ser adaptados também para gaitas. Se você subir ao palco e observar o equipamento de amplificação do gaitista, poderá ver toda uma série de pedais plugados uns aos outros em cadeia, prontas para ser ativadas em várias combinações com uma simples pisada. Se você estiver com seu computador conectado a uma ou mais unidades de efeitos do palco, poderá enviar o sinal para o sistema sonoro ou para o amplificador de um instrumento.

Impulsionando com amplificadores, pré-amplificadores e alto-falantes

Seja tocando de forma clara ou distorcida, os gaitistas geralmente preferem alto-falantes menores — de 8 ou 10 polegadas de diâmetro — configurados em pares ou em conjuntos de quatro unidades. Por quê? A gaita é um instrumento de extensão aguda, e alto-falantes menores refletem o som de extensão aguda de forma mais eficiente. Eles também respondem rapidamente — como os gaitistas gostam.

Para uma interpretação limpa e amplificada, procure um amplificador feito para violão ou teclado. Frequentemente, esses amplificadores possuem uma saída de força bem mais alta do que a de um amplificador para guitarra elétrica (de 200 a 400 watts versus 20 a 100 watts), o que lhes dá a capacidade de entregar um som limpo sem distorção — mesmo a um volume alto. Como os instrumentos acústicos utilizam microfones e as gaitas também, os amplificadores para instrumentos acústicos possuem entradas especialmente projetadas para microfones e possuem rejeição muito maior a microfonias do que os amplificadores de guitarras elétricas.

Para tocar com distorção, os gaitistas frequentemente utilizam amplificadores para guitarra elétrica que foram ajustados e modificados para funcionar com gaitas. Amplificadores de guitarra tendem a enfatizar as altas frequências e o som claro, que soam ótimos com a guitarra mas ruins com a gaita. O alto ganho de energia no pré-amplificador do palco pode fazer com que um microfone produza microfonia em volumes baixos. Os gaitistas lidam com esses problemas de várias formas, incluindo as seguintes:

- **Ajuste os controles de tom.** Para fazê-lo, desligue o botão luminoso, gire o botão "Treble" totalmente para baixo, gire o botão "Bass" totalmente para cima e ajuste o meio de acordo com seu gosto.

- **Desligue o pré-amplificador do palco.** Isso só pode ser feito se o palco possuir um controle.

- **Troque as válvulas, que são peças encaixáveis internas que parecem minúsculas lâmpadas de filmes de ficção científica.** Substituir um tipo de válvula por outro pode reduzir frequências de treble, baixar o pré-amplificador novamente e fazer com que o amplificador produza a distorção mais facilmente.

    Não tente trocar as válvulas, a menos que você saiba o que está fazendo e que saiba como evitar mortes e ferimentos causados por choques elétricos.

Se você preza mais sua audição do que a altura desproposital, pode experimentar as seguintes formas de obter distorção sem destruir o mundo:

- **Toque através de um pequeno amplificador.** Um amplificador pequeno e de baixa potência pode lhe oferecer distorção sem volume ensurdecedor. Se o pequeno amplificador não for alto o suficiente para a banda ou o ambiente, coloque um microfone em frente ao amplificador e alimente o som através do sistema de som da casa.

- **Utilize um efeito de distorção ou um pré-amplificador.** Unidades de efeito de distorção que funcionem com qualquer amplificador estão disponíveis, e geralmente a distorção pode ser ajustada para se adequar ao som desejado.

- **Explore simuladores de amplificador.** Um *simulador de amplificador* é uma unidade do tamanho de um livro, que simula o som característico de várias unidades de efeitos, pré-amplificadores, amplificadores e até alto-falantes diferentes. Você pode criar e salvar suas configurações favoritas, e alternar entre elas como quiser. Por que carregar por aí um amplificador enorme e toneladas de efeitos, quando você pode apenas colocar um simulador de amplificador em sua mala junto com suas gaitas e um microfone?

Conectando Microfones, Amplificadores e Unidades de Efeitos

Microfones vocais e sistemas de som foram feitos para funcionar juntos, mas os gaitistas frequentemente utilizam equipamentos que não foram projetados para funcionar com sistemas de som modernos. Por exemplo, eles frequentemente utilizam microfones bullet obsoletos e amplificadores e unidades de efeitos especiais pensados para funcionar com guitarras elétricas.

Para fazer toda essa parafernália funcionar junta, um gaitista precisa combinar os diferentes tipos de conectores físicos, e combinar também um valor elétrico chamado *impedância*. A impedância é medida em *ohms* (às vezes representados pelo símbolo Ω). Se as impedâncias dos dois dispositivos conectados não combinarem, o som poderá ser fraco, escasso ou abafado.

Os conectores são plugados nas extremidades dos cabos e podem ser plugues de fone com 1/4 de polegada conectados a tomadas de fone ou conectores XLR de 3 pinos (macho ou fêmea; o macho conecta ao fêmea). Dê uma olhada na Figura 17-4; ela mostra esses plugues de fone e conectores XLR.

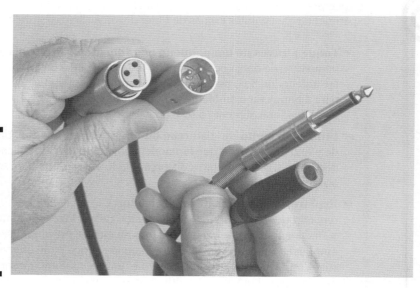

Figura 17-4: Conectores XLR de três pinos macho e fêmea (esq.), e tomada e plugue de fone de 1/4 de polegada (dir.).

Encontrando seu som

Não importa o que digam, o melhor som para você é aquele que mais lhe agrada. Você obtém seu som com o microfone certo, os efeitos certos e os amplificadores e alto-falantes certos. Mas como descobrir qual soa melhor, quando existem tantas opções por aí? Afinal de contas, você não tem dinheiro para comprar e experimentar todas as combinações possíveis de equipamentos. Não se preocupe; as dicas a seguir podem ajudar você a escolher melhor:

- **Teste equipamentos em lojas de instrumentos musicais.** Se você já possui uma peça de equipamento de que goste (como um microfone ou amplificador), leve-a com você à loja de instrumentos musicais e teste-a com outros equipamentos que lhe interessarem.

- **Explore grupos de discussão sobre gaita (veja o Capítulo 20)** para avaliação dos diferentes modelos de microfones, amplificadores, alto-falantes, e efeitos e técnicas para utilizá-los.

- **Converse com outros gaitistas.** Se você ouvir uma profissional cujo som lhe agrade, pergunte a ela sobre seu equipamento e como ela obtém seu som. A maioria dos gaitistas, mesmo os profissionais mais renomados, adoram conversar sobre gaita e assuntos relacionados a ela.

Tenha em mente as seguintes informações quando for conectar e combinar impedâncias para o equipamento que você utiliza para amplificar a gaita:

- Microfones vocais, sistemas de som e dispositivos que se conectam a eles utilizam conectores XLR. A maioria deles é de baixa impedância (ou *lo-z*), que é medida em centenas de ohms.

- Amplificadores de guitarra e unidades de efeitos para guitarras utilizam tomadas e plugues de fones e são de alta impedância (ou *hi-z*), com impedâncias de qualquer lugar de 1.000 ohms (um *quilo-ohm*) até cerca de 1 milhão de ohms (ou um *megaohm*).

Quando você conecta um microfone vocal e uma unidade de efeitos ou um amplificador de guitarra, precisa de um *adaptador de impedância* para converter a baixa impedância do microfone para a alta impedância da entrada da guitarra. Adaptadores de impedância são pequenos e já vêm conectados a um conector XLR em uma extremidade e a um plugue de fone na outra.

Se você utiliza seu microfone através de uma unidade de efeitos de guitarra e depois para o sistema de som da casa, precisa de um *direct box* (às vezes chamado de *DI box*) para combinar as duas impedâncias e tipos de conectores.

- Microfones bullet são de impedância extra-alta (cerca de 5 megaohms), embora geralmente utilizem plugues de fone compatíveis com guitarras. Um microfone bullet pode precisar de um adaptador de impedância para ser conectado ao equipamento da guitarra. (Para descobrir com certeza, você terá de experimentar.) Um microfone bullet definitivamente precisa de um direct box para passar por um sistema de som.

Capítulo 18

Melhorando Sua Gaita com Reparos e Aprimoramentos

Neste Capítulo
- Reúna algumas ferramentas úteis
- Pratique bons hábitos de reparo
- Aprimore o desempenho de uma gaita
- Conserte uma gaita com problemas

Na época em que gaitas custavam poucos centavos e eram boas para uma afinação simples, quem se importava se uma gaita quebrasse ou tocasse mal? Bastava jogá-la fora e adquirir outra. Porém, com o tempo, as gaitas foram se tornando melhores — e mais caras. E não são apenas as gaitas que mudam com o tempo. Conforme suas habilidades como gaitista vão se aprimorando, você poderá se tornar mais exigente com seus instrumentos. Portanto, agora, se sua gaita se quebrar, você será prejudicado — emocionalmente e financeiramente. Se sua gaita não funcionar bem, será pior do que um daqueles dias em que seu cabelo está horrível. Será como brigar com seu melhor amigo.

A boa notícia é que gaitas quebradas podem ser consertadas, gaitas ruins podem ser melhoradas, e boas gaitas podem se tornar excelentes. Até mesmo gaitas novinhas em folha, que acabam de sair da caixa, podem se beneficiar das configurações pós-fábrica. Com apenas um pouco de trabalho, você poderá fazer com que aquela palheta imóvel volte a soar, poderá acabar com vazamentos de ar que fazem com que você arfe, poderá colocar suas gaitas em uma boa afinação, e até mesmo transformar seus instrumentos em arrasa quarteirões de alto desempenho.

A maioria desses consertos e aprimoramentos está a seu alcance, se você for cuidadoso e tiver um pouco de jeito. Tudo do que você precisa é de algumas ferramentas simples, certo know-how e, para ser honesto, um belo investimento de paciência. Com as informações deste capítulo, você aprenderá a resolver a maioria dos problemas — desde que esteja disposto a tentar. Você pode até mesmo transformar suas gaitas e fazer com que elas toquem melhor do que quando eram novinhas em folha.

Serviço de garantia e assistência técnica

A maioria dos fabricantes garante as gaitas contra defeitos de fabricação, tais como palhetas que não tocam ou pentes deformados, mas não contra desgaste por utilização. Os fabricantes de gaitas Hohner, Lee Oskar, Seydel e Suzuki mantêm oficinas nos Estados Unidos para consertar defeitos de fabricação, e podem também realizar outros tipos de reparos por uma pequena taxa. Como as políticas mudam com o tempo, você precisará contatar cada empresa para saber o que eles se propõem a fazer e quanto cobrarão por isso. Hohner e Hering possuem escritório no Brasil, em São Paulo.

Técnicos de reparos e customizadores independentes realizam bons serviços, preenchendo a lacuna deixada pelos fabricantes. Esse pessoal pode não apenas consertar a gaita, mas também fazer com que ela toque incrivelmente bem. Mas nunca se esqueça de verificar a reputação de um técnico independente antes de confiar suas gaitas e sua grana a ele.

Jamais jogue fora uma gaita quebrada, a menos que ela seja radioativa ou libere gás venenoso. Em vez disso, guarde as peças e utilize-as para consertar outras gaitas. Todo gaitista guarda um "ferro-velho" de gaitas estragadas ao qual recorrer quando as palhetas ou pentes de outras gaitas quebram ou as tampas estragam. Se uma gaita for fisicamente dividida em duas ou mais partes, ou uma palheta se quebrar, coloque-a no ferro-velho. Caso contrário, conserte-a você mesmo ou mande-a para a assistência técnica.

Reunindo as Ferramentas Necessárias

Consertar suas próprias gaitas é uma questão de autopreservação. Uma gaita pode tocar lindamente quando recém-comprada e funcionar bem por anos, mas é mais provável que a ação de tocar possa ser melhorada, ou que uma palheta deixe de funcionar ou fique desafinada. Para ajudar você a manter suas gaitas funcionando bem, vários fabricantes produzem kits de ferramentas para gaitas; o mais econômico é o Kit de Ferramentas Lee Oskar, que vem com excelentes instruções.

Caso você seja realmente do tipo "faça-você-mesmo", poderá montar um kit de ferramentas decente (e talvez economizar algum dinheiro) comprando as ferramentas corretas na loja local de instrumentos musicais e na loja de ferramentas mais próxima:

Capítulo 18: Melhorando Sua Gaita com Reparos... 283

- **Duas pequenas chaves de fenda, uma com slot reto e outra com cabeça cruzada (Phillips N° 0).** Essas ferramentas são utilizadas para desmontar e remontar suas gaitas.

- **Uma lâmina de aço, com espessura de 0,002 polegadas (0,51mm), cortada de placa de aço ou retirada de um conjunto de calibradores de lâminas automotivas.** Uma lâmina é utilizada como suporte para as palhetas quando você afina ou aperta, e para retirar obstruções nas laterais das palhetas.

- **Um palito resistente de madeira ou plástico.** Essa ferramenta é útil quando você tenta empurrar as palhetas para cima e para baixo.

- **Uma chave de parafusar palhetas, feita de latão rígido.** Essa chave deve ter cerca de 1/8 de polegada (3mm) de largura, com uma extremidade fina e pontiaguda que deslize facilmente sob uma palheta. Se você quiser, poderá também utilizar uma lâmina em vez dessa ferramenta.

- **Um bastão retificador.** Bastão retificador é um instrumento de formato semelhante a uma caneta, com uma faixa esticada ou lixa em torno dele. Você o utiliza para afinar palhetas. É mais seguro e delicado que utilizar uma lixa ou um cinzel.

- **Uma ferramenta de relevo.** Esta pode ser uma moeda de extremidade lisa, uma chave de caixa ou outro objeto redondo e plano que você possa utilizar para criar relevo.

- **Um estilete de palhetas feito de uma tira rígida de latão com cerca de 1/4 de polegada (2,54cm) de espessura e 4 polegadas (10,16cm) de comprimento, aplainado em uma das extremidades.** Você pode obter o bastão de latão em uma loja de hobbies, cortá-lo de forma longitudinal e aplainar uma das extremidades com uma lixa. Use essa ferramenta para apertar as palhetas para curvatura.

- **Um recipiente raso ou uma caixa com tampa.** Você pode utilizar esse recipiente para segurar parafusos e outras peças pequenas de gaitas desmontadas.

- **Um afinador cromático.** Um afinador portátil, que funcione à bateria, permite a você definir a altura de referência em ponto entre A435 e A446, além de poder mostrar a você diferenças pequenas como dois cents (um cent equivale a um centésimo de semitom). (Falarei detalhadamente sobre afinação mais adiante neste capítulo.)

Seguindo Boas Práticas de Reparos

Localizar peças minúsculas em um campo repleto de grama e vento no meio da noite enquanto tenta separar um pequeno objeto dos galhos, cascalho e pedaços de sucata provavelmente não é sua ideia de diversão. Não é a minha, tampouco; por isso, eu ofereço a você estas práticas simples que lhe pouparão tempo e problemas quando você trabalha em suas gaitas:

- **Utilize ferramentas que sejam seguras para suas palhetas.** Ferramentas duras e pontiagudas são boas para afinar palhetas ou remover rebarbas e obstruções. No resto do tempo, entretanto, elas apresentam risco de causar cortes indesejados e arranhões nas palhetas. A maioria de suas ferramentas deve ser sem corte ou feita de algo menos rígido do que as palhetas de metal. Sugiro que você tente utilizar ferramentas feitas de latão, plástico ou madeira.

- **Rastreie peças muito pequenas.** Aqueles minúsculos parafusos, porcas e pregos que saem de uma gaita podem facilmente cair sobre um carpete espesso. Para evitar perder essas peças, sempre desmonte as gaitas sobre uma mesa, trabalhe sobre uma superfície lisa e bem iluminada, e coloque os parafusos e outras pequenas partes em um recipiente raso (ou caixa com tampa) para mantê-las seguras.

- **Faça pequenas alterações e testes com frequência.** Quando você remove o metal de uma palheta ou muda a forma dela, é fácil ir longe demais. Por isso, não se esqueça de fazer alterações gradualmente, e testar os resultados com frequência. Trabalhar lentamente pode parecer uma tarefa que consome muito tempo, mas pode evitar contratempos e poupar seu tempo (e talvez seu dinheiro) em longo prazo.

- **Toque a palheta para testá-la.** Quando você faz qualquer alteração em uma palheta, é preciso *testar o som dela* depois. Para isso, levante a tampa da palheta e deixe que esta vibre. Esse teste permite que a palheta se ajuste no lugar, e o som resultante indica se a palheta ainda vibra livremente.

- **Teste os resultados da afinação ou dos ajustes.** Todas as partes de uma gaita afetam a forma como as palhetas individuais tocam. Para testar os resultados da afinação ou do ajuste de uma palheta, toque a nota com a gaita montada. Não é necessário parafusar ou pregá-la completamente. Basta montar as placas das palhetas com o pente e as tampas. Prenda-as juntas cuidando para que as partes estejam todas alinhadas e razoavelmente herméticas, depois teste a palheta tocando-a.

Fazendo Três Aprimoramentos Simples

Mesmo que sua nova gaita esteja funcionando bem, não é raro que faltem no processo de fabricação alguns pontos essenciais, e as peças podem ficar soltas fazendo barulho. Nas seções a seguir, mostrarei três aprimoramentos simples que você pode fazer em sua gaita para torná-la mais responsiva e mais agradável de segurar e tocar.

Desmontando e remontando uma gaita

Para uma gaita que seja montada e presa por parafusos, a coisa mais fácil que você pode fazer para que ela toque melhor é abri-la e remontá-la! (Veja mais adiante a seção "Desencaixando uma gaita e recolocando-a no lugar" para saber como fazer isso.) Assim, você pode tornar a gaita mais hermética e melhorar o alinhamento de suas peças. Gaitas montadas e presas por pregos são mais difíceis de desmontar e remontar, e não se beneficiarão deste procedimento, exceto nas mãos de um especialista.

Como o processo de desmontar uma gaita e depois remontá-la ajuda em seu desempenho? Bem, quando as gaitas são montadas na fábrica, os parafusos às vezes não são bem ajustados, e a vibração pode fazer com que os parafusos afrouxem.

Quando você tiver desmontado a gaita, dê uma olhada nas palhetas, nas placas destas e no pente para se familiarizar com o interior do instrumento.

Flexionando as palhetas

Gaitas frequentemente vêm da fábrica com palhetas ajustadas bem acima da placa de palheta. A ação das palhetas altas pode lhe ajudar quando você começar a tocar gaita, porque uma palheta com ajuste alto funciona mesmo quando você respira com muita dificuldade ou utiliza sucção excessiva ou muita pressão da boca. Porém, conforme você refina suas habilidades, descobrirá que as palhetas ficarão mais responsivas e exigirão menos ar se você puder baixá-las um pouco. Portanto, quando você estiver pronto, um simples aprimoramento que poderá fazer é delicadamente flexionar cada palheta para baixo através de seu slot, conforme mostrado na Figura 18-1. (Mais adiante, entrarei em mais detalhes sobre ajuste de palhetas.)

Figura 18-1:
Flexão de uma palheta pelo seu slot para reduzir sua ação.

Para fazer esse ajuste de desempenho, cutuque a palheta pelo slot com um palito de dentes, depois flexione-a lenta e delicadamente. Não arranque a palheta ou puxe-a com força — você não desejará quebrá-la ou dobrá-la. Quando você terminar, a palheta deverá estar assentada um pouco mais perto da placa. A palheta não deve terminar apontada para baixo na direção do slot, e deve ter um pequeno espaço vazio na ponta, aproximadamente do mesmo tamanho da espessura da ponta da palheta. Se você baixar demais a palheta, flexione-a para cima até que ela não afunde no slot e deixe um espaço vazio na ponta.

Nivelando cantos e extremidades pontiagudos

Algumas gaitas possuem cantos e extremidades pontiagudos. Você pode aplainar e arredondar essas pontas com uma lixa ou uma lima para que elas não provoquem cortes em suas mãos e lábios. Para lixar as extremidades, você precisará de uma superfície plana e rígida. Um pedaço de vidro laminado é ideal, mas uma bancada também serve. Para quebrar extremidades e cantos, utilize lixa grão de 180 ou 240. Para o acabamento, uma lixa grão mais fina entre 320 e 600 é indicada.

Se você tiver uma gaita cujas extremidades das placas de palheta estejam expostas, pode arrastar as extremidades e cantos contra a lixa. Se as extremidades frontais das placas de palhetas forem expostas a seus lábios, remova as tampas da gaita, depois quebre as extremidades das placas de palheta passando uma lixa pela extremidade, ou lixe a mesma, tomando cuidado para não lixar os "dentes" do próprio pente.

Em algumas gaitas, as extremidades traseiras das tampas podem ter extremidades pontiagudas ou cantos que possam cortar ou ferir suas mãos. Utilize uma lixa para aplainá-los.

Diagnosticando e Consertando Problemas

Com as informações desta seção, você pode se tornar um luthier de gaitas. Na lista abaixo, descrevo alguns dos sintomas, forneço os diagnósticos mais prováveis e ensino os procedimentos que farão com que uma gaita recupere seu som.

> ✔ **A nota não toca de jeito nenhum.** Quando uma nota simplesmente não toca, a razão pode ser uma destas quatro causas. São as seguintes, das mais triviais (e fáceis de resolver) às mais sérias e difíceis:
>
> - Há algo obstruindo a livre movimentação da palheta. Para corrigir este problema, consulte as seções "Limpando obstruções de sua gaita" e "Consertando palhetas desalinhadas", mais adiante.

- A gaita pode estar montada incorretamente. Consulte a seção "Desencaixando uma gaita e recolocando-a no lugar" para descobrir como melhorar a montagem.
- A ação das palhetas pode estar ajustada incorretamente. Consulte a seção "Ajustando a ação das palhetas" para mais detalhes.
- A palheta pode estar inutilizada e pronta para se romper. Neste caso, você deve enviar a gaita para seu ferro-velho de peças avulsas.

✔ **A nota até toca, mas você ouve um zumbido estranho.** O zumbido pode ser causado por resíduos (veja mais adiante a seção "Limpando obstruções de sua gaita"), mas isso pode também significar que a palheta está desalinhada e batendo nas laterais de seu slot. Para ver como realinhar a palheta, consulte mais adiante a seção "Consertando palhetas desalinhadas."

✔ **Você ouve um ruído alto e agudo ao fazer um bend — ou às vezes ao apenas tocar uma nota.** Esse ruído é causado por *vibração de torção* — quando uma palheta balança de um lado para o outro. Muita atenção à sua respiração e à formação de sua boca, língua e garganta podem ajudar a resolver esse problema (veja os Capítulos 4, 5, 6 e 7), mas você pode também tentar solucioná-lo esfregando um pouco de esmalte ou cera de abelhas nos cantos da base da palheta. Alguns gaitistas prendem um pequeno pedaço de fita adesiva ou uma gota de cola ao centro da palheta, perto da base, para reduzir as vibrações de torção.

✔ **Uma nota exige muito ar para ser tocada.** A gaita pode não estar montada corretamente. Especificamente, o parafuso mais próximo dessa palheta pode estar frouxo. Consulte a seção "Desencaixando uma gaita e recolocando-a no lugar" mais adiante, para as instruções específicas. Caso este conserto não resolva o problema, a ação das palhetas pode também estar ajustada para uma altura excessiva. Veja a seção "Ajustando a ação das palhetas" para mais detalhes.

✔ **É necessário muito ar para tocar a gaita e as notas soam fracas.** As placas de palheta podem não estar corretamente presas ao pente (veja "Desencaixando uma gaita e recolocando-a no lugar"). Ou o pente pode não estar bem encaixado às placas de palheta.

✔ **A nota soa desafinada.** Se a nota for a nota aspirada no Orifício 1, 2 ou 3, e você for um gaitista novato, você poderá estar puxando a altura para baixo inadvertidamente. Tente tocar um acorde com essas três notas. Se o acorde soar bem, as notas estão afinadas. Você pode afinar uma gaita para a altura correta utilizando ferramentas de afinação e um afinador eletrônico. Veja mais adiante a seção "Afinando sua gaita" para mais detalhes.

✔ **A nota "gruda" — ou seja, não toca de imediato.** Este problema indica que o espaço da palheta é muito pequeno e precisa ser ampliado. Consulte a seção "Ajustando a ação das palhetas" para ver como fazê-lo.

✓ **A nota parou de tocar e uma pequena faixa de metal caiu.** A palheta está desgastada e quebrada. Você pode comprar uma nova gaita ou um novo conjunto de placas de palheta (caso o fabricante o ofereça). Ou vasculhe seu ferro-velho de gaitas para ver se possui uma placa de palheta compatível e em bom estado. Seja qual for o caso, não jogue a gaita fora. Guarde-a por causa das peças avulsas.

Desencaixando uma gaita e recolocando-a no lugar

Para ter acesso às palhetas de uma gaita para afinação, ajuste ou limpeza de obstruções, você precisará retirar as tampas. Pode ser também que você precise remover as placas de palheta do pente. Se for cuidadoso, você poderá desmontar e remontar uma gaita sem contratempos. Apenas cuide para que não fiquem peças de fora quando você o fizer.

Algumas gaitas são montadas e presas com parafusos e outras, presas por pregos. Os processos para desmontagem e remontagem são diferentes para cada tipo de gaita. Explicarei ambos nas seções a seguir.

Lidando com gaitas parafusadas

Para remover as tampas de uma gaita que é montada e tem suas peças presas umas às outras por parafusos, segure o instrumento na palma de uma das mãos e utilize o dedo indicador para firmar a porca da tampa enquanto desenrosca o parafuso. Coloque o parafuso e a porca em seu recipiente de suporte e remova o outro parafuso.

Quando for recolocar as tampas, siga estas instruções:

1. **Certifique-se de que a tampa superior (aquela com o nome da gaita e quaisquer números) está sobre a placa de palheta de sopro (com as palhetas dentro da gaita).**

    Se houver sulcos nas partes da frente das placas de palhetas, alinhe as extremidades frontais nesses sulcos.

2. **Posicione uma das porcas no orifício ou sobre ele (dependendo de que tipo ele é) e prenda-a no lugar com o dedo indicador da mão com a qual você está segurando.**

3. **Vire a gaita, coloque o parafuso no orifício e aperte um pouco.**

    Instale o parafuso e a porca na outra extremidade da tampa da mesma forma.

4. **Quando você estiver certo de que ambas as tampas estão corretamente alinhadas, faça o aperto final.**

Capítulo 18: Melhorando Sua Gaita com Reparos... 289

Para remover as placas de palheta, utilize uma chave de fenda apropriada para soltar os parafusos. Não se esqueça de colocar os parafusos em seu recipiente de suporte, para não perdê-los.

Antes de remover as placas de palheta, marque o exterior de cada uma delas com uma caneta do tipo marcador permanente para que mais tarde você consiga identificar qual placa de palheta é a superior e qual é inferior. A placa de palheta superior possui as palhetas de sopro, e a placa de palheta inferior possui as palhetas de aspiração.

Veja como remontar uma gaita após remover as placas de palheta:

1. **Posicione a placa de palheta de sopro na parte superior com as palhetas para dentro e a placa de palheta de aspiração na parte de baixo com as palhetas para fora.**

    Certifique-se de que as palhetas longas estejam alinhadas às câmaras dos pentes. Alinhe os orifícios dos parafusos nas placas de palheta com os orifícios correspondentes no pente.

2. **Insira os parafusos em qualquer ordem, e gire cada um deles para se certificar de que está preso ao fio da placa de palheta inferior (mas ainda não o aperte até o final).**

3. **Posicione a gaita sobre uma mesa com os orifícios voltados para baixo, para assegurar que as extremidades frontais das placas de palheta estejam alinhadas com as extremidades frontais do pente, e depois aperte os parafusos.**

    Quando for apertá-los, comece pelo centro da gaita e movimente-se para fora, para as extremidades direita e esquerda da gaita. Este procedimento ajuda a manter as placas de palhetas bem presas contra o pente.

Nunca aperte excessivamente um parafuso. Aperte-o apenas até que a chave de fenda resista à pressão de seus dedos.

Lutando contra gaitas presas por pregos

Gaitas que são montadas e presas por pregos precisam ser abertas com uma lâmina rígida e fina o suficiente para funcionar entre a tampa e as placas de palheta e entre esta e o pente. A lâmina precisa ter pelo menos o comprimento da superfície com a qual você está lidando, e precisa ser rígida o suficiente para levantá-la. Uma lâmina de canivete é boa para as tampas, mas você pode precisar de uma faca de cozinha barata para levantar as placas de palheta. Quando for erguer as placas de palheta, tente não cortar o pente ou pressionar um recuo contra a madeira.

Pregos frequentemente entram em ângulos estranhos, e suas cabeças não estão em ângulos corretos para seus eixos. Tente preservar a formação dos pregos, para poder recolocar cada prego em seu orifício original. Você pode colar os pregos a um pedaço de argila ou massa mole, ou pode colocá-los em sequência sobre a superfície de alguma fita adesiva.

Quando for remontar gaitas presas com pregos, pressione cada prego contra seu orifício original, depois pressione-o para baixo com um alicate ou uma ferramenta ou objeto rígido que possa pressionar o prego sem tocar as palhetas.

Não pressione com tanta força a ponto de quebrar o pente ou empenar a gaita.

Limpando obstruções de sua gaita

Quando uma palheta não toca ou produz algum tipo de som que não o de uma nota clara, normalmente é porque ela está obstruída por uma das seguintes razões:

- Substâncias viscosas e repelentes (como fiapos, cabelos, resíduos do café da manhã, algum objeto estranho) se alojaram entre a palheta e seu slot.
- Rebarbas foram criadas por algo rígido ou pontiagudo cortando a extremidade da palheta ou do slot.
- A palheta está desalinhada e batendo na extremidade do slot (neste caso, a solução está na seção "Consertando palhetas desalinhadas", mais adiante).

Caso você suspeite que substâncias viscosas ou rebarbas sejam a causa do problema, descubra em qual número de orifício está a obstrução e se ela ocorre na nota soprada ou aspirada. Depois, remova as tampas. Se a nota imobilizada for uma nota aspirada, olhe para a placa de palheta com as palhetas do lado de fora. Se for uma nota soprada, olhe para a placa de palheta com as palhetas do lado de dentro. Começando pelo Orifício 1 (que tem a palheta mais longa) ou pelo Orifício 10 (o que tem a palheta mais curta), conte até o orifício onde está o problema. Quando chegar a ele, siga as instruções para a obstrução específica que afeta sua gaita:

- **Substâncias viscosas:** Procure por fiapos, fios de cabelo, ou qualquer outro objeto preso sob a palheta, e remova-os. Sempre remova resíduos deslizando-os na direção da ponta livre da palheta. Assim você evita calçá-los ainda mais entre a palheta e a placa. Fazendo isso, você também evita criar uma barreira ou deformar a palheta, ou arrastá-la até deixá-la desalinhada.

    Se a nota imobilizada for uma nota soprada, você precisará iluminar a placa de palheta ou os orifícios com uma lanterna para encontrar a obstrução. Cuidadosamente remova quaisquer resíduos que encontrar. Você poderá precisar desmontar as placas de palheta para retirar a obstrução.

✔ **Rebarbas:** Examine os espaços em torno das palhetas colocando um pedaço de papel branco sobre uma mesa e acendendo uma lanterna sobre ela. Remova a placa de palheta do pente e segure-a de forma que, olhando para as palhetas, você veja a luz refletida do papel brilhando pela placa de palheta e em volta das palhetas. Com esta técnica, você pode ver quaisquer obstruções, como rebarbas, por exemplo.

Para limpar uma rebarba, deslize um pedaço de lâmina de aço (com cerca de 0,02 polegadas (0,51 mm) de espessura) entre a palheta e a extremidade do slot. Você está tentando limpar obstruções e cortar qualquer coisa que se sobressaia. Tome cuidado, porém, para não deslocar a palheta para um lado; caso contrário, você terá que realinhá-la.

Consertando palhetas desalinhadas

Se você suspeitar de que possui uma palheta desalinhada, remova a placa de palheta e segure-a contra a luz. Ao olhar para a luz em torno da palheta, gire lentamente a placa de palheta da esquerda para a direita para assegurar que não esteja se enganando por pensar que a palheta está desalinhada porque você a está observando de um ângulo extremo.

Se uma palheta parecer tocar um lado do slot, mova a palheta um pouco para a outra direção. Você pode fazer isso cutucando-a com uma lâmina bastante rígida na direção para a qual você deseja ir. Se você tiver uma chave centralizadora e o desalinhamento for grande, você pode utilizar a chave para girar a base da palheta. O que quer que você faça, não se esqueça de segurar a placa de palheta contra a luz, para conseguir ver o que está fazendo — este é um trabalho minucioso, e um pequeno movimento rende um grande resultado.

Estreitando os slots das palhetas (Embossing)

Quando sua respiração faz com que a palheta vibre, parte do ar escapa pelo espaço entre a extremidade da palheta e a extremidade do slot na placa de palheta. Você pode estreitar esse espaço de forma que menos ar escape. Esse estreitamento permite que a palheta responda com mais eficiência e com mais volume. Para estreitar um slot, pressione as extremidades desta para dentro com um objeto rígido. Os gaitistas chamam isso *embossing*.

Você pode fazer o embossing de um slot com um objeto arredondado que seja mais rígido que o metal da placa de palheta, possua uma superfície plana e regular sem extremidades pontiagudas, e um diâmetro maior que a largura do slot. Por exemplo, você pode utilizar uma moeda, um soquete de uma chave de caixa, ou até mesmo a maçaneta da extremidade de um diapasão.

Quando for fazer o embossing de um slot, comece pela extremidade pontiaguda da palheta. Lá, pressione firmemente, mas com leveza, e puxe a ferramenta de relevo para trás ao longo do slot, conforme mostrado na Figura 18-2a. Quando você pressiona o slot, pressiona também a palheta para baixo e para dentro do slot, e a pressão pode diminuir a configuração de altura da palheta. Para evitar isso, pare a cerca de dois terços do caminho ao longo da palheta para palhetas mais longas. Com palhetas muito curtas, você conseguirá fazer o embossing de apenas uma pequena parte do comprimento do slot sem deslocar a palheta.

O excesso de pressão ao fazer o embossing fará com que o slot toque a extremidade da palheta e impedirá que esta vibre. Por isso, faça sempre o embossing de um traço, depois teste a palheta para ter certeza de que ela ainda vibra livremente (consulte a seção anterior "Seguindo Boas Práticas de Reparos" para saber mais sobre esse teste de palhetas). Se você fizer embossing demais e causar a obstrução das palhetas, tente testar as palhetas várias vezes para limpar a obstrução. Se ela não funcionar, utilize uma lâmina da mesma forma como o faria para limpar obstruções, ou arraste levemente a ponta de uma chave de fenda ou lâmina de faca contra a extremidade do slot até que a palheta possa se mover livremente outra vez.

Figura 18-2: Ação de embossing ao longo (a) da parte principal da palheta e (b) da base da palheta.

Para fazer o embossing perto da base da palheta sem amassar a palheta para baixo contra o slot, tente utilizar uma lâmina pontiaguda, como uma lâmina de router. A extremidade do canto deve estar pressionada para baixo e para dentro contra a extremidade do slot. Passe o canto da lâmina pela extremidade do slot, conforme mostrado na Figura 18-2b. Tome cuidado para não marcar a extremidade da palheta ou deixar a palheta desalinhada. Se você tiver uma chave centralizadora da palheta do kit de ferramentas do fabricante, poderá também girar a palheta para retirá-la do slot, fazer o embossing e depois recolocá-la no lugar.

Ajustando a ação das palhetas

Palhetas podem ser ajustadas de forma a responder à respiração do gaitista de forma específica — por exemplo, a ataques fortes ou delicados ou a respirações suaves ou pesadas. O resultado desses ajustes é chamado de ação das palhetas. Você ajusta a ação das palhetas mudando a altura e a curvatura da palheta relativa à placa de palheta.

Para o máximo de eficiência na resposta à sua respiração, a curvatura ideal de palheta começa com a base desta o mais próximo possível da placa. A palheta permanece paralela à placa em cerca de metade de seu comprimento, depois se curva levemente para cima em direção à ponta, conforme mostrado na Figura 18-3. Mudando a curvatura da metade frontal da palheta, você pode influenciar a resposta da palheta a ataques leves e fortes e ao bend (o que explicarei nas próximas seções).

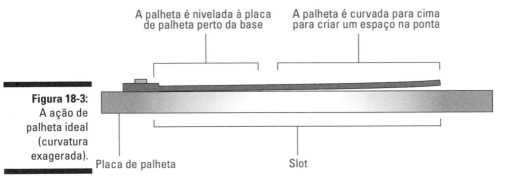

Figura 18-3: A ação de palheta ideal (curvatura exagerada).

 A palheta jamais deve afundar no slot ou se curvar para baixo da base à ponta. Uma palheta que faz isso responde mal ou não responde quando você a toca.

Comece ajustando a ação da palheta na base da mesma, perto do rebite, e avance em direção à ponta. Você pode erguer a base da palheta inserindo uma lâmina e levantando a palheta. Porém, é mais provável que você deseje baixar a base para aumentar a eficiência da palheta. Faça isso pressionando levemente a base da palheta com a unha do polegar, conforme mostrado na Figura 18-4.

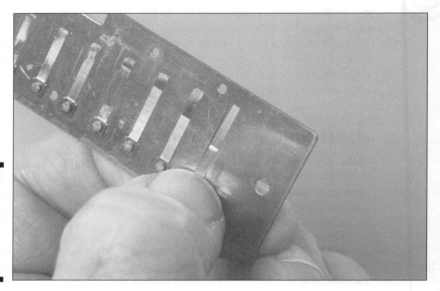

Figura 18-4: Baixando a base de uma palheta com a pressão da unha do polegar.

Depois que você baixar a base da palheta, o restante dela pode estar apontado para o slot, o que impedirá que ela soe. Por isso, você precisa erguer o restante da palheta para fora do slot, e depois dar a ele a curvatura que resultará na resposta que você deseja.

Se você flexionar a palheta inteira para cima conforme eu mostrei no início da seção, erguerá a base da palheta baixada. Porém, você pode querer deixar a base da palheta onde está e erguer o restante dela. Você pode limitar o efeito da flexão em uma parte da palheta segurando parte dela para baixo com um dedo ou ferramenta e flexionando a ponta. (Consulte a seção anterior "Flexionando as palhetas" para mais informações sobre flexão.)

Entretanto, o *método de golpe* permite que você introduza uma curva em uma área precisa de uma palheta. Quando você utiliza a extremidade de uma ferramenta para golpear uma palheta enquanto aplica pressão, a palheta se enrola na direção da extremidade — como se enrola uma fita com a lâmina de uma tesoura. Se você golpear a parte de cima de uma palheta, ela se curvará para cima; se você golpear a parte inferior através da ranhura, ela se curvará para baixo. Sempre segure a palheta e golpeie no ponto onde deseja que a curvatura comece. Veja na Figura 18-5 exemplos dos métodos de golpe e flexão para curvar uma palheta.

Figura 18-5: Erguendo a curvatura de uma palheta através de flexão (a) e golpe (b).

Resposta de uma palheta à respiração

Se uma palheta estiver ajustada de forma a ficar bem acima da placa de palheta, ela responderá a golpes fortes (quando você começa a tocar uma nota, você a *ataca*) e a um grande volume de respiração, mas será necessário um grande volume de respiração para que ela realmente toque. Uma palheta ajustada baixo demais em relação à placa de palheta responderá a ataques leves e a um baixo volume de respiração, mas poderá parar completamente se você fizer força demais.

Uma palheta precisa ter um espaço sob sua ponta, ou não começará a vibrar. A largura do espaço deve ser aproximadamente igual à espessura da ponta da palheta; tenha em mente que palhetas longas requerem espaços mais altos do que as palhetas mais curtas. Um espaço mais alto favorecerá a interpretação mais pesada (a combinação de ataques mais fortes e alto volume de respiração), e um espaço mais baixo favorecerá a interpretação mais leve. Você deve criar espaços em suas gaitas para que elas respondam de forma eficiente a seu estilo de interpretação e ao mesmo tempo entreguem o máximo de volume e eficiência. Encontrar os espaços que funcionam bem para você é uma questão de experimentação.

A resposta de uma palheta ao bend

Quando você faz o bend de uma nota (veja o Capítulo 8), tanto as palhetas de sopro quanto as de aspiração respondem. A palheta com maior altura faz o bend e se aproxima mais da placa de palheta. Notas que demoram a fazer bend, como o 10 soprado, o 2 aspirado, e especialmente o 3 aspirado, podem utilizar uma pequena curvatura extra de distância da placa. Essa curvatura permite que essas notas viajem mais em direção à placa quando fazem bend.

A palheta com menor altura faz overbend e se distancia da placa. Essa palheta pode se beneficiar do fato de estar levemente aberta perto da placa, de forma a possuir uma gama de deslocamento maior ao ser puxada para longe da placa.

Por outro lado, quando você faz o overbend (veja o Capítulo 12), a palheta com a altura maior no orifício se abre e se afasta da placa, enquanto a palheta com a menor altura permanece imóvel. Ambas as palhetas podem se beneficiar do fato de estarem próximas à placa. A palheta que se desloca para longe da placa pode se afastar ainda mais desde um ponto de partida mais próximo da placa, enquanto a palheta que permanece no lugar pode se agitar mais facilmente devido à pressão causada pela respiração se estiver mais perto da placa.

Estratégia geral de resposta da palheta

Uma resposta ideal da palheta permite que você faça o bend e o overbend com igual facilidade e toque de forma tão forte ou tão leve quanto desejar. Porém, equilibrar essas prioridades às vezes provoca conflitos. O overbend e o bend possuem necessidades levemente conflitantes, e a interpretação leve e o overbend (favorecido por ajustes baixos de palheta) podem conflitar com a capacidade de tocar de maneira forte (favorecida por ajustes altos de palheta).

Às vezes você pode ajudar a administrar esses conflitos alterando sua técnica de interpretação. Por exemplo, você pode reforçar sua técnica de overbend de palhetas de forma a poder fazer com configurações mais altas. Você pode também aprender a temperar uma interpretação mais forte com um ataque mais leve e um volume mais baixo de respiração, de forma que as palhetas não precisem ser ajustadas tão altas quanto antes.

Não importa o quanto você aprimore sua técnica em diferentes áreas, o ajuste de palhetas sempre tem um papel importante. Sua melhor estratégia é encontrar um ajuste de palhetas que as tornem as mais eficientes possíveis — a vibração mais vigorosa com o mínimo de esforço. Então você pode puxar essa configuração apenas um pouco para satisfazer a uma necessidade específica — um bend profundo em um orifício, um overbend em outro orifício, e um ataque totalmente leve ou forte.

Afinando sua gaita

Gaitas podem ficar desafinadas com o uso, e até mesmo gaitas novas que acabam de chegar da fábrica nem sempre possuem uma boa afinação. Mas você não é obrigado a aceitar o que recebe — é possível você mesmo corrigir notas desafinadas.

A afinação segue procedimentos simples, mas possui alguns pormenores que você precisa conhecer. Por isso, nas próximas seções, apresentarei a você o básico do processo de afinação, lhe mostrarei como testar sua afinação, e discutirei por que você pode desviar deliberadamente do medidor de afinação.

Sempre afine palhetas depois de fazer qualquer outro trabalho nelas, como o embossing dos slots, o alinhamento das palhetas em seus slots e o ajuste da curvatura e o balanceamento das palhetas. Qualquer uma dessas outras ações pode alterar a altura de uma palheta.

Entendendo como afinar sua gaita

As duas primeiras coisas que você precisa saber sobre afinação são:

- ✔ Para reduzir a altura, remova uma pequena quantidade de metal da superfície da palheta em sua base.
- ✔ Para aumentar a altura, remova uma pequena quantidade de metal da superfície da palheta em sua ponta.

Você descobrirá que o jeito mais fácil de afinar uma palheta é ter acesso direto àquelas que deseja afinar. Uma palheta estará montada sobre um lado da placa, e é este o lado que você deseja que fique voltado para você. Quando for remover as tampas de uma gaita, as palhetas de aspiração estarão de frente para você. Porém, as palhetas de sopro ficam dentro do pente; para expô-las, você precisará desparafusar as placas do pente. Você pode afinar as palhetas de sopro no pente, mas será bem mais fácil se você remover as placas. Além disso, assim você terá menor probabilidade de danificar as palhetas ou deixá-las desalinhadas.

Para afinar uma palheta, siga estes passos:

1. **Dê suporte à palheta colocando uma lâmina sob ela.**

    Metal, plástico fino ou até mesmo um pedaço de papelão duro servirão. Apenas lembre-se de dar um suporte à palheta e não erguer a base da palheta da placa utilizando uma lâmina fina demais.

2. **Remova o metal da palheta golpeando-a com uma lixa fina ou lima.**

    O número do grão poderá não estar marcado na lixa ou lima, mas você pode sentir a relativa fineza ou aspereza do grão com os dedos.

3. **Lixe uma pequena área ao longo do comprimento da palheta.**

   Não lixe a palheta toda, pois isso poderá criar rebarbas que batam na extremidade do slot — e quaisquer marcas na palheta podem enfraquecê-la. Além disso, não pressione demais ao lixar, pois a pressão pode alterar a curvatura e o equilíbrio da palheta. A Figura 18-6a mostra como afinar uma palheta utilizando uma lima perto da base para reduzir a altura. A Figura 18-6b mostra como afinar uma palheta perto da ponta para elevar a altura.

   Quando for lixar a ponta da palheta, o procedimento mais seguro é lixar a partir do lado de fora em direção à ponta. (Se você lixar a partir de dentro, poderá prender a palheta e dobrá-la na metade.) Porém, tome o cuidado de verificar se há rebarbas. Quando você lixa perto da base da palheta, pode lixar o lado de dentro com segurança.

4. **Após alguns golpes, sempre teste a afinação removendo a lâmina, testando a palheta e depois montando a gaita e tocando a nota.**

   Você pode ler mais sobre como testar os resultados da sua afinação na próxima seção.

Figura 18-6: Ajustando uma palheta com uma lixa.

Palhetas aquecidas vibram a uma altura menor do que palhetas frias. Sua respiração aquece as palhetas, por isso é uma boa ideia afiná-las quando estão aquecidas. Mantenha as placas sobre uma almofada de aquecimento elétrica por um breve período de tempo antes de afinar, e mantenha-as aquecidas enquanto faz o serviço.

Testando os resultados de sua afinação

Teste sua afinação com um afinador eletrônico ou tocando a nota junto com outra nota da gaita. Se puder, toque a nota que está afinando junto com a mesma nota uma oitava acima ou abaixo (para fazê-lo, toque intervalos com tongue blocking; veja mais sobre isso no Capítulo 7). Você poderá ouvir um som estremecido quando as duas notas tocam juntas. Este som é chamado de *beating*. Quanto mais rápido o beating, mais desafinadas as notas estão. Conforme o beating desacelera, as notas vão ficando mais próximas da afinação.

Como saber se a nota que você está afinando é grave ou aguda demais? E como ter certeza de que a outra nota está afinada? É nessas horas que um afinador cai do céu. Um afinador cromático lhe mostra quando uma nota é bemol ou sustenido (e o quanto), em relação a uma altura de referência. Nesse ponto, as coisas começam a se complicar por três razões:

- ✔ A altura padrão de referência Lá 440 (Lá Médio vibrando a 440 Hertz) é frequentemente ignorada tanto pelos fabricantes quanto pelos próprios músicos.

- ✔ Gaitas muitas vezes são afinadas acima da altura de referência para compensar o fato de que a respiração de um gaitista empurrará a altura de uma nota levemente para baixo.

- ✔ O temperamento — afinação de notas individuais para baixo ou para cima em relação à altura de referência — varia de acordo com a preferência dos fabricantes (e gaitistas). Apenas a entonação é um temperamento que faz com que uma tecla toque lindamente afinada e todas as outras desafinadas, enquanto o temperamento igual desafina todas as teclas (ainda que levemente). Fabricantes e gaitistas utilizam uma variedade de temperamentos, variedade esta que é grande demais para ser descrita neste livro. Se o fabricante publica o temperamento para sua gaita (ele pode chamá-lo, por exemplo, de tabela de afinação), utilize-o como referência. Caso contrário, eu sugiro que você afine para igualar o temperamento ou utilize a tabela da Figura 18-7. (Para informações detalhadas sobre temperamentos de gaitas, visite www.patmissin.com — conteúdo em inglês.)

Se apenas uma nota da gaita soar desafinada, toque a mesma nota uma oitava acima ou abaixo no afinador e note o quanto ela está acima ou abaixo da altura. Depois, toque a nota desafinada. Se ela parecer mais grave ou aguda do que as outras notas, você saberá se precisa elevar ou diminuir a altura e em mais ou menos quanto. O restante da tarefa é afinar um pouco e em seguida testar um pouco até que o som esteja bom. Para o resultado final, seus ouvidos são mais importantes do que o afinador.

Depois que você afina uma palheta, sua altura continua a mudar, especialmente quando você a afina para cima — a altura continuará a se elevar. Portanto, sempre que possível, não mexa nas palhetas para que elas se assentem por alguns dias depois que você afiná-las pela primeira vez. Então você poderá fazer alguns retoques.

A Figura 18-7 mostra o ajuste de temperamento que a Hohner utiliza para as gaitas da Banda da Marinha Norte-Americana. Você pode utilizá-lo caso não possua nenhuma outra informação sobre o temperamento da gaita.

Figura 18-7: Ajuste de temperamento da Banda da Marinha Norte-Americana.

Sopro	0	−12	+1	0	−12	+1	0	−12	+1	0
Orifício	**1**	**2**	**3**	**4**	**5**	**6**	**7**	**8**	**9**	**10**
Aspiração	+2	+1	−11	+2	−12	+3	−11	+2	−12	+3

Sites de serviços de manutenção e customização de gaitas:

Márcio Abdo

www.marcioabdo.com.br

Leonardo Torres

www.leonardoharmonicas.wix.com/custom-harps

Little Will

www.littlewill.com.br

Capítulo 19

Adquirindo Mais Gaitas e Outros Acessórios Úteis

Neste Capítulo

- Compre gaitas diatônicas extras
- Colecione outros tipos de gaitas
- Escolha um estojo para transportar suas coisas
- Tire vantagem de ferramentas práticas

*E*m algum lugar, em um porto escuro, relâmpagos cortam o céu sobre um penhasco fustigado pelo vento, onde um cientista louco da gaita está exultante sobre uma pilha de gaitas que ele coleciona, porém *nunca toca*. Você provavelmente está muito distante desse tipo de obsessão (mas tome cuidado — a febre da gaita tem um jeito de pegar você de surpresa). Mesmo assim, caso você se apaixone pela gaita até mesmo um pouquinho, aposto que desejará ter mais algumas para tocar em várias tonalidades e estilos. E se você realmente desejar tocar suas gaitas, e não apenas gritar de alegria insana por possuir uma vasta coleção delas, algumas ferramentas úteis podem ajudá-lo a praticar seus licks, riffs e melodias de gaita.

Colecionando Gaitas Diatônicas Adicionais

A gaita diatônica foi projetada para tocar em apenas uma tonalidade. (Consulte o Capítulo 2 para mais informações sobre esse tipo de gaita, e por que ele é excelente para os iniciantes.) Muito embora você possa tocá-la em várias tonalidades ou posições (veja o Capítulo 9), provavelmente você desejará ter várias tonalidades de gaita para poder apenas apanhar uma gaita na tonalidade certa para qualquer que seja a música que surja. As seções a seguir lhe ajudarão a formular uma estratégia para quais tonalidades você deve adquirir e a ordem na qual você deve obtê-las.

As tonalidades mais populares estão disponíveis em quase qualquer lugar que venda gaitas. Quando começar a procurar por gaitas nas mais obscuras tonalidades bemol e sustenido, você pode ter de encomendá-las, ou adquiri--las de varejistas online especializados nesse instrumento.

Adquirindo tonalidades populares

Como regra geral, as tonalidades mais populares da gaita são Dó, Lá, Ré e Sol, aproximadamente nessa ordem. Some-se a elas as tonalidades de Fá e Si♭, e você terá um conjunto básico de seis que são versáteis e leves para transportar em viagens. Este conjunto também lhe oferece as tonalidades mais populares para tocar junto com guitarristas.

Se você deseja montar aos poucos um conjunto completo com todas as 12 tonalidades, aqui estão três possíveis estratégias para isso:

- ✔ Adquira as seis claves restantes em ordem decrescente de popularidade: Mi♭, Mi, Lá♭, Ré♭, Si e Fá♯.
- ✔ Adquira gaitas para as tonalidades de músicas específicas que você toca ou para tocar nas tonalidades favoritas dos músicos e cantores com quem você regularmente toca ou se apresenta.
- ✔ Se você toca muitos instrumentos de sopro (saxofones, trompetes, trombones), desejará gaitas que toquem em tonalidades bemóis, tonalidades que tenham o bemol no nome ou na escala. A melhor ordem para adquirir essas tonalidades (com certa correspondência com as tonalidades de guitarra) é: Fá, Si♭, Mi♭, Lá♭ e Ré♭. A essas tonalidades, acrescente uma gaita em Sol♭ (Fá♯ é a mesma coisa) e você terá uma boa cobertura das tonalidades bemóis.

Ampliando sua extensão com gaitas em tonalidades agudas e graves

Uma gaita em Dó possui o Dó Médio como nota mais grave, e sua extensão está mais ou menos no meio das extensões de gaita. As gaitas nas tonalidades de Sol, Lá♭, Lá, Si♭ e Si são todas de altura menor do que a de uma gaita em Dó e possuem um som mais profundo e doce; já as gaitas nas tonalidades de Ré♭, Ré, Mi♭, Mi, Fá e Fá♯ são mais agudas do que uma gaita em Dó e possuem um som mais nítido e claro.

Capítulo 19: Adquirindo Mais Gaitas e Outros Acessórios... 303

Gaitistas gostam de aumentar a extensão dos sons de gaita com gaitas em Sol agudo e Lá agudo para obter uma resposta ainda mais clara e nítida que a de uma gaita em Fá#. Porém, os gaitistas também apreciam os sons profundos, doces e vigorosos conforme a extensão da gaita se amplia em direção ao baixo, do Fá grave decrescendo até o Fá grave duplo, duas oitavas inteiras abaixo de uma gaita em Fá regular. Gaitas graves e agudas podem ser muito divertidas de tocar, além de proporcionar variedade a seu som.

Acrescentando Variedade a Seu Kit de Gaitas

A gaita diatônica é a mais popular no Brasil, mas vale a pena conhecer também muitos outros tipos de gaitas. (Consulte o Capítulo 2 caso precise refrescar a memória sobre o básico da gaita diatônica.) Nas seções a seguir, apresentarei a você outros três tipos populares de gaitas que você poderá querer explorar.

Você pode encontrar gaitas cromáticas, tremolo e oitavadas em lojas que possuam uma ampla seleção de gaitas, mas muitas lojas se limitam aos modelos mais populares e mais uma ou duas cromáticas. Você poderá ter que recorrer à internet para encontrar outros tipos (embora, dependendo de onde more, você possa encontrar gaitas tremolo chinesas baratas em lojas de variedades).

Gaitas cromáticas

Uma *gaita cromática* possui um botão do lado direito, conforme mostrado na Figura 19-1. Quando você pressiona o botão, obtém um conjunto diferente de notas afinadas um semitom acima da tonalidade principal. Por exemplo, se você possui uma gaita cromática em Dó, obterá a tonalidade de Dó# ao pressionar o botão. Os dois conjuntos de notas lhe proporcionam uma escala cromática completa, dando-lhe o potencial para tocar qualquer escala em qualquer tonalidade. Gaitas cromáticas são utilizadas para jazz, música clássica, trilhas sonoras de filmes e ocasionalmente para blues e música popular; porém, por alguma razão, a cromática é mais comum em países asiáticos, onde é utilizada principalmente para a música clássica.

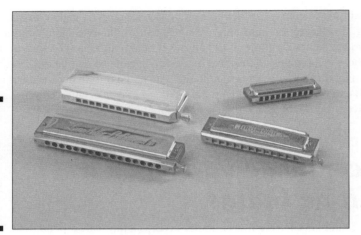

Figura 19-1: Algumas gaitas cromáticas de 12 e 16 orifícios, com uma diatônica de 10 orifícios como escala.

As gaitas cromáticas evoluíram a partir da gaita diatônica e existem várias similaridades entre ambos os tipos. A disposição de notas da cromática abrange o registro médio da diatônica (Orifícios 4 a 7) e o repete por três oitavas. Essa repetição permite que a disposição de notas permaneça consistente. Ou seja, não há mudança da oitava superior e nem notas faltando na oitava inferior. (Veja o Capítulo 5 para saber mais sobre os registros da gaita diatônica.) Essa disposição de notas é chamada de *afinação solo*. A Figura 19-2 mostra uma comparação entre a disposição padrão de notas da gaita diatônica e a disposição da afinação solo.

Figura 19-2: Disposições de notas das gaitas diatônica e cromática.

Diatônicas:

	1	2	3	4	5	6	7	8	9	10
Aspiração	D	G	B	D	F	A	B	D	F	A
Sopro	C	E	G	C	E	G	C	E	G	C

Cromáticas:

	1	2	3	4	5	6	7	8	9	10	11	12
Aspiração	D	F	A	B	D	F	A	B	D	F	A	B
Sopro	C	E	G	C	C	E	G	C	C	E	G	C

Apesar do que você possa ter ouvido, a cromática não é nem um pouco mais difícil de tocar do que a diatônica, exige a mesma quantidade de ar, e sim, você pode fazer bend de notas nela. A cromática realmente requer uma abordagem um pouco diferente da diatônica, mas de certa forma é mais fácil de tocar do que esta.

Algumas das melhores músicas de gaita que você ouvir, como, por exemplo, a maior parte do que Stevie Wonder toca, são executadas em uma gaita cromática. A maioria dos bons gaitistas de blues utiliza uma cromática em algumas músicas, geralmente na terceira posição. (O Capítulo 9 discute as posições da gaita mais detalhadamente.)

A maioria das gaitas cromáticas vem na tonalidade de Dó, embora você possa obtê-las em várias outras tonalidades. Os tipos mais populares são a cromática de 12 orifícios, com as mesmas extensões de três oitavas da diatônica, e a cromática de 16 orifícios, que possui uma oitava extrema grave adicional. Vários grandes fabricantes produzem gaitas cromáticas sólidas, incluindo Hering, Hohner, Seydel e Suzuki.

Ouça na Faixa 98 um blues de terceira posição tocado em uma gaita cromática. Esta faixa utiliza a mesma música de acompanhamento da Faixa 78, onde uma gaita diatônica também toca blues na terceira posição.

Gaitas tremolo e oitavadas

O tipo mais popular de gaita em todo o mundo é a tremolo. As gaitas tremolo são baratas e fáceis de encontrar no Brasil. Elas são vendidas em lojas de produtos chineses e até em bancas de rua. Você, com certeza, já viu esse modelo de gaita. Embora poucas pessoas a toquem por aqui, no nordeste do Brasil alguns artistas de rua usam esse modelo de gaita para tocar forró, pois seu som parece muito com a sanfona. Nos Estados Unidos, Mickey Raphael, da banda Willie Nelson, usa em algumas músicas, assim como o francês J. J. Milteau. Porém, em muitos países, incluindo Irlanda, Canadá, México, Escócia, China e Japão, a tremolo é um instrumento melódico favorito para tocar música folclórica.

Gaitas tremolo possuem duas palhetas para cada nota, montadas sobre duas fileiras sobrepostas de orifícios. Uma palheta é afinada levemente mais aguda do que a outra, e a leve diferença de altura provoca um som tremido, ou beating, que produz o som tremolo. Gaitas oitavadas possuem duas palhetas afinadas uma oitava à parte. A palheta grave dá corpo ao som; a palheta aguda, por sua vez, dá clareza a ele. A Figura 19-3 lhe mostra como são as gaitas tremolo e oitavadas.

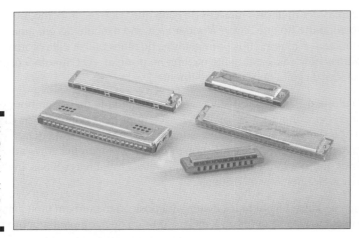

Figura 19-3: Gaitas tremolo e oitavadas com uma diatônica de dez orifícios como escala.

Assim como as diatônicas regulares, as gaitas tremolo e oitavadas vêm em várias claves diferentes. Os principais fabricantes incluem Hohner, Huang, Seydel, Suzuki e Tombo.

As disposições de notas em gaitas de palheta dupla são semelhantes à disposição de notas de uma gaita diatônica padrão, mas com uma importante diferença: as notas sopradas e as aspiradas ficam lado a lado em orifícios vizinhos, em vez de ficarem no mesmo orifício. Por isso, um orifício de uma diatônica corresponde a quatro orifícios em uma gaita de palheta dupla (notas aspiradas e sopradas extremas agudas e extremas graves). As disposições de notas asiática e alemã diferem nas notas graves (à esquerda). A disposição alemã omite as notas aspiradas da escala para oferecer um acorde mais forte, igual ao que a disposição de notas da diatônica proporciona; a disposição asiática, por sua vez, inclui todas as notas da escala. A maioria das gaitas asiáticas de palheta dupla utilizam a disposição alemã. A Hohner, no entanto, utiliza ambas as disposições, dependendo do modelo. A Figura 19-4 mostra típicas disposições de notas para gaitas de palheta dupla nos estilos alemão e asiático na tonalidade de Dó. As notas sopradas são mostradas com fundo branco, e as notas aspiradas, com um fundo sombreado (os orifícios de palhetas duplas raramente são numerados).

Na Faixa 98, você pode ouvir a gaita tremolo (0:36) e depois a gaita oitavada (1:11) tocando fragmentos de "Tha mi sgith" (Tablatura 15-9) e "Mrs. MacLeod of Raasay" (Tablatura 15-4). Para ouvir estas mesmas canções tocadas em uma gaita diatônica padrão, ouça as Faixas 94 e 90.

Figura 19-4: Disposições alemã e asiática de notas para gaitas de palheta dupla.

Alemã:

Asiática:

Tornando Suas Gaitas Portáteis com Estojos para Transporte

Como arrastar sua crescente coleção de gaitas com você por aí e mantê-las seguras, organizadas e prontas para serem tocadas? Os gaitistas tendem a encontrar soluções extremamente pessoais, e você precisa experimentar para descobrir qual delas é a mais adequada para você. Eis algumas sugestões:

- **Estojos utilitários:** Você pode adaptar itens disponíveis como caixas de ferramentas, estojos para câmeras, caixas plásticas com vários compartimentos e outros estojos rígidos portáteis. Esses estojos são resistentes e oferecem boa proteção (embora possam ser volumosos). Eles frequentemente possuem espaço suficiente para mais ou menos uma dúzia de gaitas e peças sobressalentes, cabos elétricos, microfones e ferramentas para conserto. Alguns estojos têm divisões internas que podem acomodar gaitas individuais. A Hetrick Harmonica (www.harpcase.com — conteúdo em inglês) levou esta ideia um passo à frente e criou uma série de estojos utilitários especialmente destinados às gaitas.

- **Pastas para gaitas:** A Hohner e a Fender produzem estojos para gaita rígidos e com alças. Estes estojos têm visual bonito e moderno, oferecem alguma proteção contra pancadas e esmagamento, e são bons estojos para iniciantes, porém não são customizáveis ou expansíveis. Certifique-se de que eles oferecem espaço suficiente para as gaitas e acessórios que você deseja transportar. Até mesmo o estojo com o visual mais bacana é uma tralha se não permite que você carregue todas as coisas.

- **Bolsas:** Tanto a Hohner quanto a Lee Oskar oferecem bolsas simples do tipo cinto, feitas de tecido, que guardam seis gaitas diatônicas. Elas são ótimas para viajar com leveza, porém não protegem suas gaitas contra o impacto e não serão úteis se você precisar transportar acessórios ou tipos maiores de gaitas, como as cromáticas e as tremolo. Porém, você pode se valorizar mais com bolsas de couro com design customizado para carregar qualquer combinação de gaitas. A Cumberland Custom Cases (www.cumberlandcustomcases.com/catalog.php — conteúdo em inglês) é uma empresa que oferece uma ampla variedade de bolsas (além de cintos e tiracolos se você realmente quiser brilhar quando estiver no palco).

A Figura 19-5 mostra um estojo de carcaça rígida e uma bolsa macia.

Se você está interessado em comprar um estojo ou bolsa de gaita, pode pesquisar na internet "estojo de gaita" ou "bolsa de gaita", ou pode procurar na loja de música mais próxima (ou loja de ferragens caso você queira um estojo utilitário).

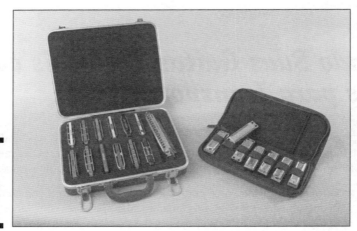

Figura 19-5: Estojo de carcaça rígida e bolsa macia para gaita.

Explorando Ferramentas Úteis para Prática e Desempenho

Tudo o que você realmente precisa para praticar gaita é algum tempo e o compromisso de fazer o trabalho. Porém, algumas ferramentas podem ajudar a tornar sua prática ainda mais produtiva e prazerosa. Considere as seguintes ferramentas:

- **Metrônomos:** Um *metrônomo* é um pequeno dispositivo que emite um som de tique-taque em um ritmo estável a uma velocidade que você escolhe. Quando você está tentando aprender uma música que nunca tocou antes, pode ser que você se veja tocando mais lentamente em toda a canção, ou até mesmo acelerando apenas para chegar logo ao fim dela. Um metrônomo mantém você no tempo certo e no ritmo. Permanecer em sincronia com um metrônomo pode ser uma tarefa árdua, mas realmente compensa.

- **Gravadores:** Como você realmente soa quando toca? A única forma de ter certeza é gravar sua interpretação e depois ouvi-la. Quando você se ouve enquanto não está tocando, consegue realmente se concentrar naquilo que precisa ser trabalhado, e sua interpretação melhorará rapidamente. Encontre um gravador de áudio portátil e barato que possua boa qualidade de som e grave partes de seus ensaios e sessões de prática. Alguns gaitistas mantêm um diário de práticas registradas com o tempo para avaliar seu próprio progresso. Caso você esteja tendo aulas de gaita, grave-as com a permissão de seu professor. (Obter permissão é cortesia comum, e alguns professores na verdade proíbem gravações; por isso, não se esqueça de pedir.)

- **Faixas de acompanhamento:** Caso você não possua uma banda ou um colega guitarrista que seja paciente o suficiente para passar meia hora martelando uma canção que você está tentando aprender, você pode obter *faixas de acompanhamento* com músicos tocando um fundo musical, deixando a melodia ou o solo para você. Ou você pode adotar um programa como o Band-in-a-Box, que toca qualquer canção em qualquer andamento (velocidade) e em qualquer tonalidade ou estilo.

- **Suportes para pescoço:** Se você já toca guitarra e deseja começar a dedilhar enquanto testa suas novas habilidades de tocar gaita, poderá desejar ter um terceiro braço para segurar a gaita. Entretanto, você pode evitar a despesa da cirurgia de implante (e camisas feitas sob medida) adquirindo um suporte de pescoço para segurar a gaita em sua boca enquanto toca guitarra. Suportes de pescoço são feitos de uma tira de cabo rígido que fica pendurada em torno de seu pescoço e se ergue até sua boca, conforme mostrado na Figura 19-6. Tocar com um suporte é uma tradição honrada no folk, country e rock, e você pode experimentar caso toque guitarra.

Não se esqueça de obter um suporte que traga a gaita exatamente para seu rosto, de forma que você não precise curvar o pescoço para baixo. Além disso, não se esqueça de optar por um suporte que permita travamento em uma posição, para que o suporte não afrouxe, fazendo com que a gaita se incline para cada vez mais longe de seu rosto. Afinal de contas, seu pescoço se esticará apenas até o limite.

Figura 19-6:
Um suporte
de pescoço
para gaita.

Parte VI
A Parte dos Dez

A 5ª Onda — Por Rich Tennant

"Excelente audição, Vince. Vamos conversar por um minuto sobre aquela coisinha que você faz no final com o microfone."

Nesta parte...

A gaita possui uma rica tradição e a série *Para Leigos* acrescenta algo único: A Parte dos Dez, que é composta de listas do tipo "dez mais" com informações úteis e divertidas. Nesta parte, eu lhe mostrarei dez formas de se conectar com outros gaitistas e entusiastas, e fornecerei dez estilos de música que incluem a gaita, além dos maiores intérpretes e CDs de cada estilo.

Capítulo 20

Dez Formas de se Conectar no Mundo da Gaita

Neste Capítulo
▶ Descubra formas de entrar para a comunidade da gaita
▶ Utilize e tire proveito de recursos online

Os gaitistas, até mesmo profissionais renomados, são incrivelmente generosos e entusiasmados com este pequeno e estranho instrumento. Porém, encontrar outros gaitistas com quem improvisar, aprender e apenas conviver era algo difícil. Seu vizinho da casa ao lado pode ter sido um ex-gaitista ou entusiasta da gaita e você pode nunca ter sabido disso. Agora, é ridiculamente fácil se conectar com pessoas que têm gostos semelhantes aos seus. Você tem toneladas de opções, incluindo as dez listadas por mim neste capítulo.

Tenha Aulas com um Profissional

Dúzias de excelentes livros sobre gaita estão disponíveis (bem, você já descobriu um deles), mas um professor pode lhe mostrar rapidamente algo que pode exigir páginas para ser descrito. Um professor pode também oferecer feedback corretivo imediato ou dúzias de nuances físicas de técnica. Visite www.craigslist.org e www.learningmusician.com (ambos com conteúdo em inglês) na internet ou dê uma olhada nos anúncios classificados locais e nos quadros de avisos da loja de instrumentos musicais mais próxima para encontrar anúncios de professores oferecendo seus serviços.

Muito embora a interação pessoal seja melhor, os professores de gaita estão cada vez mais utilizando webcams e conexões online para dar videoaulas à distância. Por isso, se você não conseguir encontrar um professor local de quem você goste, o mundo está em suas mãos.

Assista a Apresentações de Gaita

Se você for a um show que apresente ou inclua com destaque a gaita, provavelmente encontrará outros gaitistas e fãs desse instrumento. Para encontrar apresentações de gaita a que assistir, confira as listas de shows em sua região e as datas das casas noturnas para concertos de artistas de blues, jazz ou até música clássica que apresentem ou incluam gaitistas. Confira também o site BassHarp's International Giglist, onde vários gaitistas em turnê listam as informações de seus próximos shows. Você pode encontrar a lista de apresentações no `www.bassharp.com/bh_itin.htm` (conteúdo em inglês). (BassHarp é Danny Wilson, um historiador especializado em gaita e ex-integrante do grupo Harmonicats.)

Procure Eventos Musicais Cujo Foco Não Seja a Gaita

Atividades e eventos relacionados à gaita não são os únicos que valem a pena ser conferidos. A gaita pode ter um papel significativo em eventos no qual o instrumento não é o foco principal. Na verdade, mesmo quando não há gaitas no palco, os gaitistas marcam presença, especialmente em shows de estilos musicais fortemente associados a esse instrumento, como o blues. Caso o blues não seja sua praia, procure locais e eventos onde as pessoas se reúnam para tocar o tipo de música que você aprecia. Você pode apenas encontrar outros gaitistas. Porém, poderá também se envolver por ser o único gaitista do pedaço — às vezes é divertido ser especial.

Libere Geral em Jam Sessions e Noites do Tipo Open Mic

Jam sessions existem para vários tipos de música — rock, blues, jazz, música irlandesa, flamenco e muitos outros. Em uma jam session, os músicos tocam apenas por prazer; a plateia é secundária. Nessa situação, os músicos se sentem menos pressionados a fazer um show. A atmosfera é um tanto colegial, embora às vezes os músicos compitam entre si.

Jam sessions são uma excelente maneira de se familiarizar com estilos musicais. Nelas, você pode conviver e tocar junto quando se sentir pronto para isso. (Consulte o Capítulo 16 para saber mais sobre tocar com outros músicos.) Algumas jam sessions ocorrem em bares e casas noturnas fora do horário de funcionamento (como as tardes de domingo), e outras são realizadas durante reuniões em clubes dedicados a um estilo musical. Seja como for, você precisará garimpar um pouco para encontrá-las.

Alguns bares e casas noturnas oferecem as chamadas noites de open mic (termo que significa *microfone aberto*, em inglês) uma vez por semana. Esses eventos proporcionam a qualquer pessoa a chance de subir ao palco, encarar a plateia e tocar uma ou duas canções. Bares de karaokê promovem esses eventos regularmente para pessoas que desejam se levantar e cantar. Nesses bares, você poderá tocar gaita para a plateia, seja como convidado ou acompanhando um amigo que canta. Confira as listas de entretenimento e casas noturnas nos jornais de sua região.

Contribua com Grupos de Discussão Online sobre Gaita

Os grupos de discussão online são uma boa maneira de conversar com outros gaitistas de todo o mundo. Porém, você não é obrigado a se manifestar. Pode apenas dar uma espiada e ler os posts de outras pessoas, ou pesquisar nos arquivos de um grupo informações sobre um tópico. Nunca hesite em fazer uma pergunta, porém — todas as perguntas são válidas desde que estejam relacionadas ao tópico geral da interpretação de gaita ou ao subtópico específico de determinado fórum online.

Eis os principais fóruns sobre gaita, começando pelo maior deles, seguido de fóruns com assuntos mais específicos (e menor público):

- **Harp-L** (www.harp-l.com — conteúdo em inglês): Fundado em 1992, o Harp-L é o mais antigo (e provavelmente o maior) grupo de discussão sobre gaita da internet. Livre de quaisquer vínculos comerciais ou organizacionais, sua única norma é civilidade e relevância. Qualquer pessoa, do nível iniciante ao avançado, é bem-vinda. Na verdade, alguns dos melhores profissionais frequentam o Harp-L, juntamente aos construtores e consertadores de gaitas, amplificadores e microfones. As discussões podem ser acaloradas, mas a civilidade prevalece e um monte de informações excelentes é oferecido de forma livre e gratuita. Posts do início do site são arquivados e podem ser pesquisados.

- **HarpTalk** (launch.groups.yahoo.com/group/harptalk — conteúdo em inglês): O HarpTalk é patrocinado pelo Coast To Coast Music, um varejista online especializado em gaitas. Assim como o Harp-L, o HarpTalk é um fórum de discussão geral, mas gaitistas que não estão no Harp-L aparecem aqui, e as discórdias apaixonadas que geralmente nascem no outro site quase nunca ocorrem no HarpTalk.

- **Bluegrassharp** (`launch.groups.yahoo.com/group/bluegrassharp` — conteúdo em inglês): O Bluegrassharp, também patrocinado pelo Coast To Coast Music, é um dos poucos grupos de discussão de gaita centrados em um estilo específico de música. Alguns gaitistas conhecedores passam por aqui, e os tópicos abordam uma área que muitas vezes se estende para além dos confins do bluegrass rumo às áreas relacionadas do country e da música old-time de bandas de cordas.

- **Slidemeister** (`slidemeister.com` — conteúdo em inglês): Tocadores de gaita cromática são uma minoria em um mundo em sua maioria diatônico, por isso o entusiasta da cromática A. J. Fedor criou este site e grupo de discussão dedicado exclusivamente à gaita cromática. Nenhuma discussão sobre a diatônica é permitida, exceto em uma área especial. Este é um grande recurso para discussão e perguntas sobre gaitas cromáticas. (Vá para o Capítulo 19 para mais informações sobre a gaita cromática.)

Se você estiver interessado em um estilo musical específico, confira grupos de discussão focados em um estilo de música, em vez de em um único instrumento. Assim você poderá encontrar outros gaitistas que também se interessam pelo estilo escolhido, seja ele polca, gypsy swing, Tex-Mex ou qualquer outro. Para encontrar grupos, navegue pelo Yahoo! Groups (`launch.dir.groups.yahoo.com/dir/music` — conteúdo em inglês), ou apenas dê um Google no nome do estilo musical junto com "grupo de discussão" (colocar entre aspas ajuda a tornar a busca mais específica).

Navegue em Sites Informativos

A internet está repleta de todos os tipos de informações sobre gaita. Algumas delas são pagas, mas a maioria é gratuita, basta pesquisar um pouco. Eis o melhor dos melhores sites de gaita (pelo menos no momento):

- **Diatonic Harmonica Reference** (`www.angelfire.com/tx/myquill` — conteúdo em inglês): Criado por Michael Will, este site oferece uma grande quantidade de informações básicas e nem tão básicas sobre a gaita diatônica.

- **Harmonica Lessons.com** (`www.harmonicalessons.com` — conteúdo em inglês): Se você estiver disposto a pagar por informações online sobre gaita, o Harmonicalessons.com, de Dave Gage, é um excelente site com várias aulas modulares disponíveis (parte do conteúdo é gratuito).

Capítulo 20: Dez Formas de se Conectar no Mundo da Gaita

- **Harmonica Sessions** (www.harmonicasessions.com — conteúdo em inglês): Esta revista online bimestral do editor de música Mel Bay oferece informações gratuitas sobre interpretação de gaita, reparos e equipamentos, todas fornecidas por autores especializados. (Vale mencionar que eu sou um dos colaboradores desta revista.)
- **Site de Pat Missin sobre gaita** (patmissin.com — conteúdo em inglês): Pat Missin poderia fundar sozinho uma Universidade da Gaita. Ele fez uma imensa quantidade de pesquisas sobre a história desse instrumento. Além disso, ele conhece muito sobre a física da gaita e sobre afinação do instrumento e disposição alternada de notas.
- **Sites de redes sociais**: Muitos músicos, incluindo alguns gaitistas extremamente talentosos, oferecem músicas e informações através das redes sociais, como o MySpace (www.myspace.com) e o Facebook (www.facebook.com). Caso você esteja curioso, procure por gaitistas específicos sobre os quais você saiba, ou pesquise utilizando palavras como "gaita" e veja o que encontra. Afinal, uma conexão leva à outra.
- **YouTube** (www.youtube.com): Diversos gaitistas notáveis, incluindo David Barrett, Jon Gindick, Adam Gussow, Jason Ricci e Ronnie Shellist, já ofereceram vídeos tutoriais gratuitos ao YouTube. Basta pesquisar pelo nome deles no site YouTube, ou fazer uma busca geral por "aula de gaita" ou, em inglês, "harmonica lesson".

Entre para um Clube de Gaita

Às vezes, é ótimo se reunir com outros gaitistas para trocar informações técnicas, improvisar, aprender e ensinar. Uma forma de fazer isso é entrar para um clube de gaita. Eis algumas boas oportunidades:

- **SPAH** (www.spah.org — conteúdo em inglês): A Society for the Preservation and Advancement of the Harmonica, ou SPAH, é um clube nacional de gaita nos EUA e Canadá. Ela publica a revista trimestral *Harmonica Happenings*. Você pode contatar a SPAH para saber sobre clubes locais de gaita em sua área caso esteja na América do Norte.
- **The National Harmonica League** (harmonica.co.uk — conteúdo em inglês): A NHL é o clube nacional de gaita do Reino Unido e pode conectar você com outros gaitistas e com atividades ligadas à gaita nas Ilhas Britânicas. Mesmo que você não more no Reino Unido, a revista *Harmonica World* pode mantê-lo informado sobre alguns dos grandes gaitistas britânicos (Brendan Power e Tommy Reilly, por exemplo).

Compartilhe Seu Entusiasmo em Festivais de Gaita

Você não viveu como gaitista até ter compartilhado uma onda de entusiasmo e emoção com várias centenas de pessoas em um festival de gaita. Eis alguns dos festivais de gaita nos quais você poderá ouvir excelentes músicas, improvisar, aprender novos licks e truques e se enturmar com fanáticos que pensam como você:

- **The SPAH Convention:** A SPAH, Society for the Preservation and Advancement of the Harmonica, promove uma convenção de uma semana (é realmente mais do que um festival) em uma cidade diferente dos EUA a cada ano, com artistas de renome, seminários com grandes gaitistas e professores, demonstrações feitas por representantes de fabricantes e inúmeros visitantes internacionais. Você pode ler mais sobre a SPAH em www.spah.org (conteúdo em inglês). (As informações sobre a convenção de cada ano são geralmente postadas em abril.)

- **The Buckeye Harmonica Festival:** O Buckeye Harmonica Club não faz muito estardalhaço sobre este pequeno festival de primavera na cidade de Columbus, Estado de Ohio, Estados Unidos, mas é um dos melhores festivais pequenos que existem. Para saber mais sobre datas e horários do Buckeye Harmonica Festival, visite www.buckeyeharmonica.org (conteúdo em inglês).

- **The Yellow Pine Harmonica Contest:** Anunciado como um concurso de gaita, este evento em Yellow Pine é realmente mais do que um gigantesco acampamento nas montanhas de Idaho, nos Estados Unidos. A figura de um esquilo tocando gaita no site do concurso (www.harmonicacontest.com — conteúdo em inglês) resume tudo. Este festival não oferece muito em termos de acomodações em hotéis ou outras amenidades, mas realmente revive muito bem o espírito dos pioneiros colonizadores da América do Norte.

Participe de um Seminário de Gaita

Os seminários proporcionam uma experiência entre um festival de gaita e uma aula particular. Seminários são sociais, mas têm como foco o ensino e o aprendizado. Você se espreme entre a multidão e aprende com vários grandes gaitistas e em diversas situações. Eis três grandes seminários itinerantes que vêm sendo oferecidos consistentemente nos últimos anos:

- **Harmonica Masterclass Workshops:** Esses workshops, destinados a gaitistas de blues dos níveis intermediário a avançado, têm como foco os detalhes da técnica de gaita e conceitos como a improvisação e como tocar com acompanhamento. Eles também oferecem um profundo estudo dos mestres da gaita de blues. Os workshops são ministrados pelo fundador e professor chefe David Barrett, juntamente a outros grandes instrutores, como Joe Filisko e Dennis Gruenling, e artistas que estiverem em turnê na ocasião. Visite www.harmonicamasterclass.com (conteúdo em inglês) para mais informações.

- **Harmonica Jam Camp:** Este acampamento é feito para gaitistas iniciantes e intermediários. Foi fundado por Jon Gindick, autor de títulos como *Rock n' Blues Harp* e *Harmonica Americana*. O Harmonica Jam Camp inclui três dias de aulas particulares, jam sessions em pequenos grupos, e seções interativas de ensino para grupos grandes. Você até mesmo terá tempo para improvisar com uma banda. Obtenha mais informações em www.gindick.com (conteúdo em inglês).

- **Chromatic Seminar for Diatonic Players:** Ministrado pelo virtuoso músico clássico Robert Bonfiglio, este seminário é indicado para qualquer pessoa que deseje ganhar mais conhecimento sobre a gaita cromática em qualquer nível. Para estudantes com um alto nível de especialização, este seminário pode proporcionar pedagogia de ensino, além de reforçar os fundamentos da interpretação cromática. As habilidades ensinadas podem ser aplicadas a qualquer estilo de música. Você pode ler mais sobre Bonfiglio em robertbonfiglio.com (conteúdo em inglês). Porém, ele costuma postar anúncios de futuros seminários no Harp-L.

Anúncios

Se você deseja encontrar outros gaitistas com quem conviver ou músicos para improvisar ou montar uma banda, às vezes, tudo do que você precisa é um anúncio escrito à mão e colocado no quadro de avisos da biblioteca ou loja de instrumentos musicais local. Ou você pode postar um anúncio gratuito no craigslist.org (www.craigslist.org — conteúdo em inglês) ou em um serviço online local semelhante. Em seu anúncio, mencione o instrumento que toca, seu nível (iniciante, intermediário ou avançado), os estilos de música nos quais está interessado, instrumentos que procura para tocar com você e o objetivo (montar uma banda, improvisar ou outros).

Sites importantes:

Loja virtual especializada em gaitas:
www.harmonicamaster.com.br

Escola de música onde acontecem workshops, apresentações, além de oferecer aulas de gaita, manutenção de instrumentos, etc.:
http://www.h-unit.com

Grupo de discussão sobre gaita no Brasil:
http://www.grupos.com.br/grupos/gaita-l

No Facebook:
http://www.facebook.com/home.php?sk=group_144994655568252

Site do gaitista Ivan Marcio — venda de métodos, microfones especiais para gaita:
http://www.ivanmarcio.com.br

Site de amplificador feito para gaita:
http://serranoamps.blogspot.com.br

Site especializado em CDs de gaita, artistas nacionais e estrangeiros:
http://www.chicoblues.com.br

Capítulo 21

Muito Mais do que Dez CDs de Gaita Indispensáveis

Neste Capítulo

▶ Escute algumas das melhores músicas de gaita
▶ Ouça a ampla variedade de estilos musicais que utilizam gaita

*P*eça para qualquer gaitista — ou fã de gaita — escolher dez CDs que ele levaria para uma ilha deserta e observe que ele se remexe inquieto enquanto tenta não eliminar da lista alguns de seus favoritos.

Em vez de tentar limitar de forma artificial uma lista a dez bons CDs para estimular sua mente (e seu hábito de gaita), neste capítulo eu sugiro pilhas de CDs dentro de dez grupos dos principais estilos. Mesmo assim, esta lista ficou bem menor do que eu gostaria — é que existe muita música boa de gaita e muitos bons intérpretes para se ouvir.

Blues

O blues é um gênero no qual a gaita sempre foi bem-vinda, e centenas de grandes discos de gaita foram gravados em todos os vários estilos regionais e históricos de blues. Minhas recomendações na categoria blues são as seguintes:

- ✓ **Vários artistas, *Ruckus Juice & Chitlins, Vol. 1: The Great Jug Bands* (Yazoo Records):** As várias grandes jug bands da Memphis dos anos 1920 e 1930 colocam a gaita no contexto de jugs, kazoos, clarinetas e algumas letras inteligentes e maliciosas.

- ✓ **Vários artistas, *The Great Harp Players 1927–1936* (Document Records):** Blues Birdhead, com seu estilo de interpretação semelhante ao jazz de Louis Armstrong e os sons primitivos e etéreos de George

"Bullet" Williams tornam esta coletânea um acréscimo valioso à sua coleção de antigos blues rurais de gaita.

- ✔ **Sonny Terry, *Sonny Terry: The Folkways Years, 1944–1963* (Smithsonian Folkways):** Sonny Terry (Saunders Terrell) trouxe o estilo rural Piedmont de gaita de blues para o revival do folk dos anos 1950 e inspirou muitos gaitistas jovens com sua interpretação brilhante. Este CD apresenta Sonny tanto como um intérprete solo — um de seus grandes pontos fortes — ou em pequenos grupos que incluem seu parceiro de longas datas, o cantor/guitarrista Brownie McGhee, e, em uma faixa, Pete Seeger.

- ✔ **Sonny Boy Williamson I, *Sonny Boy Williamson I: The Original Sonny Boy Williamson, Vol. 1* (JSP Records):** John Lee Williamson foi o primeiro Sonny Boy, e sua influência essencial tanto na gaita de rock quanto na de blues não pode ser subestimada. Esta seleção oferece uma grande porção de sua produção gravada.

- ✔ **Sonny Boy Williamson II (Rice Miller), *His Best* (Chess Records):** Rice Miller pode ter roubado o nome artístico do primeiro Sonny Boy, mas seu jeito extremamente original de cantar, seu estilo apaixonado e bem-humorado de compor e a forma lacônica e devastadoramente inteligente como toca a gaita são incomparáveis na história do blues. Ele é uma das influências fundamentais da moderna gaita de blues.

- ✔ **Little Walter, *His Best: The Chess 50th Anniversary Collection* (Chess Records):** Esta coletânea é essencial de se ouvir. Little Walter Jacobs foi o mestre que definiu a gaita de blues de Chicago. Seu estilo influenciado pelo trompete às vezes beirava o jazz e o rock and roll.

- ✔ **Jimmy Reed, *Blues Masters: The Very Best of Jimmy Reed* (Rhino/WEA):** As letras simpáticas e o groove descontraído de Jimmy Reed foram a antítese total do machismo agressivo do blues de Chicago dos anos 1950. Ao mesmo tempo, seu trabalho no registro agudo e em primeira posição foi inigualavelmente memorável e continua sendo uma forte influência até hoje; além disso, várias de suas canções entraram para o repertório popular de blues.

Rock

A gaita de rock, assim como o próprio rock, possui fortes raízes no blues, conforme demonstram as seguintes recomendações:

- ✔ **Paul Butterfield, The Paul Butterfield Blues Band, *East-West Live* (Winner Records):** Nascido em Chicago, Paul Butterfield é associado ao blues, mas sua banda de meados dos anos 1960 foi uma das primeiras jam bands psicodélicas, conforme prova esta fascinante coletânea de performances ao vivo.

- **Magic Dick, J. Geils Band, *"Live" Full House* (Atlantic Records):** A J. Geils Band, uma das bandas de rock que mais venderam discos nas décadas de 1970 e 1980, apresentava a gaita altamente amplificada de Magic Dick, que adaptou o blues de Chicago ao rock e ao R&B.

  Este álbum de 1972 pertence ao período inicial da banda e inclui a emocionante instrumental de gaita "Whammer Jammer".

- **John Popper, Blues Traveler, *Four* (A&M Records):** John Popper cunhou um estilo de gaita espantosamente virtuoso — e controverso — que imita guitarristas de hard rock como Eddie Van Halen e Jimi Hendrix. Todas as músicas deste CD, incluindo os solos de gaita, foram compostos e publicados no songbook *Four*, da Warner Bros. (Warner Bros. PG9506).

- **Jason Ricci, Jason Ricci & New Blood, *Rocket Number 9* (Eclecto Groover Records):** Seu primeiro CD de estúdio mostra Jason e sua banda bem entrosada e talentosa com grande vantagem, com algumas interpretações virtuosas e emocionantes feitas com precisão e empolgação.

Pop

A música popular distingue-se tanto do rock quanto do blues por dar maior ênfase à melodia. Estas são minhas recomendações na categoria pop:

- **Larry Adler, *Larry Adler: Maestro of the Mouth Organ* (ASV Living Era):** O tom pulsante e sombrio e a grande energia rítmica que são a marca registrada de Adler definiram o som da gaita por várias gerações nos Estados Unidos e Grã-Bretanha.

- **The Harmonicats, *Jerry Murad's Harmonicats: Greatest Hits/ Cherry Pink & Apple Blossom White* (Collectables Records):** O Harmonicats foi um trio de gaitistas que obteve um grande sucesso com seu disco de 1947, *Peg O' My Heart*, e continuou sendo popular por quase 50 anos. Curiosamente, desde sua composição, o site Amazon. com indica que este disco está na 63ª posição entre os mais populares na categoria indie easy listening.

- **Lee Oskar, War, *The Very Best of War* (Rhino Records):** No início dos anos 1970, o War introduziu uma nova síntese do pop e R&B que apresentava a gaita de Lee Oskar, que não era de blues, embora fosse influenciada por este gênero, tanto como parte da banda quanto como um instrumento solo (lembra-se de "Low Rider"?).

- **Stevie Wonder, Eivets Rednow, *Eivets Rednow* (Motown):** Stevie Wonder já fez dúzias de grandes gravações de gaita que pontuam a paisagem de álbuns seus e de grandes artistas. Este aqui, gravado sob o pseudônimo de Eivets Rednow (Stevie Wonder escrito de trás para frente), inclui algumas interpretações incríveis ainda idolatradas pelos gaitistas.

Jazz

As pesquisas de jazz sempre categorizaram a gaita como um instrumento versátil, assim como o fagote e a trompa (um gaitista quase sempre vence, apesar disso). Eis minhas recomendações na categoria jazz:

- **Toots Thielemans, *Only Trust Your Heart* (Concord Records):** Jean "Toots" Thielemans definiu sozinho a abordagem do jazz para a gaita cromática, embora tocasse com uma gama incrivelmente ampla de músicos populares e de jazz. Este CD é uma sólida introdução a seus trabalhos de jazz, além de ser agradável de ouvir.

- **Howard Levy, Bela Fleck & The Flecktones, *Bela Fleck & The Flecktones* (Warner Bros.):** A revolucionária abordagem de Howard Levy à gaita diatônica o levou a dúzias de jornadas espirituais e estilísticas ao longo dos anos. Seu primeiro CD com os Flecktones serve como uma forma fácil de se familiarizar com seu trabalho.

- **Hendrik Meurkens, *Sambatropolis* (Zoho Music):** Por muitos anos, Hendrik Meurkens tem feito sólidos discos de jazz que frequentemente refletem seus anos de vivência no Brasil. *Sambatropolis* é um capítulo recente.

- **Bill Barrett Quartet, *Backbone* (Bill Barrett):** Bill Barrett leva a abordagem da gaita cromática em uma viagem extremamente original por um território de jazz elegante influenciada em termos de tom pela gaita de blues sem imitar este gênero e sem copiar o estilo de Toots.

Bluegrass/Old-Timey

A tradicional música old-time que deu ao country seu estilo único continua a seguir seu próprio caminho até hoje. Estas são as minhas recomendações na categoria bluegrass/old-timey:

- **Mark Graham, *Southern Old-Time Harmonica* (Eternal Doom):** Veterano tanto da música irlandesa quanto do old-timey, Mark Graham é um dos mais talentosos gaitistas na ativa hoje em dia. Neste CD ele cobre toda a gama de tradições de gaita do Sul dos EUA com o mínimo de acompanhamento, porém gerando um ritmo incrível e uma melodia cristalina.

- **Mike Stevens, Mike Stevens and Raymond McLain, *Old Time Mojo* (Borealis Recording):** Neste disco, o ousado gaitista de bluegrass Mike Stevens se une a Raymond McLain no banjo, bandolim, violino e vocais para uma saborosa seleção de canções old-time e melodias instrumentais.

✔ **Vários artistas,** *Black & White Hillbilly Music: Early Harmonica Recordings from the 1920s & 1930s* **(Trikont):** Excelentes performances old-time de desconhecidos que fizeram um único álbum nos primeiros dias de música gravada. Esta coleção apresenta uma grande variedade de performances de gaitistas rurais do sul dos Estados Unidos.

Country

Desde a primeira transmissão do programa Grand Ole Opry em 1927, a gaita ajudou a conferir à música country seu estilo sulista norte-americano. Eis minhas recomendações de boa música country em gaita:

✔ **De Ford Bailey, vários artistas,** *Harp Blowers, 1925–1936* **(Document Records):** Como astro principal do Grand Ole Opry, De Ford Bailey conquistou seu lugar no Hall of Fame da Música Country. Gravadas em 1928 e 1929, suas peças de gaita solo impecavelmente virtuosas e com arranjos precisos continuam encantando ouvintes até hoje, exatamente como o faziam com as plateias de rádio em todo o sul dos EUA gerações atrás.

✔ **Charlie McCoy,** *The Real McCoy* **(Sony Records):** O primeiro álbum solo de Charlie McCoy continua atual. Sua abordagem clara de notas individuais mudou a forma como a gaita era utilizada em Nashville. Seu estilo, exemplificado em sua adaptação de "Orange Blossom Special", é muito imitada.

✔ **Mickey Raphael, Willie Nelson,** *Willie and Family Live* **(Sony Records):** Mickey Raphael manteve seu posto de gaitista da banda de Willie Nelson por cerca de 30 anos. Embora Nelson tenha gravado vários álbuns de standards da canção popular na companhia de outros astros, este CD o mostra tocando roadhouse country rock ao vivo com sua própria banda e dá uma ideia de como a gaita se integra a uma banda country.

Música Celta

Celta é um termo conveniente para as tradições musicais da Escócia e Irlanda e suas continuações em outros países por comunidades de imigrantes. Eis minhas recomendações na categoria música celta:

✔ **Tommy Basker,** *The Tin Sandwich* **(Silver Apple Music):** Tommy Basker foi um dos representantes da tradição turbulenta e realista da dança da Ilha Cape Breton em Nova Escócia, Canadá. Sua abordagem vigorosa, muito influenciada por instrumentos de cordas, para as canções dançantes escocesas e irlandesas é contagiante, como demostra este CD.

- **Donald Black, *Westwinds* (Greentrax Recordings):** Donald Black é talvez o melhor gaitista tradicional da Escócia. *Westwinds* reúne um grande número de estilos tradicionais escoceses em um único CD.

- **Brendan Power, *New Irish Harmonica* (Green Linnet):** O inovador CD de Brendan Power iniciou uma nova abordagem à música irlandesa na gaita, mesmo permanecendo fiel à tradição. Ele utiliza tanto gaitas cromáticas quanto diatônicas.

Folk

Embora muitos artistas de música celta e old-timey possam também ser classificados como folk, eu gostaria de recomendar algumas opções de discos das tradições musicais de língua francesa da América do Norte:

- **Isom Fontenot, vários artistas, *Folksongs of the Louisiana Acadians* (Arhoolie Records):** O gaitista cajun Isom Fontenot é apresentado com destaque em algumas das grandes músicas regionais com o verdadeiro estilo cajun e algumas interpretações de gaita realmente brilhantes.

- **Gabriel Labbé, Gabriel Labbé and Philippe Bruneau, *Masters of French Canadian Music, Vol. 3* (Smithsonian Folkways):** Gabriel Labbé foi o último dos gaitistas tremolo old-time de Quebec. O dinamismo de seu estilo altamente rítmico mostra o verdadeiro espírito da tradição franco-canadense nesta coletânea de canções dançantes.

Música Clássica

A invenção da gaita cromática na década de 1920 permitiu que os gaitistas encarassem músicas complexas e logo compositores famosos começaram a compor concertos para esse instrumento. Eis duas recomendações na categoria música clássica:

- **Robert Bonfiglio, Robert Bonfiglio with the New York Chamber Symphony, *Villa-Lobos: Harmonica Concerto, Bachianas Brasileiras N° 5: Aria* (RCA Red Seal Records):** Bonfiglio é o maior gaitista clássico do mundo e toca regularmente concertos com orquestras sinfônicas de todo o mundo. Este CD apresenta um concerto composto para gaita pelo compositor brasileiro do século XX Heitor Villa-Lobos.

- **Tommy Reilly,** *Tommy Reilly and Skaila Kanga Play British Folk Songs* **(Chandos Records):** Nascido no Canadá, Reilly foi à Alemanha para estudar violino clássico bem na época em que eclodiu a Segunda Guerra Mundial. Durante seus cinco anos como prisioneiro de guerra, ele teve tempo de sobra para aprimorar sua técnica de gaita. Este CD apresenta sua nítida interpretação de frases de gaita cromática acompanhada por sua gaita.

World Music

Em todo o mundo, músicos interpretaram o repertório de suas tradições natais na gaita com grande talento. Eis aqui algumas recomendações na categoria world music:

- **Hugo Díaz,** *Tangos* **(Acqua Argentina):** Hugo Díaz adaptou a gaita tanto para o tango quanto para a música folclórica argentina de maneira cativante e jamais igualada, conforme se pode ouvir nesta coletânea.

- **Sväng,** *Sväng* **(Aito Records):** Sväng é um quinteto de gaita finlandês de muita energia cujo repertório abrange tango, música cigana e bastante música folclórica finlandesa. O trabalho do grupo utiliza a bass harmonica tradicional, gaita cromática, gaita de acordes e também mostra influência da gaita de blues e outras tendências da música moderna.

Parte VII
Apêndices

A 5ª Onda   Por Rich Tennant

"Michel! Michel! Ou você está tendo um ataque de asma, ou pegou no sono com a gaita na boca outra vez!"

Nesta parte...

Cada tom da gaita na afinação padrão é disposta com as mesmas relações entre as notas e as mesmas funções de bend e overbend. Porém, os nomes de notas propriamente ditos diferem. Quando você tenta relacionar uma gaita a determinada canção, pode ser útil conhecer as especificidades; por isso, as disposições de notas para todas as claves de gaita estão incluídas no Apêndice A. O Apêndice B fornece um resumo rápido das faixas de áudio, além de algumas instruções para utilizá-las.

Apêndice A

Disposições de Afinação para Todas as Tonalidades

As figuras a seguir mostram as disposições de notas para todos os tons de gaita diatônica. Para saber mais sobre como essas disposições funcionam, veja o Capítulo 12.

	1	2	3	4	5	6	7	8	9	10
Overblow	E♭	A♭	C	E♭	G♭	B♭				
Aspiração	D	G	B	D	F	A	B	D	F	A
Bends	D♭	F#	B♭	D♭	F~	A♭	C~	E♭	F#	B♭
		F	A							B
			A♭							
Sopro	C	E	G	C	E	G	C	E	G	C
Overdraw							D♭	F	A♭	D♭

Figura A-1: Gaita no tom de Dó.

Notas aspiradas fazem bend — Notas sopradas fazem bend

	1	2	3	4	5	6	7	8	9	10
Overblow	E	A	D♭	E	G	B				
Aspiração	E♭	A♭	C	E♭	G♭	B♭	C	E♭	G♭	B♭
Bends	D	G	B	D	G♭~	A	D♭~	E	G	B
		G♭	B♭							C
			A							
Sopro	D♭	F	A♭	D♭	F	A♭	D♭	F	A♭	D♭
Overdraw							D	F#	A	D

Figura A-2: Gaita no tom de Ré♭.

Notas aspiradas fazem bend — Notas sopradas fazem bend

Parte VII: Apêndices

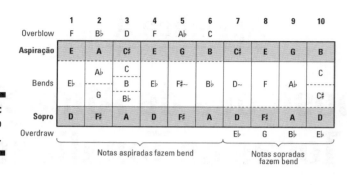

Figura A-3: Gaita no tom de Ré.

Figura A-4: Gaita no tom de Mi♭.

Figura A-5: Gaita no tom de Mi.

Figura A-6: Gaita no tom de Fá.

Apêndice A: Disposições de Afinação para Todas... 333

Figura A-7: Gaita no tom de Fá#.

	1	2	3	4	5	6	7	8	9	10
Overblow	A	D	F#	A	C	E				
Aspiração	G#	C#	E#	G#	B	D#	E#	G#	B	D#
Bends	G	C / B	E / D# / D	G	B~	D	F#~	A	C	E / E#
Sopro	F#	A#	C#	F#	A#	C#	F#	A#	C#	F#
Overdraw							G	B	D	G

Notas aspiradas fazem bend / Notas sopradas fazem bend

Figura A-8: Gaita no tom de Sol.

	1	2	3	4	5	6	7	8	9	10
Overblow	Bb	Eb	G	Bb	Db	F				
Aspiração	A	D	F#	A	C	E	F#	A	C	E
Bends	Ab	Db / C	F / E / Eb	Ab	C~	Eb	G~	Bb	Db	F / F#
Sopro	G	B	D	G	B	D	G	B	D	G
Overdraw							Ab	C	Eb	Ab

Notas aspiradas fazem bend / Notas sopradas fazem bend

Figura A-9: Gaita no tom de Láb.

	1	2	3	4	5	6	7	8	9	10
Overblow	B	E	G#	B	D	F#				
Aspiração	Bb	Eb	G	Bb	Db	F	G	Bb	Db	F
Bends	A	D / Db	Gb / F / E	A	Db~	E	Ab~	B	D	Gb / G
Sopro	Ab	C	Eb	Ab	C	Eb	Ab	C	Eb	Ab
Overdraw							A	C#	E	A

Notas aspiradas fazem bend / Notas sopradas fazem bend

Figura A-10: Gaita no tom de Lá.

	1	2	3	4	5	6	7	8	9	10
Overblow	C	F	A	C	Eb	G				
Aspiração	B	E	G#	B	D	F#	G#	B	D	F#
Bends	Bb	Eb / D	G / F# / F	Bb	D~	F	A~	C	Eb	G / G#
Sopro	A	C#	E	A	C#	E	A	C#	E	A
Overdraw							Bb	D	F	Bb

Notas aspiradas fazem bend / Notas sopradas fazem bend

Parte VII: Apêndices

Figura A-11: Gaita no tom de Si♭.

	1	2	3	4	5	6	7	8	9	10
Overblow	D♭	G♭	B♭	D♭	E	A♭				
Aspiração	C	F	A	C	E♭	G	A	C	E♭	G
Bends	B	E	A♭	B	E♭~	G♭	B♭~	D♭	E	A♭
		E♭	G							A
			G♭							
Sopro	B♭	D	F	B♭	D	F	B♭	D	F	B♭
Overdraw							B	D♯	F♯	B

Notas aspiradas fazem bend (1–6). Notas sopradas fazem bend (7–10).

Figura A-12: Gaita no tom de Si.

	1	2	3	4	5	6	7	8	9	10
Overblow	D	G	B	D	F	A				
Aspiração	C♯	F♯	A♯	C♯	E	G♯	A♯	C♯	E	G♯
Bends	C	F	A	C	E~	G	B~	D	F	A
		E	G♯							A♯
			G							
Sopro	B	D♯	F♯	B	D♯	F♯	B	D♯	F♯	B
Overdraw							C	E	G	C

Notas aspiradas fazem bend (1–6). Notas sopradas fazem bend (7–10).

Apêndice B

Sobre as faixas de áudio

As faixas de áudio que acompanha este livro contém todos os exemplos musicais e todas as músicas que eu incluí neste livro — totalizando 98 faixas! Você pode ouvir qualquer uma delas ou todas elas e tocar junto conforme sua necessidade, para aprender as técnicas e as músicas que levarão sua interpretação de gaita para o nível seguinte.

Uma ótima forma de utilizar *Gaita Para Leigos* é procurar os exemplos musicais em tablatura no capítulo e depois ouvir as gravações correspondentes nas faixas. (Você também pode encontrar estes exemplos e músicas localizando o ícone "TOQUE ISSO!". Explico este ícone na Introdução.) Quando você ouvir algo no nas faixas que lhe interessem, leia o texto que entra em detalhes sobre este exemplo ou canção específica. Ou também é divertido ir para um capítulo que lhe interesse (por exemplo, o Capítulo 8 sobre bend), pular para as faixas relacionadas e tentar reproduzir os sons que ouvir.

Tente criar o hábito de acompanhar a música impressa enquanto ouve o as faixas. Mesmo que você não seja um leitor fluente de música, ficará surpreso com o que conseguirá absorver apenas lendo junto.

Relacionando o Texto as faixas

Sempre que você vir uma partitura ou tablatura no texto e desejar ouvir como ela soa, consulte a legenda, que indica o número da faixa para a qual você deve pular. Caso a faixa contenha vários exemplos, como uma série de licks numerados, o tempo de início na própria faixa (em minutos e segundos) está listado no final deste apêndice.

Para chegar à faixa que você deseja ouvir, utilize o botão de pular faixas em seu computador. Para acessar um trecho específico de uma faixa, utilize o botão "Cue" da função "Cue/Review". Utilize o tempo, indicado em minutos e segundos, para encontrar o segmento que procura.

Parte VII: Apêndices

Para tocar gaita junto com as faixas, vá para um ponto alguns segundos antes do ponto no qual deseja começar. Então utilize o botão "Pause" para dar a si mesmo o tempo de pegar a gaita, encontrar sua nota e se preparar para tocar. **Nota:** Todas as músicas ou exemplos tocados em uma batida começam com uma contagem que lhe fornece o *andamento* (velocidade da batida) e indica onde você deve começar.

Quando um exemplo gravado é acompanhado por outro instrumento ou por uma banda, a gaita é isolada no devido canal. Se você desejar ouvir mais a gaita e menos o acompanhamento, gire o botão "Balance" para a direita (mas não o gire até o final caso ainda deseje ouvir a banda). Se quiser ouvir apenas a banda e não a gaita (para poder tocar junto sem ouvir o som de outra gaita, por exemplo), gire o botão "Balance" até o final para a esquerda. Você ainda ouvirá a contagem, e geralmente poderá escutar um indício da melodia embutida no acompanhamento.

Utilizando as Faixas

Você pode ouvir as faixas em um aparelho comum ou no player de um computador. Poderá também carregar um dispositivo de mídia portátil com as faixas de áudio. Mostrarei a você todas as três formas de ouvir nas próximas seções.

Faixas de áudio

Acesse as faixas de áudio que estão disponíveis no site da editora. Assim, poderá ouvi-las enquanto acompanha o livro.

Faixas de áudio em computadores

Caso prefira, você pode tocar as faixas no seu computador e acessar os arquivos de áudio. Porém, certifique-se de que seu computador atenda aos requisitos mínimos de sistema mostrados abaixo:

- Um computador que utilize os sistemas Microsoft Windows ou Mac OS
- Um software capaz de tocar faixas de áudio (por exemplo, iTunes, Windows Media Player ou RealPlayer)
- Uma placa de som (quase todos os computadores hoje em dia possuem embutida a função de executar áudios)

As Faixas de Áudio

A tabela abaixo lista todas as 98 faixas junto com os números das tablaturas correspondentes dos capítulos do livro.

Número da Faixa	Tempo/ Aproximado	Número da Tablatura ou Figura	Descrição da Faixa
1	0:00	Tablatura 3-1	Aspirando e soprando na batida da nota semínima
	0:13	Tablatura 3-2	Tocando notas mínimas e semínimas
	0:26	Tablatura 3-3	Tocando notas semínimas e semibreves
2		Tablatura 3-4	Tocando uma melodia com tercinas
3		Tablatura 3-5	Tocando uma canção com suing
4		Tablatura 3-6	Fazendo a contagem de uma canção com uma anacruse
5		Capítulo 4	O exercício da natação tranquila
6	0:00	Tablatura 4-1	Padrão rítmico N° 1
	0:41	Tablatura 4-2	Padrão rítmico N° 2
	1:23	Tablatura 4-3	Padrão rítmico N° 3
	2:04	Tablaturas 4-1, 4-2 e 4-3	Três ritmos combinados
7	0:00	Tablatura 4-4	Ritmos de trem
	0:18	Capítulo 4	Ritmos de trem com apito
8	0:00	Capítulo 4	Ritmos de respiração 1, 2 e 3 usando as mãos
	0:41	Capítulo 4	Ritmos de trem usando as mãos
9		Tablatura 5-1	"Hot Cross Buns"
10		Tablatura 5-2	"Good Night, Ladies"

(continua)

Número da Faixa	Tempo/ Aproximado	Número da Tablatura ou Figura	Descrição da Faixa
11		Tablatura 5-3	"Mary Had a Little Lamb"
12		Tablatura 5-4	"Frère Jacques"
13		Tablatura 5-5	"When the Saints Go Marching In"
14		Tablatura 5-6	"Twinkle, Twinkle, Little Star"
15		Tablatura 5-7	"Taps"
16		Tablatura 5-8	"On Top of Old Smokey"
17		Tablatura 5-9	Exercício de mudança de nota
18		Tablatura 5-10	"Joy to the World"
19		Tablatura 5-11	"Shenandoah"
20		Tablatura 5-12	Flutuação de registro agudo
21		Tablatura 5-13	"She'll Be Comin' 'Round the Mountain"
22		Tablatura 5-14	"Noite Feliz"
23		Tablatura 6-1	Pulsando notas longas e tocando uma escala com articulação abdominal
24		Capítulo 6	Comparação entre um ritmo de garganta e um ritmo abdominal utilizando a Tablatura 4-1
25	0:00	Tablatura 6-1	Articulando longas respirações para uma série de notas com a glote e tocando uma escala começando cada nota com uma parada glótica
	0:15	Tablatura 6-1	Tocando ataques glóticos e vibratos em notas longas e tocando uma escala com staccato glótico

Apêndice B: Sobre as faixas de áudio

Número da Faixa	Tempo/ Aproximado	Número da Tablatura ou Figura	Descrição da Faixa
	0:31	Tablatura 6-1	Pulsando notas longas com a glote e tocando uma escala iniciando cada nota com pulsação glótica
26		Tablatura 6-2	Combinando um ritmo de garganta com um ritmo abdominal
27	0:00	Tablatura 6-1	Utilizando ataques Ti e Qui com tonguing simples e tocando uma escala com ataque Ti e uma escala com ataque Qui
27	0:27	Tablatura 6-1	Iniciando e encerrando notas repetidas com "Tá" e "Cá" e tocando uma escala com estas articulações
	0:55	Tablatura 6-1	Utilizando o tonguing duplo Ti-Qui e tocando uma escala com tonguing duplo
28		Tablatura 6-1	Tocando articulações Pi e Ra-pa com tongue blocking e tocando uma escala com essas articulações
29	0:00	Tablatura 6-3	O lick Oee-Eee com vogais de língua
	0:14	Tablatura 6-3	Tocando com a mão em concha aberta e fechada e "u-uá", e depois combinando vogais de língua com mão em concha
30		Capítulo 6	O exercício do copo de café

(continua)

Número da Faixa	Tempo/ Aproximado	Número da Tablatura ou Figura	Descrição da Faixa
31	0:00	Capítulo 6	Um exemplo de pulsação da mão com mão, dedo mínimo e antebraço; somente escala ascendente
	0:30	Capítulo 6	Abanando uma nota com a mão e o antebraço
32		Capítulo 6	Exemplo de quatro tipos de vibrato: diafragma, garganta, língua e mãos
33		Capítulo 6	Definindo o tempo do vibrato conforme as divisões da batida
34		Tablatura 7-1	"Mary Had a Groovin' Little Lamb"
35		Tablatura 7-2	"Chasin' the Beat"
36		Tablatura 7-3	"Slappin' the Blues"
37		Figura 7-4	Utilizando um tongue split (Orifícios 1 e 4)
38	0:00	Tablatura 7-4	Linha de demonstração da textura da língua tocada com um locked split
	0:15	Tablatura 7-4	Linha de demonstração da textura da língua tocada com um chord rake
	0:27	Tablatura 7-4	Linha de demonstração da textura da língua tocada com um chord hammer
	0:40	Tablatura 7-4	Linha de demonstração da textura da língua tocada com um hammered split
	0:53	Tablatura 7-4	Linha de demonstração da textura da língua tocada com um shimmer

Apêndice B: Sobre as faixas de áudio

Número da Faixa	Tempo/ Aproximado	Número da Tablatura ou Figura	Descrição da Faixa
39		Tablatura 7-5	Uma linha para praticar o corner switching
40		Capítulo 8	Bend usando efeitos de mão e vibrato e para obter notas que faltam
41		Capítulo 8	Som do 4 aspirado com bend
42		Capítulo 8	O som da passagem de quatro notas para apenas o 4 aspirado
43	0:00	Tablatura 8-1	O lick Yellow Bird no registo médio
43	0:16	Tablatura 8-2	O lick Bendus Interruptus no registro médio
	0:35	Tablatura 8-3	O lick Close Your Eyes no registro médio
	0:55	Tablatura 8-4	O lick Shark Fin no registro médio
44	0:00	Tablatura 8-5	2 aspirado faz bend com o lick Yellow Bird
	0:15	Tablatura 8-6	2 aspirado com o lick Bendus Interruptus
	0:28	Tablatura 8-7	2 aspirado com o lick Modified Shark Fin
	0:44	Tablatura 8-8	2 aspirado com o lick Close Your Eyes
45		Tablatura 8-9	O Orifício 1 com o lick Yellow Bird
46	0:00	Tablatura 8-10	Bends de meio tom, tom e 1 tom e meio no Orifício 3
	0:18	Tablatura 8-11	O lick Bendus Interruptus no 3 aspirado
	0:35	Tablatura 8-12	O lick Close Your Eyes no 3 aspirado

(continua)

Número da Faixa	Tempo/ Aproximado	Número da Tablatura ou Figura	Descrição da Faixa
	0:56	Tablatura 8-13	O lick Shark Fin no Orifício 3
	1:16	Tablatura 8-14	O lick Cool Juke no Orifício 3
47	0:00	Tablatura 8-15	O lick Yellow Bird no registro agudo
	0:21	Tablatura 8-16	O lick Bendus Interruptus no registro agudo
	0:40	Tablatura 8-17	O lick Close Your Eyes no registro agudo
47	1:05	Tablatura 8-18	O lick Shark Fin no regsitro agudo
48	0:00	Tablatura 9-1	Licks 1 e 2 na primeira posição
	0:21	Tablatura 9-1	Licks 3 e 4 na primeira posição
	0:39	Tablatura 9-1	Licks 5 e 6 na primeira posição
	0:56	Tablatura 9-1	Licks 7 e 8 na primeira posição
	1:12	Tablatura 9-1	Licks 9 e 10 na primeira posição
	1:29	Tablatura 9-1	Licks 11 e 12 na primeira posição
49	0:00	Tablatura 9-2	Licks 1 e 2 na segunda posição
	0:21	Tablatura 9-2	Licks 3 e 4 na segunda posição
	0:39	Tablatura 9-2	Licks 5 e 6 na segunda posição
	0:56	Tablatura 9-2	Licks 7 e 8 na segunda posição
	1:13	Tablatura 9-2	Licks 9 e 10 na segunda posição
	1:30	Tablatura 9-2	Licks 11 e 12 na segunda posição

Apêndice B: Sobre as faixas de áudio

Número da Faixa	Tempo/ Aproximado	Número da Tablatura ou Figura	Descrição da Faixa
50	0:00	Tablatura 9-3	Licks 1 e 2 na terceira posição
	0:21	Tablatura 9-3	Licks 3 e 4 na terceira posição
	0:38	Tablatura 9-3	Licks 5 e 6 na terceira posição
	0:55	Tablatura 9-3	Licks 7 e 8 na terceira posição
	1:13	Tablatura 9-3	Licks 9 e 10 na terceira posição
50	1:30	Tablatura 9-3	Licks 11 e 12 na terceira posição
51	0:00	Tablatura 9-4	Licks 1 e 2 na quarta posição
	0:21	Tablatura 9-4	Licks 3 e 4 na quarta posição
	0:38	Tablatura 9-4	Licks 5 e 6 na quarta posição
	0:56	Tablatura 9-4	Licks 7 e 8 na quarta posição
	1:13	Tablatura 9-4	Licks 9 e 10 na quarta posição
	1:30	Tablatura 9-4	Licks 11 e 12 na quarta posição
52	0:00	Tablatura 9-5	Licks 1 e 2 na quinta posição
	0:21	Tablatura 9-5	Licks 3 e 4 na quinta posição
	0:38	Tablatura 9-5	Licks 5 e 6 na quinta posição
	0:56	Tablatura 9-5	Licks 7 e 8 na quinta posição
	1:13	Tablatura 9-5	Licks 9 e 10 na quinta posição
	1:30	Tablatura 9-5	Licks 11 e 12 na quinta posição

(continua)

Parte VII: Apêndices

Número da Faixa	Tempo/ Aproximado	Número da Tablatura ou Figura	Descrição da Faixa
53	0:00	Tablatura 9-6	Licks 1 e 2 na décima segunda posição
	0:21	Tablatura 9-6	Licks 3 e 4 na décima segunda posição
	0:39	Tablatura 9-6	Licks 5 e 6 na décima segunda posição
	0:56	Tablatura 9-6	Licks 7 e 8 na décima segunda posição
53	1:13	Tablatura 9-6	Licks 9 e 10 na décima segunda posição
	1:30	Tablatura 9-6	Licks 11 e 12 na décima segunda posição
54	0:00	Tablatura 10-1	A escala maior no registro médio
	0:13	Tablatura 10-1	A escala maior no registro agudo
	0:26	Tablatura 10-1	A escala maior no registro grave
55	0:00	Tablatura 10-2	Uma escala com um padrão 1-3 (registro médio)
	0:15	Tablatura 10-2	Uma escala com um padrão 1-3 (registro agudo)
	0:30	Tablatura 10-2	Uma escala com um padrão 1-3 (registro grave)
56	0:00	Tablatura 10-3	Uma escala com padrão 1-2-3 (registro médio)
	0:13	Tablatura 10-3	Uma escala com padrão 1-2-3 (registro agudo)
	0:27	Tablatura 10-3	Uma escala com padrão 1-2-3 (registro grave)
57	0:00	Tablatura 10-4	Uma escala com padrão 1-2-3-5 (registros médio e agudo)
	0:24	Tablatura 10-4	Uma escala com padrão 1-2-3-5 (registros grave e médio)

Apêndice B: Sobre as faixas de áudio   **345**

Número da Faixa	Tempo/ Aproximado	Número da Tablatura ou Figura	Descrição da Faixa
58	0:00	Tablatura 10-5	Uma escala com padrão 1-2-3-4 (registro médio)
	0:19	Tablatura 10-5	Uma escala com padrão 1-2-3-4 (registro agudo)
	0:30	Tablatura 10-5	Uma escala com padrão 1-2-3-4 (registro grave)
59		Tablatura 10-6	Uma progressão harmônica com padrões alternados
60	0:00	Tablatura 10-7	Uma escala em primeira posição com tons de acorde
	0:15	Tablatura 10-8	Uma melodia alternando resolução e tensão
61	0:00	Tablatura 10-9	A escala pentatônica maior na primeira posição
	0:18	Tablatura 10-10	A escala pentatônica menor na quarta posição
62	0:00	Tablatura 10-11	A escala pentatônica maior na segunda posição
	0:18	Tablatura 10-12	A escala pentatônica menor na quinta posição
63	0:00	Tablatura 10-13	A escala pentatônica maior na décima segunda posição
	0:18	Tablatura 10-14	A escala pentatônica menor na terceira posição
64		Tablatura 10-15	Uma linha melódica com shakes
65		Tablatura 10-16	Rips, boings e fall-offs
66		Tablatura 10-17	Apogiaturas

(continua)

Parte VII: Apêndices

Número da Faixa	Tempo/ Aproximado	Número da Tablatura ou Figura	Descrição da Faixa
67	0:00	Tablatura 12-1	Uma linha de blues utilizando bend aspirado e overblow
	0:12	Tablatura 12-2	Uma linha de blues utilizando bend aspirado, overblow e overdraw
68	0:00	Tablatura 12-3	Push-through para o overblow no Orifício 6, e bends soprados nos Orifícios 7 e 8
	0:15	Tablatura 12-4	Push-through para overblow nos orifícios 6, 5 e 4
	0:33	Tablatura 12-5	A abordagem springboard aplicada aos overblows nos Orifícios 6, 5 e 4
69		Tablatura 12-6	Overblows do Orifício 1
70	0:00	Tablatura 12-7	A abordagem springboard aplicada aos overdraws nos Orifícios 7 a 10
	0:29	Tablatura 12-8	A abordagem pull-through aplicada aos overdraws nos Orifícios 7 a 10
71		Capítulo 12	Tocando o Overblow 4 e o Overdraw 7 com uma nota de referência para a afinação
72		Tablatura 12-9	"Gussy Fit", uma música com overblows
73	0:00	Tablatura 13-1	"Outline Blues"
	0:17	Tablatura 13-2	"Rhythm Chord Blues"
	0:32	Tablatura 13-3	"Red Sock Blues"
	0:46	Tablatura 13-4	"Wailing Note Blues"

Apêndice B: Sobre as faixas de áudio

Número da Faixa	Tempo/ Aproximado	Número da Tablatura ou Figura	Descrição da Faixa
74	0:00	Tablatura 13-5	1º Lick Multiúso
	0:12	Tablatura 13-5	2º Lick Multiúso
	0:23	Tablatura 13-5	3º Lick Multiúso
75	0:00	Tablatura 13-6	1º Lick para Segunda Parte
75	0:12	Tablatura 13-6	2º Lick para Segunda Parte
	0:23	Tablatura 13-6	3º Lick para Segunda Parte
76	0:00	Tablatura 13-7	1º Lick de Come-down e de Turnaround
	0:12	Tablatura 13-7	2º Lick de Come-down e de Turnaround
	0:23	Tablatura 13-7	3º Lick de Come-down e de Turnaround
77	0:00	Tablatura 13-8	1º Lick de Encerramento
	0:08	Tablatura 13-8	2º Lick de Encerramento
	0:15	Tablatura 13-8	3º Lick de Encerramento
	0:21	Tablatura 13-8	4º Lick de Encerramento
78	0:00	Tablatura 13-9	Blues na terceira posição nos registros agudo e médio
	0:36	Tablatura 13-10	Blues de terceira posição nos registros grave e médio
79	0:00	Tablatura 13-11	Blues em primeira posição no registro agudo
	0:36	Tablatura 13-12	Blues em primeira posição no registro grave
80		Tablatura 14-1	"Blue Eyed Angel"
81		Tablatura 14-2	"Wabash Cannonball"
82		Tablatura 14-3	"Foggy Mountain Top"

(continua)

Número da Faixa	Tempo/ Aproximado	Número da Tablatura ou Figura	Descrição da Faixa
83		Tablatura 14-4	"Since I Laid My Burden Down"
84		Tablatura 14-5	"One Frosty Morn"
85		Tablatura 14-6	"Lonesome Whistle Waltz"
86		Tablatura 14-7	"Muscle Car Boogie, Part 1"
87		Tablatura 15-1	"Careless Love"
88		Tablatura 15-2	"Wildwood Flower"
89		Tablatura 15-3	"April's Jig"
90		Tablatura 15-4	"Mrs. MacLeod of Raasay"
91		Tablatura 15-5	"John Hardy"
92	0:00	Tablatura 15-6	"Old Joe Clark" na versão cantada
	0:19	Tablatura 15-7	"Old Joe Clark" na versão para violino
93		Tablatura 15-8	"Scarborough Fair"
94		Tablatura 15-9	"Tha mi sgith" (Scottish Air)
95		Tablatura 15-10	"Saint James Infirmary" na quarta posição
96		Tablatura 15-11	"Saint James Infirmary" na quinta posição
97	0:00	Capítulo 17	Uma breve linha de gaita tocada sem efeitos
	0:13	Capítulo 17	Uma breve linha de gaita tocada com equalização
	0:25	Capítulo 17	Uma breve linha de gaita tocada com compressão
	0:38	Capítulo 17	Uma breve linha de gaita tocada com delay

Apêndice B: Sobre as faixas de áudio

Número da Faixa	Tempo/ Aproximado	Número da Tablatura ou Figura	Descrição da Faixa
	0:52	Capítulo 17	Uma breve linha de gaita tocada com reverb
	1:04	Capítulo 17	Uma breve linha de gaita tocada com distorção
98	0:00	Capítulo 19	Uma melodia tocada em uma gaita cromática
	0:36	Capítulo 19	Uma melodia tocada em uma gaita tremolo
	1:11	Capítulo 19	Uma melodia tocada em uma gaita oitavada

Resolução de Problemas

Se você tiver problemas com os áudios desse livro, por favor, entre em contato com a Alta Books através do site www.altabooks.com.br.

Índice

• Símbolos •

8va, 80, 152
♭ (bemol), 42
♯ (sustenido), 42
♮ (bequadro), 45
Ω (ohm), 278

• A •

abdômen, 53
abordagem pull-through, 347
abordagem push-through, 203
abordagem springboard, 203
Acessórios, 301
acessórios Fender, 307
Acidentes, 43
acorde
    aspirado, 101
    "Chasin' the Beat", 101
    chord hammer, 341
    chord rake, 341
    de origem, 149
    I (um), 214
    IV (quarto), 155
    melodias com, 98
    Seguindo o ritmo com, 101
    soprado, 137
    três principais, 98
    V (quinto), 155
acorde aspirado, 56
acorde de origem
    na décima segunda posição, 166
    na primeira posição, 148
    na quarta posição, 161
    na segunda posição, 153
    na terceira posição, 159
acorde I (um)
    no blues, 212
acorde maior, 217
acorde soprado, 56
acústica, 267
adaptador de impedância, 279
Adler, Larry (Larry Adler: Maestro of the Mouth Organ), 323
afinação
    afinadores, 14
    câmara de boca, 118
    Disposições de, 304
    solo, 304
Afinação Country, 228
afinação Paddy Richter, 238
afinação solo, 304
afinador cromático, 283
Agrupando batidas, 34
Ajustando a ação das palhetas, 287
Alla breve, 37
alta frequência, 40
alto-falantes, 15
alto-falantes da casa de espetáculos, 268
altura
    Elevando, 208
Amazing Slow Downer, 194
amplificação
    alto-falantes, 276
    amplificadores, 267
    básico, 267
    claro e distorcido, 270
    efeitos, 270
    microfones, 272
    pré-amplificadores, 275
anacruse, 39
andamento, 336
anúncios, 313
aparelhos de áudio, 336
apogiatura, 183
Apogiaturas, 183
aprendendo
    Frases, 188
    melodias, 193
apresentações
    linguagem corporal, 259
    medo do palco, 264
    no Palco, 262
"April's Jig", 349
Aprimoramentos. *Veja também* reparos, 281
armação de clave, 189–196
arpejo, 170
arquivo MIDI, 194
articulação K, 90
articulação T, 90
articular, 90
assistência técnica, 282
asteriscos, 99
aulas, 309–310

• B •

Backbone (Barrett), 324
Bailey, De Ford (Harp Blowers, 1925-1936), 325
baixa frequência, 40
baixista, 262
bandas
    duplas, 188
    improvisando, 195
    regras básicas para, 259
barra de compasso, 36
Barrett, Bill (Backbone), 317
Barrett, David (Harmonica Masterclass Workshops), 319

Basker, Tommy (Tin Sandwich, The), 325
BassHarp's International Giglist, 314
bastão retificador, 283
baterista, 262
batida
  Agrupando, 34
  respiração, 57
beating, 298
Bela Fleck & The Flecktones (Levy), 324
bend, 256
bend para cima
  dicas, 201
  Gaitas para, 227
  licks, riffs e escalas, 198
  overblows, 197
  overdraws, 197
bend. *Veja também* bend de notas; overbending
  com embocaduras de bico, 66
  com tongue block, 125
  extensões, 129
  overbends, 151
Black, Donald (Westwinds), 326
Black & White Hillbilly Music: Early Harmonica Recording from the 1920s & 1930s (vários), 325
"Blue Eyed Angel", 229
blues
  armação de clave, 45
  de 12 compassos, 220
  gaita, 217
  IV (quarto) acorde, 217
  "Outline Blues", 347
  partes, 215
  Posições, 216
  primeira posição, 216
  progressão harmônica, 214
  "Red Sock Blues", 347
  "Rhythm Chord Blues", 347
  segunda posição, 216
  "Slappin' the Blues", 340
  suingue, 337

talking, 258
terceira posição, 305
"Wailing Note Blues", 220
blues de 12 compassos, 214
Blues Masters: The Very Best of Jimmy Reed (Reed), 322
Blues Traveler (Four), 323
boca
  embocadura de bico, 90
  embocadura de tongue block, 69
  fluxo de ar, 83
boings, 182
Bolsas, 307
Bonfiglio, Robert
  Chromatic Seminar for Diatonic Players, 319
  Villa-Lobos: Harmonica Concerto, Bachianas Brasileiras No. 5: Aria, 326
breakdown, 261
Bruneau, Philippe (Masters of French Canadian Music, Vol. 3), 326
Buckeye Harmonica Festival, 318
Buschmann, Friedrich (inventor da gaita), 14
Butterfield, Paul (East West Live), 322

• *C* •

câmara de bend profundo, 121
câmara de boca, 118
canções. *Veja também* músicas
  Aprendendo melodias, 193
  armação de clave, 189
  componentes, 187
  improvisação, 195
  melodia, 195
  progressões harmônicas, 177
"Careless Love", 240

faixas, 335
  Relacionando o Texto ao, 335
  Resolução de Problemas, 350
  Utilizando, 336
CDs de bluegrass, 230
CDs de world music, 327
CDs (recomendados)
  bluegrass, 316
  blues, 319
  country, 324
  Folk, 326
  jazz, 321
  Música Celta, 325
  Música Clássica, 326
  Old-Timey, 324
  Pop, 323
  Rock, 322
  World Music, 327
centro tonal, 31
chaves de fenda, 283
Chromatic Seminar for Diatonic Players, 319
círculo de quintas, 149
Clave, 26
Clave de Sol, 43
clubes, 314
colcheia, 35
coluna de ar, 83
come-down, 215
compasso, 188
compasso comum, 37
compassos
  contagem de, 39
compra
  de acessórios, 16
  de gaita diatônica, 331
compressão, 85
conectores XLR de 3 pinos, 278
construção, 18
contagem
  de pausas, 33
  de tempo, 37
cordas vocais, 88
cor do tom
  uso das mãos, 270
corner switching, 341

craigslist site, 313
cross harp (ou segunda posição), 149
Cumberland Custom Cases site, 307

● D ●

Day, Holly (Teoria Musical Para Leigos), 193
décima segunda posição
 Escala modal, 157
 escala pentatônica, 179
 Licks, 155
 nota/acorde de origem, 155
 Notas Evitadas, 151
 Notas que fazem bend, 155
 Posições relacionadas, 158
Delay, 275
desmontagem, 288
diafragma
 exercícios, 83
 Iniciando e encerrando notas, 88
 Pulsando notas, 87
 utilização com a garganta, 89
Diaz, Hugo (Tangos), 327
DI box, 279
dicas
 overblows e overdraws, 5
 som, 239
 velocidade, 240
direct box, 279
DI (som diddle), 90
dissonância, 98
distorção, 267
Dó, 331–334
Dó♯ (Dó sustenido), 42

● E ●

East West Live (Butterfield), 322
efeito EQ (equalização), 275
efeitos, 267

Eivets Rednow (Wonder), 323
Elevando a Altura, 208
embocadura, 66
embocadura de bico
 bend com, 131
 dicas, 138
 em uma gaita em Dó, 19
encontrando
 notas de gaita na pauta, 46
escala
 armação de clave, 189
 maior, 166
 modos, 41
 padrões, 165
 primeira posição, 178
escala modal. Veja também modos
 na décima segunda posição, 166
 na quarta posição, 161
 na segunda posição, 153
 na terceira posição, 159
escala pentatônica, 179
escrevendo
 notas, 41
 sustenidos e bemóis, 41
Estojos utilitários, 307
Eventos Musicais, 314
exercício da natação tranquila, 337
extensão aguda
 Bends, 133
 licks, 134
extensão grave
 Bends, 130
 licks, 130
 nota grave, 40
extensão média
 bends, 126
 escala maior, 151
 "Frère Jacques", 72
 "Good Night, Ladies", 71
 "Hot Cross Buns", 71
 "Joy to the World", 77
 licks, 130
 "Mary Had a Little Lamb", 148
 padrões de escala, 172
 "Shenandoah", 77

extensões, 256
extensões contrastantes, 258

● F ●

Fá
 em uma gaita em Dó. Veja décima segunda posição
 clave, 166
Facebook site, 317
Faixas de acompanhamento, 309
faixas (do livro), 335
fall-offs, 182
fazendo bend de notas. Veja também bend, overbend
 básico de, 113
 bends e licks de grande extensão, 130
 décima segunda posição, 180
 em gaitas de palheta dupla, 142
 extensões de bend, 129
 gaitas cromáticas, 142
 história, 112
 K-spot, 114
 orifício, 114
 praticando, 130
 princípios de, 126
 profundidade de bend dos orifícios, 129
 quinta posição, 150
 segunda posição, 147
 terceira posição, 149
 tongue blocking, 181
feedback
 microfone, 268
ferramentas para reparos, 282
Festivais, 318
fluxo de ar, 53
Fontenot, Isom (Folksongs of the Louisiana Acadians), 326
Four (Blues Traveler), 323
IV (quarto) acorde, 155
 na primeira posição, 148
 na quarta posição, 161

Na quinta posição, 166
na segunda posição, 153
no blues, 161
frases
Aprendendo, 193
frequência, 40
"Frère Jacques", 73

• G •

gaita
acessórios, 15
acordes, 97
características, 142
cromática, 142
Cuidando da, 27
diatônica, 227
dinâmica de dez orifícios, 2
Friedrich Buschmann, 14
Lendo Tablaturas, 30
para música celta, 238
para música country, 227
para música folk, 239
presa por pregos, 284
presas por parafusos, 283
Registros, 70
tremolo, 4
gaita cromática
bend de notas na, 142
gaita diatônicas
Comprando, 17
configurações da, 18
overbend na, 192
para música celta e folk, 237
gaita dinâmica de dez orifícios
configuração, 18
construção, 18
Localizando notas, 26
gaita em Dó
Localizando notas na, 26
gaitas de palheta dupla, 142
Gaitas oitavadas, 305
gaita tremolo, 239
garganta
Iniciando e encerrando notas, 85, 339
Gindick, John (Harmonica Jam Camp), 319

girar, 291
"Good Night, Ladies", 71
Graham, Mark (Southern Old-Time Harmonica), 324
Gravadores, 309
Great Harp Players 1927-1936, The (vários), 321
grupo de discussão de gaita de bluegrass, 315
grupo de discussão Harp-L, 315
grupo de discussão HarpTalk, 315
grupo de discussão Slidemeister, 316
grupo dos instrumentos de sopro, 262
Grupos de Discussão, 315
Grupos de Discussão Online, 315
"Gussy Fit", 347

• H •

hammered split, 105
Harmonica Happenings (revista), 317
Harmonica Jam Camp, 319
Harmonica Lessons.com, 316
Harmonica Masterclass Workshops, 319
Harmonica Sessions site, 317
Harmonicats (Jerry Murad's Harmonicats: Greatest Hits/Cherry Pink & Apple Blossom White), 323
Harmonica World (revista), 317
Harp Blowers, 1925-1936 (Bailey), 325
Harping MIDI Player site, 194
Hertz (Hz), 40
Hetrick Harmonica site, 307
His Best (Miller), 322
His Best: The Chess 50th Anniversary Collection (Jacobs), 322
Hohner
Acessórios, 301

microfones bullets, 271
produção, 14
"Hot Cross Buns", 71
Hz (Hertz), 275

• I •

impedância, 278
indicação de compasso "Irish Washerwoman", 38
indicação de compasso 2/2, 37
indicação de compasso 2/4, 37
indicação de compasso 3/4, 37
indicação de compasso 4/4, 37
indicação de compasso 6/8, 38
contagem, 39
iniciando e encerrando com o diafragma
chorar, 258
tongue slap, 102
Iniciando e encerrando notas, 340
intervalos, 31
"Irish Washerwoman", 38
IV (quarto) acorde
na primeira posição, 148
na quarta posição, 161
na quinta posição, 249
na segunda posição, 153
na terceira posição, 159
no blues, 213

• J •

Jacobs, Walter (His Best: The Chess 50th Anniversary Collection), 322
jam session
música, 185
jazz
swing, 38
Jerry Murad's Harmonicats: Greatest Hits/Cherry Pink

& Apple Blossom White (Harmonicats), 323
J. Geils Band ("Live" Full House), 255
"John Hardy", 245

• K •

khaen, 12
Kirschnik, Franz (construtor de gaitas), 14
K-spot
 bend de notas, 118
 criando, 114
 encontrando na câmara de bend profundo, 121
 relação com overblows, 197
 relação com overdraws, 197
 tongue blocking, 201

• L •

Labbé, Gabriel (Masters of French Canadian Music, Vol. 3), 326
Larry Adler: Maestro of the Mouth Organ (Adler), 142
Lee Oskar
 Acessórios, 301
Lendo Tablaturas de Gaita, 30
Levy, Howard (Bela Fleck & The Flecktones), 324
lick Bendus Interruptus, 342
lick Close Your Eyes, 342
lick Cool Juke, 342
licks e riffs de segunda posição, 220
Lick Shark Fin, 132
Lick Shark Fin Modificado, 135
licks. *Veja também* licks específicos
 décima segunda posição, 155
 extensão aguda, 138
 extensão grave, 129
 extensão média, 129
 na quarta posição, 161
 na terceira posição, 147
 segunda posição, 147
lick u-i, 340
Lick Yellow Bird, 132
limitação, 275
língua
 chord hammer, 105
 chord rake, 105
 Corner Switching, 108
 Formando sons de vogais, 92
 hammered split, 105
 Iniciando e encerrando notas, 85
 lick u-i, 340
 locked split, 105
 shimmer, 105
 slap, 102
 split, 103
 Tonguing duplo, 91
 Tonguing simples, 90
linguagem corporal, 259
linhas suplementares, 43
"Live" Full House (J. Geils Band), 323
Localizando notas, 26
locked split, 104
"Lonesome Whistle Waltz", 233

• M •

mão em concha
 para intensificar o ritmo, 60
mão em concha aberta, 64
mão em concha fechada, 64
"Mary Had a Little Lamb", 148
Masters of French Canadian Music, Vol. 3 (Labbé & Bruneau), 326
McCoy, Charlie (Real McCoy, The), 325
MC Lain, Raymond (Old Time Mojo), 324
medo do palco, 264
meios-tons, 42
melodia
 aprendizado, 187
 escala maior, 166
 escala pentatônica, 179
 instrumentos, 254
 notas de acorde, 177
 Ornamentos, 181
 padrões de escala, 172
 resolução e tensão, 179
 tocando com tercinas, 35
Mersenne, Marin (filósofo), 14
metrônomo, 309
Meurkens, Hendrik (Sambairopolis), 324
Mi
 em uma gaita em Dó, 46–48
microfone
 bullet, 271
 feedback, 273
 pedestal, 269
 segurando com as mãos em concha, 272
 tipos, 273
 vocal, 273
microfone bullet Blues Blaster (Hohner), 274
microfones vocais, 273
microfones vocais Shure, 274
microfone vocal Audix, 274
Miller, Rice (His Best), 322
Missin, Pat (site), 317
Modo dórico. *Veja* terceira posição, 159
Modo eólio. *Veja* quarta posição, 163
Modo frígio. *Veja também* quinta posição, 249
Modo lídio. *Veja* décima segunda posição, 166
Modo mixolídio. *Veja* segunda posição, 157
monitores, 271
Movimento, 69
movimento gradual, 170
"Muscle Car Boogie, Part 1", 234
música celta. *Veja também* CDs recomendados de música folk, 325
música country

"Blue Eyed Angel", 229
"Foggy Mountain
   Top", 230
Gaitas para, 227
"Lonesome Whistle
   Waltz", 233
"Muscle Car Boogie,
   Part 1", 234
"One Frosty Morn", 232
primeira posição em, 227
segunda posição para, 216
"Since I Laid My Burden
   Down", 231
"Wabash Cannonball", 229
música dançante. *Veja*
   música folk, 237
música folk
   "April's Jig", 242, 349
   "Blue Eyed Angel", 229
   Blues, 255
   "Careless Love", 240
   escala, 179
   escala pentatônica, 179
   "Foggy Mountain
      Top", 230
   Gaitas para, 238
   "John Hardy", 245
   licks, 301
   "Mrs. MacLeod of
      Raasay", 243
música country, 325
música folk, 239
músicas em primeira
   posição, 216
músicas em segunda
   posição, 216
músicas em terceira
   posição, 216
"Old Joe Clark", 245
"Saint James
   Infirmary", 249
"Scarborough Fair", 247
"Tha mi sgith", 248
"Wabash Cannonball", 229
"Wildwood Flower", 241
músicas aleatórias, 196
Músicas inovadoras, 255
músicas para violino, 158

músicas. *Veja também*
   músicas; seleção de
   músicas
   Acrescentando vocais, 258
   Arranjando, 260
   Selecionando, 253
MySpace site, 317

● *N* ●

na terceira posição, 159
National Harmonica League
   (NHL), 317
naturais (bequadro), 41
Nelson, Willie (Willie and
   Family Live), 305
New Irish Harmonica
   (Power), 326
NHL (National Harmonica
   League), 317
"Noite Feliz", 81
nota aguda, 40
Notação, 2
nota natural, 44
notas aspiradas, 80
notas chorosas, 220
notas de acorde
   Ancorando melodias
      em, 177
nota semicolcheia, 35
notas evitadas
   na décima segunda
      posição, 166
   na primeira posição, 153
   na quarta posição, 161
   na quinta posição, 150
   na segunda posição, 153
   na terceira posição, 159
notas FACE, 43
notas mínimas
   contagem, 33
notas semínimas
   contagem, 33
   Dividindo, 35
notas sopradas, 75
notas. *Veja também* bend de
   notas
   aspiradas, 98
   de acorde, 107

de origem, 178
disposição, 26
escala, 98
Evitadas, 151
localização, 43
pulsando com a
   garganta, 89
pulsando com a mão, 94
pulsando com o
   diafragma, 87
que fazem bend, 155
reforçando com a
   língua, 98
sopradas, 155
staccato, 89
números dos orifícios, 21

● *O* ●

obstruções, limpeza de, 283
ohm (Ω), 279
oitava, 41, 44
"Old Joe Clark", 245
Old Time Mojo (Stevens &
   McLain), 324
"One Frosty Morn", 232
Only Trust Your Heart
   (Thielemans), 324
"On Top of Old Smokey", 76
orifício, 2
ornamentos
   Apogiaturas, 183
   Rips, boings e fall-offs, 182
   Shakes, 181
Oskar, Lee (Very Best of War,
   The), 200
"Outline Blues", 347
overbend. *Veja também*
   bend de notas, 3
overblows. *Veja também*
   overbending
   abordagem
      push-through, 203
   abordagem
      springboard, 203
   "Gussy Fit", 209
   Obtendo Mais, 206
overdraws. *Veja também*
   overbend
   Obtendo, 206
overdrive, 273

Índice

• P •

palato duro, 121
palato mole, 121
palheta
  abertura, 203
  ação, 285
  afinação, 283
  construção, 18
  de aspiração, 203
  desalinhada, 287
  de sopro, 202
  estilete, 283
  fechamento, 202
  Flexionando, 285
  slots, 291
palheta de abertura, 202
palheta de aspiração, 203
palheta de fechamento, 202
palheta de sopro, 203
palhetas desalinhadas, 286
palhetas livres, 12
parada glótica, 339
Pastas, 307
pausa de semibreve, 33
pausas, 33
pauta
  linhas suplementares, 43
pauta da Clave de Sol, 43
pente, 17
pente plástico, 18
pesquisa
  anúncios, 313
  apresentações, 320
  Aulas, 313
  clubes, 314
  Festivais, 318
  Grupos de Discussão
    Online, 315
  jam sessions, 319
  Open Mic, 314
  seminários, 318
  Sites Informativos, 316
Pilhofer, Michael (Teoria
  Musical Para Leigos), 193
placa de mixagem, 268
placa de palheta
  removendo, 298
placa de palheta inferior, 25
ponto, 34

posições
  de bend, 139
  décima segunda, 152
  populares, 147
  primeira, 152
  quarta, 152
  quinta, 150
  segunda, 152
  terceira, 152
postura, 51
Power, Brendan (New Irish
  Harmonica), 317
pré-amplificadores, 275
preços, 18
problemas. *Veja* resolução
  de problemas, 19
progressão harmônica
  Blues, 213
progressão. *Veja* progressão
  harmônica, 177
pulsação
  de nota com a
    garganta, 89
  de nota com a Língua, 90
  de nota com a mão, 94
  de nota com o
    diafragma, 85

• Q •

quarta posição
  disposição de
    afinação, 201
  Escala modal, 159
  escala pentatônica, 179
  licks, 213
  música folk, 212
  nota/acorde de
    origem, 225
  notas evitadas, 159
  Notas que fazem
    bend, 159
  Posições relacionadas, 155
  "Saint James
    Infirmary", 249
quick change. *Veja* IV
  (quarto) acorde, 215
quinta posição
  Escala modal, 163

  escala pentatônica, 179
  Licks, 160
  música folk, 240
  nota/acorde de
    origem, 159
  notas evitadas, 159
  Notas que fazem
    bend, 159
  Posições relacionadas, 155
  "Saint James
    Infirmary", 249

• R •

Raphael, Mickey (Willie and
  Family Live), 305
Ré, 98–110
Real McCoy, The
  (McCoy), 325
rebarbas, 284
recurso de memorização
  Every Good Boy Deserves
    Fudge, 43
recursos da internet
  Amazing Slow
    Downer, 194
  BassHarp's International
    Giglist, 314
  Bluegrassharp, 316
  Buckeye Harmonica
    Festival, 318
  craigslist, 319
  Cumberland Custom
    Cases, 307
  Diatonic Harmonica
    Reference, 316
  Facebook, 317
  Harmonica Jam
    Camp, 319
  harmonicalessons.com, 316
  Harmonica Masterclass
    Workshops, 319
  Harmonica Sessions, 317
  Harping MIDI Player, 194
  Harp-L, 315
  HarpTalk, 315
  Hetrick Harmonica, 307
  MySpace, 317

National Harmonica League, 317
Pat Missin, 317
redes sociais, 317
Robert Bonfiglio, 319
Slidemeister, 316
SlowGold, 194
SPAH (Society for the Preservation and Advancement of the Harmonica), 317
temperamento da gaita, 299
Yahoo! Groups, 316
Yellow Pine Harmonica Contest, 318
YouTube, 317
recursos. *Veja* sites, 313
"Red Sock Blues", 347
Reed, Jimmy (Blues Masters: The Very Best of Jimmy Reed), 322
registro agudo
  escala maior, 166
  padrões de escala, 172
registro extremo grave, 223
registro grave
  escala maior, 166
  padrões de escala, 172
Reilly, Tommy (Tommy Reilly and Skaila Kanga Play British Folk Songs), 317
relativa maior/menor, 191
relevo
  ferramenta, 283
remontagem, 288
removendo
  placas de palheta, 286
  umidade, 27
reparando. *Veja também* aprimoramento, diagnóstico e resolução de problemas
  Ferramentas Necessárias para, 282
  Serviço de garantia, 282
Ré♭ (Ré bemol), 43
resolução, 346
resolução de problemas
ação das palhetas, 293
afinação, 297
desmontagem e remontagem, 288
palhetas desalinhadas, 290
slots das palhetas, 291
respiração
  abdômen, 53
  diafragma, 83
  exercício da natação tranquila, 57
  exercícios, 83
  padrões rítmicos, 51
  resposta da palheta a, 293
  tocando acordes, 217
Ressonância, 83
reverberação (reverb), 275
"Rhythm Chord Blues", 347
Ricci, Jason (Rocket Number 9), 317
riffs, 151
Rips, 182
ritmo
  guitarra, 276
  shuffle, 39
Rocket Number 9 (Ricci), 323
rock. *Veja também* blues na gaita, 213
roll-off, 275
Ruckus Juice & Chitlins, Vol. 1: The Great Jug Bands (Vários), 321
Ruth, Peter Madcat (gaitista), 256

• S •

"Saint James Infirmary", 249
saltos em múltiplos orifícios
  "On Top of Old Smokey", 76, 338
  "Taps", 75
  "Twinkle, Twinkle, Little Star", 75
saturação, 273
"Scarborough Fair", 158
seguindo o ritmo
  "Chasin' the Beat", 101
  "Slappin' the Blues", 101
segunda posição

blues, 212
blues de 12 compassos, 214
escala modal, 151
escala pentatônica, 179
"Foggy Mountain Top", 230
"John Hardy", 245
licks, 301
"Lonesome Whistle Waltz", 233
"Muscle Car Boogie, Parte 1", 234
música country, 212
música folk, 239
nota/acorde de origem, 155
Notas Evitadas, 151
Notas que fazem bend, 155
"Old Joe Clark", 245
"One Frosty Morn", 232
Posições relacionadas, 155
riffs, 151
"Since I Laid My Burden Down", 231
Segurando a gaita, 21
segurando a gaita com as mãos em concha
  postura, 51
  sons de trem, 51
  Vibrato, 87
segurando com a mão em concha
  gaitas, 54
  microfones, 268
seleção de músicas. *Veja também* músicas
  músicas famosas para gaita, 255
  Músicas inovadoras, 255
selecionado
  claves, 302
  músicas, 302
semicolcheia, 35
seminários, 318
semitom, 30
Sensação rítmica, 195
Serviço de garantia, 282
Shakes, 181

Índice

'She'll Be Comin' 'Round the Mountain", 80
sheng, 12
shift, 338
shift para frente
   "Joy to the World", 77
   "Shenandoah", 78
shuffle, 39
símbolo de natural, 44
"Since I Laid My Burden Down", 231
site para consulta
   gaita tremolo, 239
sites
   Amazing Slow Downer, 194
   BassHarp's International Giglist, 314
   Bluegrassharp, 316
   Buckeye Harmonica Festival, 318
   craigslist, 319
   Cumberland Custom Cases, 307
   Diatonic Harmonica Reference, 316
   Facebook, 317
   Harmonica Jam Camp, 319
   Harmonica Sessions, 317
   Harping MIDI Player, 194
   Harp-L, 315, 319
   HarpTalk, 315
   Hetrick Harmonica, 307
   learningmusician, 313
   MySpace, 317
   National Harmonica League, 317
   Pat Missin, 317
   redes sociais, 317
   Robert Bonfiglio, 319
   Slidemeister, 316
   SlowGold, 194
   SPAH (Society for the Preservation and Advancement of the Harmonica), 317
   Yahoo! Groups, 316
   Yellow Pine Harmonica Contest, 318
   YouTube, 317

"Slappin' the Blues", 101
Slidemeister, 316
slot, 25
SlowGold site, 194
Slow sessions, 240
Society for the Preservation and Advancement of the Harmonica (SPAH), 317
Sol
   em uma gaita em Dó. *Veja* segunda posição, 155
som
   dicas, 279
   técnico de, 268
   teste, 271
Sonny Boy Williamson: The Original Sonny Boy Williamson, Vol. 1 (Williamson I), 322
Sonny Terry: The Folkways Years, 1944-1963 (Terry), 322
sons de trem, 51
sons de vogais
   Formando, 92
   uso das mãos, 93
Southern Old-Time Harmonica (Graham), 324
SPAH (Society for the Preservation and Advancement of the Harmonica), 317
split change. *Veja* IV (quarto) acorde, 215
staccato, 89
Stevens, Mike (Old Time Mojo), 324
Substâncias viscosas e repelentes, 290
Suportes para pescoço, 309
swing, 101–110

• T •

tablatura
   Lendo, 30
talking blues, 258
Tangos (Diaz), 327

"Taps", 75
teclado, 262
teclas brancas, 41
teclas do piano, 128
teclas pretas, 41
teclas. *Veja também* teclas específicas
   alteração, 273
   branca, 128
   da gaita, 25
   preta, 42
técnica
   fluxo de ar, 83
   respiração, 84
temperamento, 299
tempo de valsa, 37
tempo forte, 36
teoria musical
   acorde, 46
   armação de clave, 45
   Básico do Ritmo, 31
   escrevendo notas, 42
   Lendo Tablaturas de Gaita, 30
   semitons, 42
   sustenidos e bemóis, 44
   tríade, 46
Teoria Musical Para Leigos (Pilhofer & Day), 193
teorias
   acorde, 46
   armação de clave, 45
   Básico do Ritmo, 31
   bemóis e sustenidos, 44
   Lendo Tablaturas de Gaita, 30
   semitons, 42
   tríade, 46
terceira posição
   Escala modal, 157
   escala pentatônica, 179
   licks, 158
   nota/acorde de origem, 155
   Notas Evitadas, 151
   Notas que fazem bend, 155
   Posições relacionadas, 158
   "Scarborough Fair", 247
tercinas, 35
Terry, Sonny

Pulsando notas, 94
Sonny Terry: The Folkways Years, 1944-1963, 322
Thielemans, Toots (Only Trust Your Heart), 324
Tin Sandwich, The (Basker), 325
tirar a umidade, 27
tocando
　acordes, 54
　com amplificação, 267
　com distorção, 276
　exercícios de respiração, 87
　nota individual, 23
　overbends com afinação, 208
　saltos amplos com corner switching, 108
tom
　Colorindo, 90
　controles, 276
　inteiros, 30
Tommy Reilly and Skaila Kanga Play British Folk Songs (Reilly), 327
tongue blocking
　bend com, 125
　"Chasin' the Beat", 101
　dicas, 138
　embocadura, 99
　"Mary Had a Little Lamb", 99
　"Slappin' the Blues", 101
tongue slap, 102
tongue split, 103
tonguing duplo, 90
Tonguing simples, 90
tônica, 196
tons inteiros, 42
tradições da ópera chinesa, 12
tradições musicais do Laos, 12
tremolo de mão, 94
tríade, 46
tríade diminuta clave, 199
turnaround, 216
"Twinkle, Twinkle, Little Star", 75

• *U* •

umidade, 27

• *V* •

Very Best of War, The (Oskar), 323
vibração, 12
vibrato, 83
vibrato de mão, 94
vibratos, 89
Villa-Lobos: Harmonica Concerto, Bachianas Brasileiras No. 5: Aria (Bonfiglio), 326
vocais
　acrescentando às músicas, 258
V (quinto) acorde, 161
　décima segunda posição, 155
　na décima segunda posição, 180
　na quinta posição, 249
　na Segunda Posição, 244
　na terceira posição, 247
　no blues, 212
　primeira posição, 216
　segunda posição, 216
　terceira posição, 216

• *W* •

"Wabash Cannonball", 229
"Wailing Note Blues", 220
walking bass, 101
Westwinds (Black), 326
"When the Saints Go Marchin' In", 73
"Wildwood Flower", 241
Williamson, John Lee (Sonny Boy Williamson: The Original Sonny Boy Williamson, Vol. 1), 322
Willie and Family Live (Raphael & Nelson), 325
Will, Michael (Diatonic Harmonica Reference), 316
Wilson, Danny (gaitista), 314
Wonder, Stevie (Eivets Rednow), 323

• *Y* •

Yahoo! Groups, 316
Yellow Pine Harmonica Contest, 318
YouTube site, 317

CONHEÇA OUTROS LIVROS DA PARA LEIGOS

Todas as imagens são meramente ilustrativas.

+ CATEGORIAS
Negócios - Nacionais - Comunicação - Guias de Viagem - Interesse Geral - Informática - Idiomas

SEJA AUTOR DA ALTA BOOKS!

Envie a sua proposta para: autoria@altabooks.com.br

Visite também nosso site e nossas redes sociais para conhecer lançamentos e futuras publicações!

www.altabooks.com.br

ALTA BOOKS
EDITORA

/altabooks • /altabooks • /alta_books

Rua Álvaro Seixas, 165
Engenho Novo - Rio de Janeiro
Tels.: (21) 2201-2089 / 8898
E-mail: rotaplanrio@gmail.com